Zukunft Bestand
Ökosoziale Transformation von Wohnhausanlagen

Barbara Weber
Laurenz Berger

Ruby Press

Inhalt

Zukunft Bestand
Ökosoziale Transformation von Wohnhausanlagen

Klimakrise, Klimavulnerabilität und Ungleichheit bilden einen Kontext, den heute jedes Projekt adressieren muss. Dies gilt auch für bestehende Wohnhausanlagen: Klimakrise eindämmen, Klimaresilienz stärken und Inklusion fördern stellen daher die Agenda der ökosozialen Transformation dar, aus der sich klare Ziele ergeben – Bestehendes erhalten und inklusiv verbessern, Neues behutsam integrieren sowie Ressourcen schonen und sinnvoll einsetzen.

Zur Erreichung dieser Ziele dienen Maßnahmen, die unabhängig von Bauweise und Ort umsetzbar sind und gemeinsam die ökosoziale Transformation – die gesamtheitliche, ökologische und sozial inklusive Sanierung des Bestands – ausmachen. Zwei repräsentative Fallbeispiele zeigen die Anwendung dieser skalierbaren und seriell replizierbaren Maßnahmen auf typische Bauweisen des 20. Jahrhunderts: Die Siedlung Froschberg in Linz steht exemplarisch für die Ziegelbauweise der 1920er- bis 1950er-Jahre, die Wohnhausanlage Siebenbürgerstraße in Wien für die Stahlbeton-Fertigteilbauweise der 1960er- und 1970er-Jahre. Ziel ist, mit dieser Vorlage eine Vielzahl vergleichbarer Wohnhausanlagen in Linz und Wien sowie einen bedeutsamen Anteil des Gebäudebestandes in Österreich und darüber hinaus rasch sanieren zu können.

Ausgangspunkt für unsere Arbeit und dieses Buch ist das Ziel, dem Kontext von Klimakrise, Klimavulnerabilität und Ungleichheit gerecht zu werden. Den Auftakt bildete unser Beitrag zu einem internationalen Ideenwettbewerb 2021 – mit dem Grundkonzept, keine Gebäude abzureißen, keine zu errichten und dabei trotzdem neuen Wohnraum zu schaffen. Die systematische Ausarbeitung dieses Ansatzes erfolgte in einer umfassenderen Studie sowie in der vorliegenden Publikation. Das Buch ist unser Beitrag zum Diskurs um Bestand und Sanierung und eine Vorlage für die tatsächliche ökosoziale Transformation von Wohnhausanlagen.

Ökosoziale Transformation einer Wohnhausanlage:
Ziegelbauweise, Fallbeispiel Linz.

Zukunft Bestand
Ökosoziale Transformation
von Wohnhausanlagen

Kontext
Konzept
Emissionen

1
8

Kontext
Klimakrise, Klimavulnerabilität und Ungleichheit

Treibhauseffekt
Im Jahr 2023 ist die globale Durchschnittstemperatur um etwa 1,3 °C höher als in vorindustrieller Zeit um circa 1800. [1] Grund für diesen Temperaturanstieg ist die menschenverursachte Emission von Treibhausgasen in die Atmosphäre. Diese besteht vor allem aus den Gasen Stickstoff und Sauerstoff, enthält aber auch Treibhausgase – insbesondere Kohlendioxid (CO_2) und Methan (CH_4). Sonnenlicht durchdringt diese Gase und erwärmt die Erdoberfläche, die wiederum Wärme in den Weltraum abstrahlt. Treibhausgase absorbieren die Wärmeabstrahlung, senden Wärme zurück zur Erdoberfläche und erwärmen diese zusätzlich. Steigende Mengen an Treibhausgasen verursachen so eine steigende Erwärmung der Erdoberfläche.

Erwärmung
Da die Erwärmung von Wasser mehr Energie erfordert als die Erwärmung von Luft, wird die zusätzliche Wärme vor allem von den Ozeanen absorbiert. [2] Dabei erwärmt sich das Meer weniger schnell als die Luft über Land: Der bisherige Anstieg der globalen Durchschnittstemperatur ergibt sich aus der Erwärmung der Meeresoberfläche um 0,9 °C sowie der Luft über Land um 1,9 °C. [3] Wenn die globale Durchschnittstemperatur um 1,5 °C angestiegen sein wird, hat sich die Luft über Land bereits um etwa 2,4 °C erwärmt. [4]

Kipppunkte
Infolge des Temperaturanstiegs werden biophysikalische Systeme Kipppunkte erreichen und danach das Klima nicht weiter stabilisieren, sondern zusätzlich erwärmen – Effekte, die sich selbst und gegenseitig verstärken. [5] So verursachen ansteigende Temperaturen das Abschmelzen von sonnenlichtreflektierendem Polareis, Trockenheit und Waldbrände in Kohlenstoff speichernden Wäldern oder die Abschwächung der temperaturstabilisierenden Atlantischen Umwälzzirkulation – wodurch Temperaturen zusätzlich steigen. [6] Das kann dazu führen, dass die Erde sich längerfristig weiter erwärmt, auch wenn menschenverursachte Emissionen sinken sollten.

Menschenverursachte Emissionen
Emissionen menschlichen Ursprungs bestehen vor allem aus Kohlendioxid, dessen atmosphärische Konzentration von rund 280 ppm (parts per million, 10^{-6} Volumenanteile) in vorindustrieller Zeit auf rund 417 ppm im Jahr 2022 anstieg. [7, 8] Kohlendioxidemissionen entstehen in erster Linie durch die Verbrennung fossiler Energieträger – Erdöl, Erdgas, Kohle – und verbleiben in der Atmosphäre, bis sie von Meeres- und Landsenken, beispielsweise von Wäldern durch pflanzliche Photosynthese, absorbiert werden. [9] Globale menschenverursachte Treibhausgasemissionen (Kohlendioxid, Methan und andere) betrugen 2021 circa 57 Gt CO_2 eq (Gigatonnen Kohlendioxid-Äquivalent) und insgesamt etwa 2.450 Gt CO_2 eq seit vorindustrieller Zeit. [10, 11]

Ungleiche Verteilung
Emissionen wurden bisher und werden weiterhin sehr ungleich verursacht: In Bezug auf Regionen verantwortete Nordamerika 27 % der gesamten Emissionen seit vorindustrieller Zeit und 20,8 t CO_2 eq pro Person im Jahr 2021. [12] Auf Europa entfielen 22 % und 9,7 t CO_2 eq pro Person, auf China 11 % und 8,0 t CO_2 eq pro Person und auf Subsahara-Afrika nur 4 % und 1,6 t CO_2 eq pro Person. [13, 14] Auch die Vermögensverhältnisse korrelieren mit der ungleichen Verteilung der Emissionen: Die reichsten 10 % der Weltbevölkerung verantworteten 2021 rund 50 % der weltweiten Emissionen oder etwa 30 t CO_2 eq pro Person, die ärmsten 50 % nur rund 12 % der Emissionen oder etwa 1,5 t CO_2 eq pro Person. [15]

Klimaziele
Fast alle Staaten der Welt einigten sich 2015 im Pariser Abkommen der UN-Klimakonferenz darauf, den Anstieg der globalen Durchschnittstemperatur auf 1,5 °C, mindestens jedoch auf unter 2 °C zu begrenzen. Infolge des direkten Zusammenhangs zwischen Treibhausgasemissionen und Temperaturanstieg verbleiben für das 1,5-°C-Ziel noch Emissionen, die ausgestoßen werden dürften, von etwa 300 Gt CO_2 eq insgesamt oder 1,1 t pro Person für

1 – Lerncafé: Gemeinschaftsraum für 10- bis 19-Jährige, infolge der Transformation, Ziegelbauweise, Fallbeispiel Linz.

jedes verbleibende Jahr bis 2050 (und keine Emissionen danach) beziehungsweise 900 Gt CO_2 eq oder 3,4 t pro Person für das 2-°C-Ziel. [16] Emissionen müssen daher sofort deutlich gesenkt werden, um das Erreichen dieser Ziele zu ermöglichen – die aktuelle Dekade ist somit entscheidend. [17]

Österreichs Emissionen

Die Emissionen Österreichs wurden 2022 mit etwa 72,6 Mt (Megatonnen) CO_2 eq beziffert. [18] Diese Bilanzierung bezieht sich auf Dienstleistungen und Güter, die in Österreich produziert werden – unabhängig davon, ob deren Konsum innerhalb oder außerhalb des Landes stattfindet. [19] In Österreich konsumierte Güter und Dienstleistungen hingegen verursachten (im Betrachtungszeitraum von 1997 bis 2011) jährlich um etwa 50 % bis 60 % höhere Emissionen. [20]

Errichtung und Betrieb von Gebäuden

Ein hoher Anteil der Emissionen Österreichs entsteht jährlich durch die Errichtung und den Betrieb von Gebäuden. Der Betrieb verursacht Treibhausgasemissionen von etwa 17,1 Mt CO_2 eq pro Jahr. [21] Sie entstehen durch die Beheizung, Kühlung, Warmwasserbereitstellung und Beleuchtung sowie Wartung und Verwaltung. Der Emissionswert bezieht sich auf den Verbrauch von Energie, die im Gebäude erzeugt wird – wie aus Gas –, und auf Energie, die außerhalb des Gebäudes produziert wird – wie Strom und Fernwärme –, und umfasst Gewinnung, Transport und Verbrennung der entsprechenden Energieträger. [22]

Bis zu 42 % der Emissionen

Die Errichtung von Gebäuden verursacht Emissionen von etwa 4,8 bis 13,6 Mt CO_2 eq pro Jahr. [23] Sie entstehen durch die Produktion von Baumaterialien sowie durch Bau, Renovierung und Abbruch. Die Baumaterialproduktion schließt die Gewinnung von Rohstoffen und die Erzeugung von Materialien ein. [24] Die große Bandbreite dieses Werts ergibt sich aus unterschiedlichen Berechnungsansätzen. Insgesamt verursachten Gebäude durch Errichtung und Betrieb jährlich somit etwa 21,9 bis 30,7 Mt CO_2 eq oder – gemessen an den Emissionen im Jahr 2022 – etwa 30 % bis 42 % der gesamten für Österreich bilanzierten Treibhausgasemissionen.

Baumaterial

Verschiedene Baumaterialien bedingen beim Bau sehr unterschiedlich hohe Emissionen: Je nach Eigenschaften verursachen Beton und Ziegel bis zu mehreren Hundert Kilogramm CO_2 eq pro Tonne, Stahl bis zu über 1.000 kg CO_2 eq pro Tonne und Kunststoffdämmung mehrere Tausend Kilogramm CO_2 eq pro Tonne. [25] Nachwachsende Rohstoffe hingegen entziehen der Atmosphäre während des Wachstums Kohlendioxid und speichern es. Dieses Kohlendioxid wird erst bei ihrer Verbrennung oder Verrottung wieder freigesetzt. Auf diese Weise speichern Holz oder Dämmstoffe wie Stroh, Kork, Flachs, Hanf und Zellulose bis zu über 1.000 kg CO_2 eq pro Tonne. [26] Der Einsatz nachwachsender Rohstoffe kann so die Emissionen im Bauwesen senken.

Abbruch

Weil Kohlendioxid in der Atmosphäre nicht zerfällt, trägt die Errichtung jedes Gebäudes zur dauerhaften Erhöhung der CO_2-Konzentration in der Atmosphäre bei – auch wenn das Gebäude nicht mehr steht. Bei Abbruch eines Gebäudes geht dessen Nutzwert verloren, die Emissionen aber bleiben. Wird ein Gebäude abgebrochen und durch ein neues ersetzt, entstehen somit Emissionen für zwei Gebäude – nutzen lässt sich aber nur eines. Darüber hinaus kommen im Zuge des Abbruchs weitere Emissionen hinzu – vor allem durch Transport, Aufbereitung, Deponierung und Verbrennung von Abbruchmaterial. Vor diesem Hintergrund zeugen die rund 11,4 Mt Bau- und Abbruchabfälle im Jahr 2020 in Österreich von Treibhausgasemissionen ohne Nutzen. [27]

→ Um die Klimakrise einzudämmen, müssen Emissionen aus Errichtung und Betrieb von Gebäuden minimiert werden.

Folgen und Vulnerabilität

Der durch Treibhausgase induzierte Temperaturanstieg verursacht schon heute vermehrt Extremwetterereignisse wie Hitzewellen, Dürren, Waldbrände, Starkregen, Überschwemmungen und Stürme. [28] Das führt zu Wasser- und Nahrungsmittelknappheit, gefährdet damit die Sicherheit und die Lebensgrundlage von Menschen und anderen Lebewesen und verstärkt dadurch Konflikte, Flucht und Vertreibung. [29] Die Häufigkeit solcher Ereignisse nimmt mit steigenden Temperaturen weiter zu.

Artensterben

Gleichzeitig kumulieren sich Klimakrise und eine Krise der Biodiversität, deren Ursachen vor allem in Waldrodung, Landwirtschaft und dem Einsatz von Agrochemikalien liegen. [30] Dabei stirbt durchschnittlich alle zehn Minuten eine Art aus, sodass bis 2030 von den etwa acht Millionen heute lebenden Tier-, Pflanzen- und Pilzarten etwa eine Million verschwunden sein wird. [31] Dieses Artensterben gefährdet die Versorgung mit Nahrung und Medikamenten zusätzlich. [32]

Krankheiten

Hitze beeinträchtigt außerdem die menschliche Gesundheit und induziert oder verstärkt vor allem Herz-Kreislauf- und Atemwegserkrankungen. Weltweit sind momentan jährlich fast sieben Todesfälle pro 100.000 Personen auf Hitze zurückzuführen – beinahe ebenso viele wie auf Malaria. [33] Wärme begünstigt außerdem die Verbreitung von vektorübertragenen Krankheiten wie Malaria, Denguefieber, Chikungunyafieber, Gelbfieber oder Zikavirusinfektionen, die oft dauerhafte Beeinträchtigungen sowie jährlich rund 700.000 Todesfälle verursachen. [34]

Ungleiche Vulnerabilität

Insgesamt sind Menschen und Regionen von der Klimakrise sehr ungleich betroffen: Die negativen Folgen zusätzlicher Erwärmung zeigen sich in Gebieten mit bereits hohen Temperaturen deutlich stärker. [35] Besonders betroffen sind außerdem arme, marginalisierte und ältere Menschen sowie Menschen mit Beeinträchtigungen auf der ganzen Welt, insbesondere aber in ärmeren Regionen in Afrika, Asien, Mittel- und Südamerika sowie im Pazifik. [36] Jene Menschen verfügen oftmals nicht über ausreichend Ressourcen, um sich an die Auswirkungen der Klimakrise anzupassen. Da in ärmeren Teilen der Welt oft ohnehin hohe Temperaturen herrschen, kumulieren sich hier die Folgen. Auch wenn Österreich nicht zu diesen besonders betroffenen Regionen zählt, sind auch hier ärmere und vulnerable Menschen stärker den Auswirkungen der Klimakrise ausgesetzt.

→ Um Klimavulnerabilität zu mindern, müssen Lebensräume an Extremwetterereignisse angepasst werden.

Verteilungsungleichheit

Parallel zur Klimakrise wächst die Verteilungsungleichheit in Europa: Die Vermögensanteile des reichsten Dezils (10 %) und des reichsten Perzentils (1 %) der Bevölkerung in Europa nahmen im 19. Jahrhundert zu, erreichten vor dem Ersten Weltkrieg einen Höhepunkt und fielen anschließend steil ab, steigen aber seit den 1970er-Jahren wieder stetig an. [37]

Ungleichheit in Österreich

Auch Österreich ist von Ungleichheit geprägt: Das reichste Perzentil verfügte 2017 über etwa 39 % des Vermögens und das reichste Dezil über etwa 66 %, die ärmere Hälfte aber nur über etwa 3 %. [38] Gleichzeitig waren 2022 etwa 15 % der Bevölkerung oder rund 1,3 Millionen Menschen mit einem Einkommen von bis zu 60 % des Medians armutsgefährdet und weitere etwa 2 % oder rund 200.000 Menschen erheblich materiell depriviert, sodass sie sich wesentliche Güter oder Dienstleistungen nicht leisten konnten. [39] Dabei sind Kinder, Frauen* – insbesondere als Alleinerziehende oder im Alter – und Menschen mit Beeinträchtigungen sowie Personen ohne österreichische Staatsbürgerschaft mit höherer Wahrscheinlichkeit armutsgefährdet. [40]

Ungleichheit im Wohnraum

Diese Ungleichheit bedingt auch die ungleiche Verteilung von Wohnraum: Unter armutsgefährdeten Menschen in Österreich lebten 2021 etwa 33 % in Haushalten mit Überbelegung (geringe Wohnfläche pro Haushaltsmitglied). [41] Unter der restlichen Bevölkerung waren es etwa 12 %. [42] Ungleichheit beeinflusst auch die Wohnqualität: So konnten etwa 5 % der armutsgefährdeten Menschen 2021 ihre Wohnung nicht ausreichend beheizen, in der restlichen Bevölkerung etwa 1 %. [43]

Ungleichheit im Stadtraum

Diese Verteilungsungleichheit setzt sich außerhalb der Wohnung fort. In Wien verfügte 2017 der Bevölkerungsanteil mit hohem Einkommen, hoher Bildung und niedriger Arbeitslosigkeit (hoher Status) durchschnittlich über etwa 206 m² Stadtfläche pro Person (Grundfläche von Gebäuden, Verkehrsfläche und Grünfläche im Bereich des Wohnorts). [44] Menschen mit mittlerem Status standen etwa 129 m² zur Verfügung, der Bevölkerung mit niedrigem Status (geringes Einkommen, wenig Bildung und hohe Arbeitslosigkeit) nur etwa 60 m² pro Person. [45] Menschen mit niedrigem Status müssen demnach auch öffentliche Räume wie Grünflächen oder Plätze mit mehr Menschen teilen als jene mit mittlerem und hohem Status.

Ungleiche Teilhabe

Die Teilhabe an sozialen Aktivitäten ist für viele zusätzlich eingeschränkt: Über 500.000 Menschen in Österreich oder etwa 6 % der Bevölkerung konnten 2020 nicht mindestens einmal pro Monat Verwandte oder Freunde treffen, um gemeinsam etwas zu trinken oder zu essen. [46] Die Einschränkungen betreffen auch Kinder und Jugendliche: Jedes sechste Kind unter 16 Jahren lebte 2020 in Haushalten, in denen Urlaub aus Kostengründen nicht möglich war. [47] Gleichzeitig konnte jedes zehnte Kind nicht an kostenpflichtigen Freizeitaktivitäten teilnehmen. [48] Diese Ungleichheit beeinträchtigt auch die Zufriedenheit: In Österreich waren 2018 Menschen mit überdurchschnittlichem Einkommen mit ihrem Leben überdurchschnittlich zufrieden, Menschen mit einem Einkommen unter dem Durchschnitt waren hingegen unterdurchschnittlich zufrieden. [49]

→ Um Ungleichheit entgegenzuwirken, muss gleichberechtigte Teilhabe gefördert werden.

Kontext

Die Eindämmung der Klimakrise ist heute die zentrale Aufgabe der Menschheit – die nächste Dekade entscheidet über Erfolg oder Misserfolg. In Hinblick auf die gegenwärtigen Folgen der Klimakrise muss außerdem Klimavulnerabilität gemindert werden. Die aktuelle Phase der Klimakrise fällt zudem in eine Zeit wachsender Ungleichheit in Europa. Klimakrise, Klimavulnerabilität und Ungleichheit verursachen kumulative negative Folgen für die Betroffenen. Diesen Kontext muss jedes Projekt adressieren.

Konzept
Ausgangssituation und ökosoziale Transformation

Agenda

Die ökosoziale Transformation von Wohnhausanlagen adressiert den Kontext von Klimakrise, Klimavulnerabilität und Ungleichheit mit einer klaren Agenda:

- Klimakrise eindämmen und hierfür Treibhausgasemissionen in Gebäudeerrichtung und -betrieb minimieren,
- Klimaresilienz stärken und dafür Lebensräume an Extremwetterereignisse anpassen,
- Inklusion fördern und dazu gleichberechtigte Teilhabe benachteiligter Gruppen in der Gesellschaft stärken.

Klimaziele

Die Europäische Union hat sich verpflichtet, Treibhausgasemissionen bis 2030 verglichen mit 1990 netto um mindestens 55 % zu senken und bis 2050 netto auf null zu reduzieren. [1] In diesem Zusammenhang hat sich Österreich das Ziel gesetzt, Emissionen auf netto null bis 2040 abzusenken und somit ab diesem Zeitpunkt klimaneutral zu sein. [2] Diese Klimaziele konkretisieren die Notwendigkeit, Emissionen im Gebäudesektor rasch zu senken.

Urbanisierung

Gleichzeitig führt die Urbanisierung in Österreich bis 2040 zu einem Anstieg der städtischen Wohnbevölkerung von heute knapp 60 % auf etwa 66 %. [3] Eine höhere Bevölkerungsdichte korreliert dabei mit geringeren durchschnittlichen Treibhausgasemissionen pro Person. [4] Emissionen sind somit in Städten pro Person durchschnittlich niedriger als in suburbanen und ländlichen Gebieten. Kompakte Bauweise und Wohnverhältnisse, effiziente Energieversorgung sowie dichte öffentliche Verkehrsnetze und kurze Wege senken Emissionen. Die vergleichsweise dichte Bebauung reduziert außerdem Bodenverbrauch. Die Urbanisierung trägt somit grundsätzlich zu höherem Bedarf an städtischem Wohnraum und geringeren Emissionen bei.

Bestand

Adäquater Wohnraum ist ein menschliches Grundbedürfnis und somit unerlässlich für Inklusion. Städtische, kommunale und gemeinnützige Wohnhausanlagen bieten bereits hochwertigen Wohnraum für verhältnismäßig geringe Miete und tragen damit schon wesentlich zur Inklusion bei. Gemeinden und gemeinnützige Bauvereinigungen teilen außerdem das Bestreben, die Wohnverhältnisse ihrer Bewohner*innen auch in Bezug auf Klimaresilienz und Inklusion weiter zu verbessern. Zudem verfügen sie oft über eine große Anzahl Wohnhausanlagen mit meist (sehr) vielen Wohnungen. Die ökosoziale Transformation dieser Wohnhausanlagen bedeutet daher besonders umfassende positive Effekte.

Qualitäten

Bestehende Wohnhausanlagen verfügen über wichtige Qualitäten: Großzügige Grünflächen mit altem Baumbestand unterstützen bereits die Klimaresilienz, und die bestehende Anbindung an das öffentliche Verkehrsnetz reduziert Emissionen. Gebäude bieten alltagstaugliche Wohnungen mit beidseitiger Orientierung. Konstruktionen sind langlebig und bieten ausreichend Tragfestigkeit für Aufstockungen. Bei der Errichtung entstandene Treibhausgase sind schon ausgestoßen, die Wohnungen bieten aber Nutzwert, der nur durch den Abbruch verloren ginge. Nicht zuletzt schätzen viele Menschen die Wohnhausanlagen oftmals seit Jahrzehnten als Zuhause.

Verbesserungsbedarf

Gleichzeitig können diese Wohnhausanlagen verbessert werden: Fehlende Gebäudedämmung, bestehende Fenster und Hochtemperaturheizsysteme verursachen hohen Heizwärmebedarf und durch die Nutzung fossiler Energie auch hohe Emissionen. Mangelnde Barrierefreiheit kann für Bewohner*innen mit eingeschränkter Mobilität den Verlust ihres Zuhauses bedeuten. Die Wohnungen bieten oft wenig Bezug zum Außenraum, entsprechen bei Schallschutz und Sicherheit nicht dem Stand der Technik und sind in überproportionalem Ausmaß für Haushalte mit mehreren Personen vorgesehen. Gebäude und Grünflächen bieten kaum Nutzungsmöglichkeiten. Infolgedessen droht diesen Wohnhausanlagen fallweise der Abbruch.

Differenzierte Gemeinschaftsgärten und -räume: Stahlbeton-Fertigteilbauweise, Fallbeispiel Wien.

Anwendungsmöglichkeiten

Die Ausgangssituation in anderen Ländern ist ähnlich: In Deutschland steigt der Anteil der urbanen Bevölkerung von momentan knapp 78 % auf etwa 82 % im Jahr 2040, in der Schweiz von etwa 74 % auf 78 %. [5] Beide Länder verfügen außerdem ebenfalls über eine große Anzahl von städtischen Wohnhausanlagen. Für eine ökosoziale Transformation bestehen somit über Österreich hinaus Anwendungsmöglichkeiten.

Ziele

Für die ökosoziale Transformation von Wohnhausanlagen ergeben sich daraus eindeutige Ziele:

· Bestehendes erhalten und inklusiv verbessern, um Abbruch und Neubau heute und zukünftig zu verhindern und um wertvolle Gebäude und Grünräume zu erhalten,
· Neues behutsam integrieren, um mehr inklusiven, urbanen Wohnraum zu schaffen und alle Haushalts- und Arbeitsrealitäten abzubilden,
· Ressourcen schonen und sinnvoll einsetzen, um Verbrauch und Emissionen von Rohstoffen und Energie zu minimieren und hochwertige, langlebige Räume zu schaffen.

Strategien

Der Verwirklichung dieser Ziele dienen folgende Strategien:

· Gebäudebestand erhalten, ertüchtigen, ergänzen und differenzieren,
· Teilhabe für Menschen in allen Haushaltsgrößen und Altersgruppen barrierefrei und leistbar ermöglichen,
· Grünraumbestand sichern, ausbauen und biodiversifizieren,
· erneuerbare Rohstoffe und Energie produzieren und effektiv einsetzen,
· Mobilität emissionsarm und fair gestalten.

Maßnahmen

Die Umsetzung dieser Strategien erfolgt in 20 Maßnahmen. Sie betreffen die Maßstäbe Siedlung, Gebäude und Detail. Die erste Maßnahme besteht darin, bestehende Gebäude nicht abzureißen und neu zu bauen, sondern zu erhalten und zu verbessern. Der Maßstab Siedlung umfasst: vielfältige Gemeinschaftsgärten und -räume anbieten, Baumbestand erhalten und vermehren, Biotope erweitern und verbessern, emissionsreichen Verkehr eindämmen, emissionsarmen fördern. Der Maßstab Gebäude beinhaltet: differenzierten Wohnraum und Freiraum für jede Wohnung schaffen sowie Bezug zum Außenraum stärken, Barrierefreiheit umsetzen, nutzungsoffene Räume anbieten, Wohnqualität erhöhen, natürliche Klimatisierung fördern, Sicherheit erhöhen sowie Auszug und Umzug vermeiden. Der Maßstab Detail betrifft: Gebäudehülle dämmen, Bestand minimalinvasiv transformieren, Ressourcen bewusst einsetzen, langlebige Konstruktionen planen, Vorfertigung und erneuerbare Energien nutzen.

Umsetzung

Diese 20 Maßnahmen sind – wie ein Werkzeugkasten – unabhängig von Bauweise und Ort konzipiert, lassen sich aber leicht auf bestimmte Wohnhausanlagen anwenden und skalieren. Die ökosoziale Transformation ist so leicht replizierbar und damit seriell umsetzbar. Die Maßnahmen sind auch unabhängig voneinander umsetzbar, stellen im Zusammenspiel aber eine gesamtheitliche Transformation dar, die mit einem Mal umfassende positive Effekte bietet. Diese Gesamtheitlichkeit vermeidet zudem partielle, suboptimale Sanierungen, infolge derer wichtige Verbesserungen nicht nur verabsäumt, sondern auch erschwert und dadurch verzögert werden.

Projekt

Das Bestreben, eine politische Agenda durch die physische Transformation der Umwelt umzusetzen, wird in der Architektur als Projekt verstanden. Die ökosoziale Transformation von Wohnhausanlagen stellt ein solches Projekt dar. Die Formulierung einer klaren Agenda, von Zielen, Strategien und konkreten Maßnahmen dient dabei als Grundlage für die tatsächliche Umsetzung der ökosozialen Transformation von Wohnhausanlagen in Österreich und darüber hinaus.

1 – Arbeitsraum: Gemeinschaftsraum für 30- bis 39-Jährige, Stahlbeton-Fertigteilbauweise, Fallbeispiel Wien.

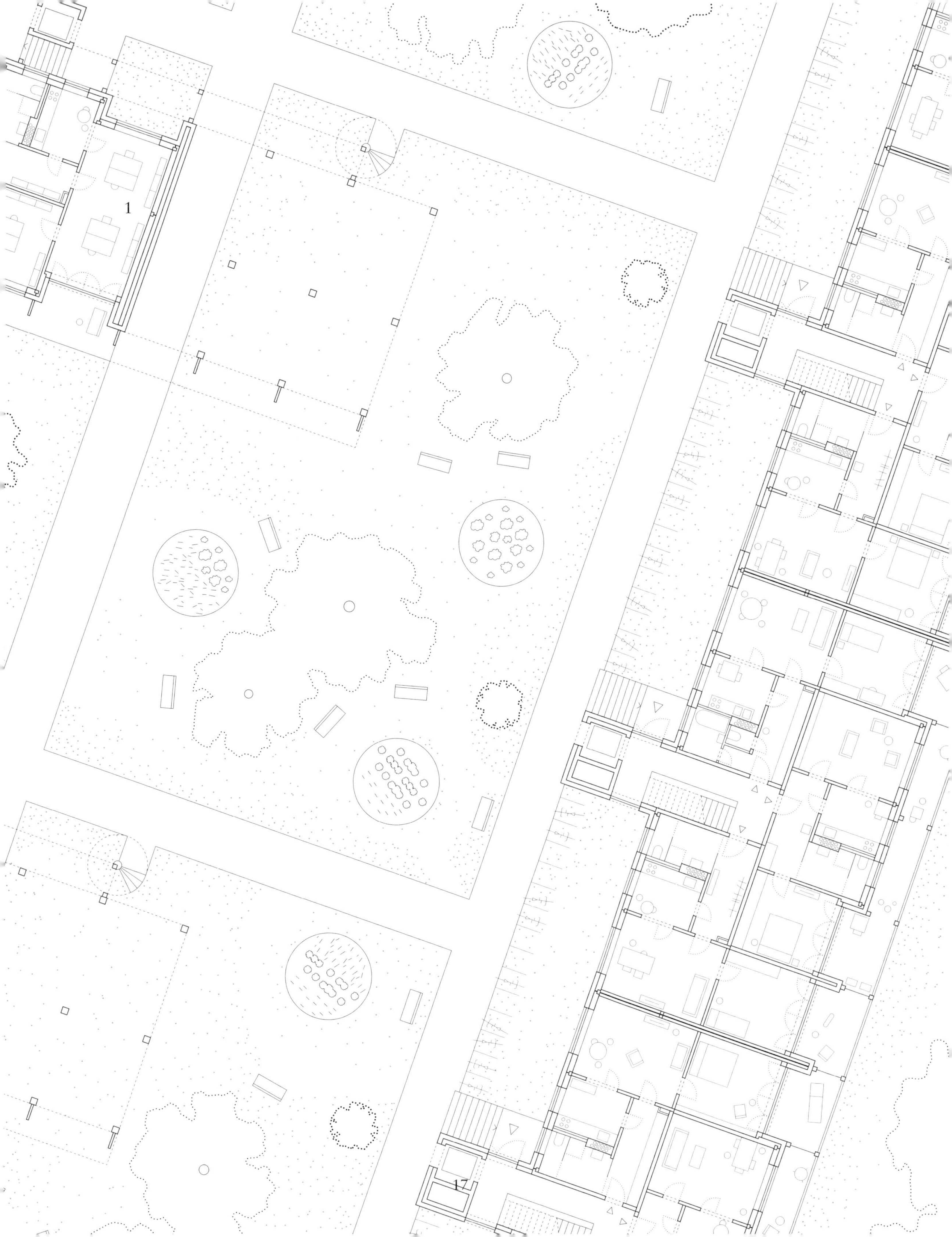
1

Agenda

Klimakrise eindämmen

Treibhausgasemissionen aus Errichtung und Betrieb von Gebäuden minimieren

Klimaresilienz stärken

Lebensräume an Extremwetter wie Hitze, Trockenheit und Starkregen anpassen

Inklusion fördern

Gleichberechtigte Teilhabe von vulnerablen Gruppen in der Gesellschaft stärken

Ziele

Bestehendes erhalten und inklusiv verbessern

um Abbruch und Neubau zu verhindern und wertvolle Gebäude und Grünräume zu erhalten

Neues behutsam integrieren

um mehr inklusiven urbanen Wohnraum zu schaffen und alle Haushalts- und Arbeitsrealitäten zu berücksichtigen

Ressourcen schonen und sinnvoll einsetzen

um Verbrauch und Emissionen von Rohstoffen und Energie zu minimieren und hochwertige, langlebige Räume zu schaffen

Strategien

Gebäudebestand

ertüchtigen, ergänzen, differenzieren

Teilhabe

barrierefrei und leistbar ermöglichen

Grünraumbestand

sichern, ausbauen, biodiversifizieren

Erneuerbare Rohstoffe und Energie

produzieren und effektiv einsetzen

Mobilität

emissionsarm und fair gestalten

Maßnahmen

1 **Keine Gebäude abreißen oder neu bauen!**
Lebensdauer von Material ausschöpfen, weitere Emissionen und Bauschutt vermeiden

2 **Differenzierten Wohnraum schaffen**
Bestand erweitern und aufstocken, urbanen Wohnraum gemäß Haushaltsrealität für kleine und große Haushalte sowie geringe Einkommen schaffen

3 **Freiraum für jede Wohnung schaffen und Bezug zum Außenraum stärken**
Bodentiefe Fenster und großzügige Loggien vorsehen, optional Wetterschutzglas anbieten

4 **Barrierefreiheit umsetzen**
Aufzüge mit Laubengängen und Loggien für Gebäude und Wegenetze im Außenraum barrierefrei vorsehen, optional Bestandswohnungen durch Umbau von Vorraum, Bad, Küche barrierefrei gestalten

5 **Gebäudehülle dämmen**
Ökologische Dämmung für Fassade, Keller, Dach und Holzfenster mit Dreifachverglasung vorsehen

6 **Nutzungsoffene Räume anbieten**
Aufstockungen mit 3 m Raumhöhe für Wohnen und Arbeiten konzipieren, Räume für temporäre Nutzung anbieten, Zusammenlegung und Abtrennung von Räumen durch Leichtbauwandabschnitte ermöglichen

7 **Wohnqualität erhöhen**
Standardmöblierung berücksichtigen, optional Schallschutz-Vorbauten und Oberflächenerneuerung in Bestandswohnungen anbieten

8 **Natürliche Klimatisierung fördern**
Querlüftung ermöglichen, Außenverschattung vorsehen, konstruktive Verschattung durch auskragende Bauteile nutzen, Verdunstungskühlung begünstigen

9 **Sicherheit erhöhen**
Gemäß Stand der Technik Fluchtwege und Absturzsicherungen vorsehen, Brandweiterleitung verhindern

10 **Aus- und Umzug vermeiden**
Transformation ohne Eingriff ins Wohnungsinnere planen, Verbleib von Bewohner*innen in ihrem Zuhause während und nach Umbau gewährleisten

11 **Gemeinschaftsgärten und -räume bieten**
Differenzierte Gärten mit dazugehörigen Räumen im Erdgeschoß für jede Altersgruppe anbieten, fairen Zugang für alle Gruppen sichern

12 **Baumbestand erhalten und vermehren**
Baumbestand erhalten und klimaresilient verjüngen, dadurch Kühlung und Beschattung verstärken, durch Alleen und Charaktergehölze Orientierung fördern

13 **Biotope erweitern und verbessern**
Flächen entsiegeln und versickerungsoffen gestalten, Regenwasser speichern, geschützte Biotope für Flora und Fauna als Ausgleichsflächen auf Dächern vorsehen, Wildwiesen einrichten

14 **Bestand minimalinvasiv transformieren**
Schächte und Tragwerk von Bestand für Aufstockungen nutzen, selbsttragende Anbauten vorsehen

15 **Ressourcen bewusst einsetzen**
Materialien effizient einsetzen, nachwachsende Rohstoffe nutzen, nicht nachwachsende Rohstoffe nur wo technisch unbedingt notwendig vorsehen, Oberflächen unbehandelt belassen

16 **Langlebige Konstruktion planen**
Gebäudehülle durch auskragende Bauteile konstruktiv schützen, Fassaden durch Hinterlüftung trocknen, Bauteile einfach austauschbar planen

17 **Vorfertigung anwenden**
Durch modulare, serielle Vorfertigung präzise, rasche, staub- und lärmarme Bauabwicklung ermöglichen und Wiederverwendung begünstigen

18 **Erneuerbare Energien nutzen**
Photovoltaik und E-Warmwasserboiler sowie (erneuerbare) Fernwärme oder Wärmepumpen und Niedrigtemperaturheizung einsetzen

19 **Emissionsreichen Verkehr eindämmen**
Wohnstraßen mit Querungen einrichten, Parkplätze reduzieren, bündeln, entsiegeln und begrünen

20 **Emissionsarmen Verkehr fördern**
Fuß- und Radwegenetze, Radstellplätze, E-Auto- und E-Rad-Sharing, Mitfahrbänke, ÖPNV ausbauen

Vor der Transformation

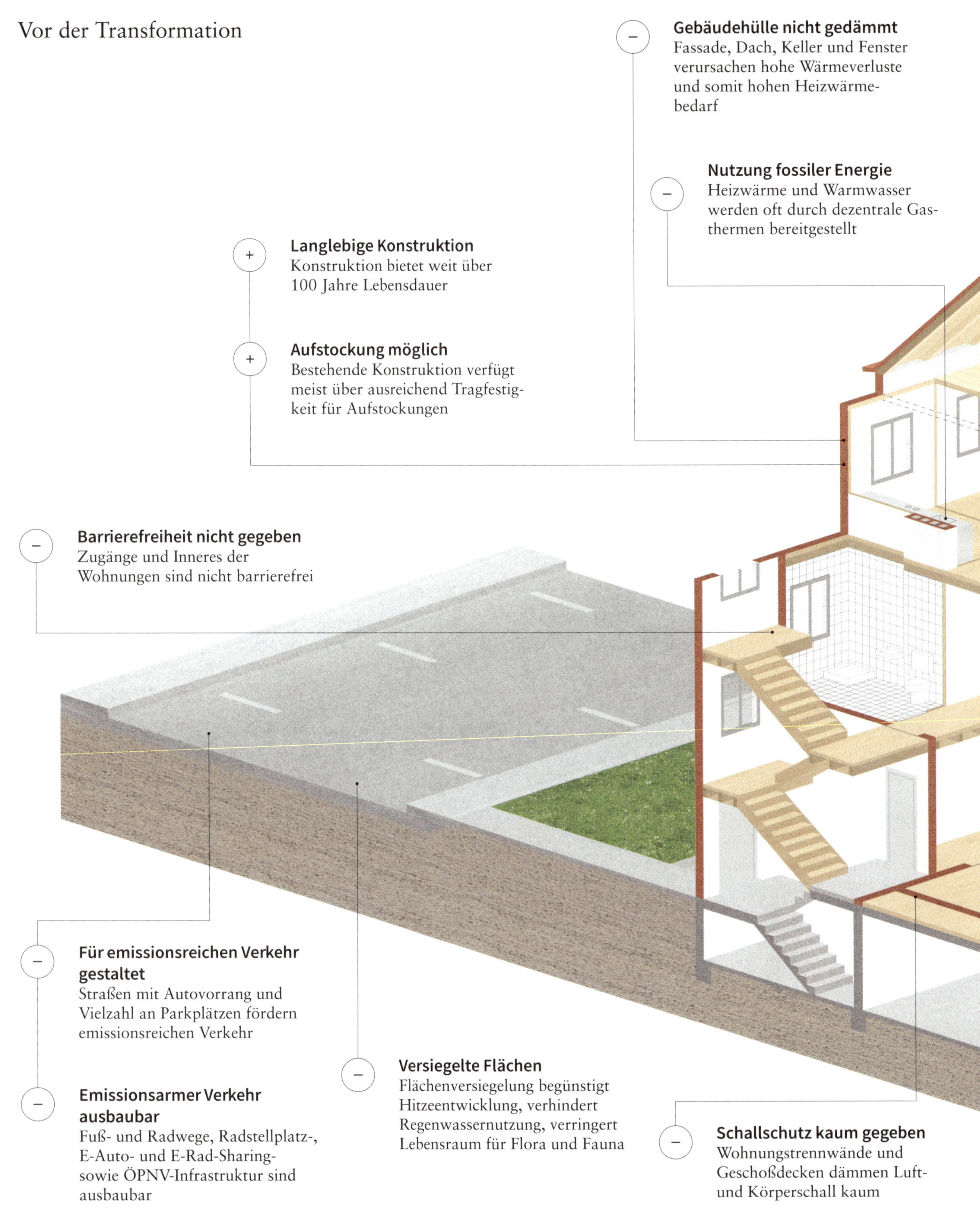

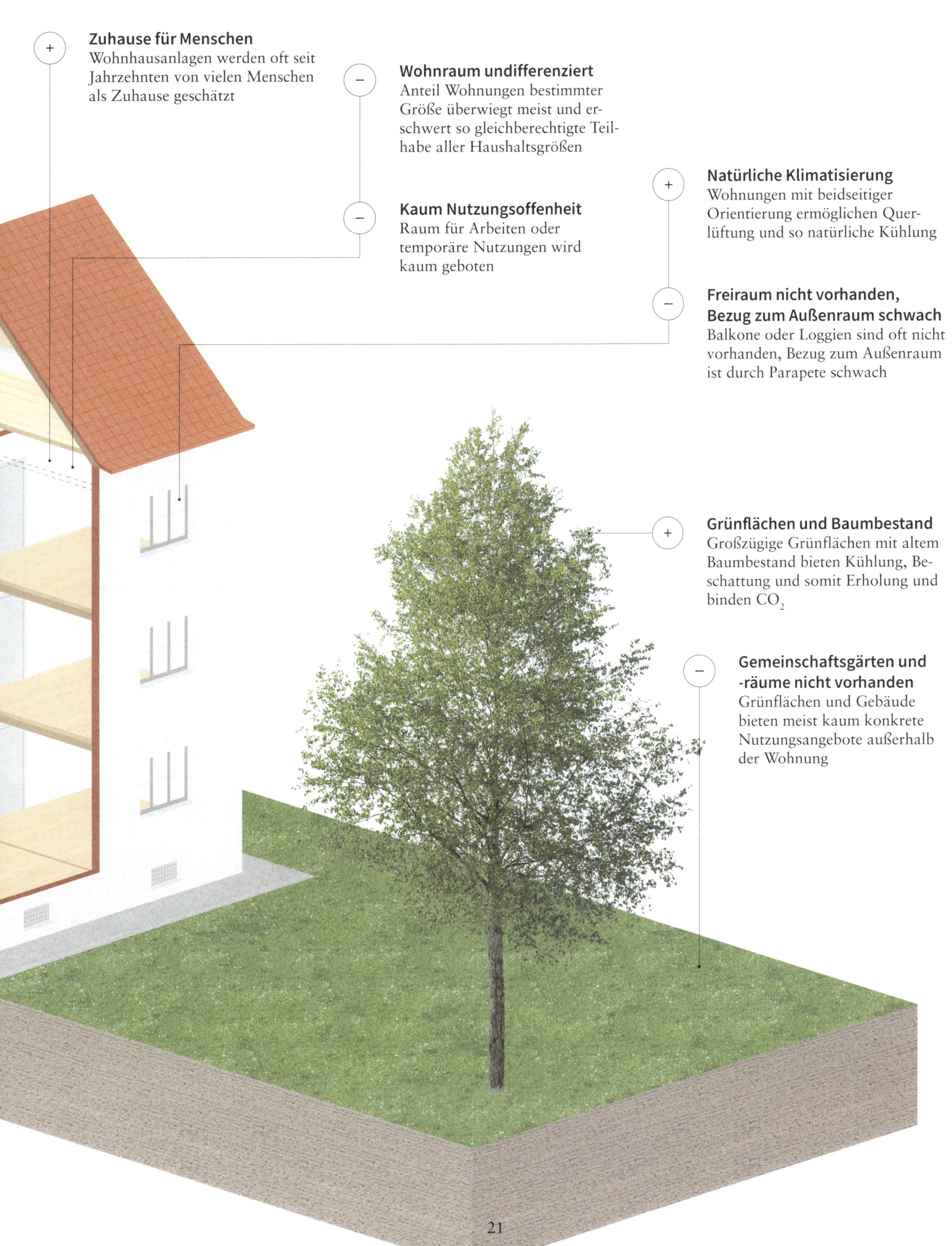

+
Zuhause für Menschen
Wohnhausanlagen werden oft seit Jahrzehnten von vielen Menschen als Zuhause geschätzt
–
Wohnraum undifferenziert
Anteil Wohnungen bestimmter Größe überwiegt meist und erschwert so gleichberechtigte Teilhabe aller Haushaltsgrößen
–
Kaum Nutzungsoffenheit
Raum für Arbeiten oder temporäre Nutzungen wird kaum geboten
+
Natürliche Klimatisierung
Wohnungen mit beidseitiger Orientierung ermöglichen Querlüftung und so natürliche Kühlung
–
Freiraum nicht vorhanden, Bezug zum Außenraum schwach
Balkone oder Loggien sind oft nicht vorhanden, Bezug zum Außenraum ist durch Parapete schwach
+
Grünflächen und Baumbestand
Großzügige Grünflächen mit altem Baumbestand bieten Kühlung, Beschattung und somit Erholung und binden CO_2
–
Gemeinschaftsgärten und -räume nicht vorhanden
Grünflächen und Gebäude bieten meist kaum konkrete Nutzungsangebote außerhalb der Wohnung

Während der Transformation

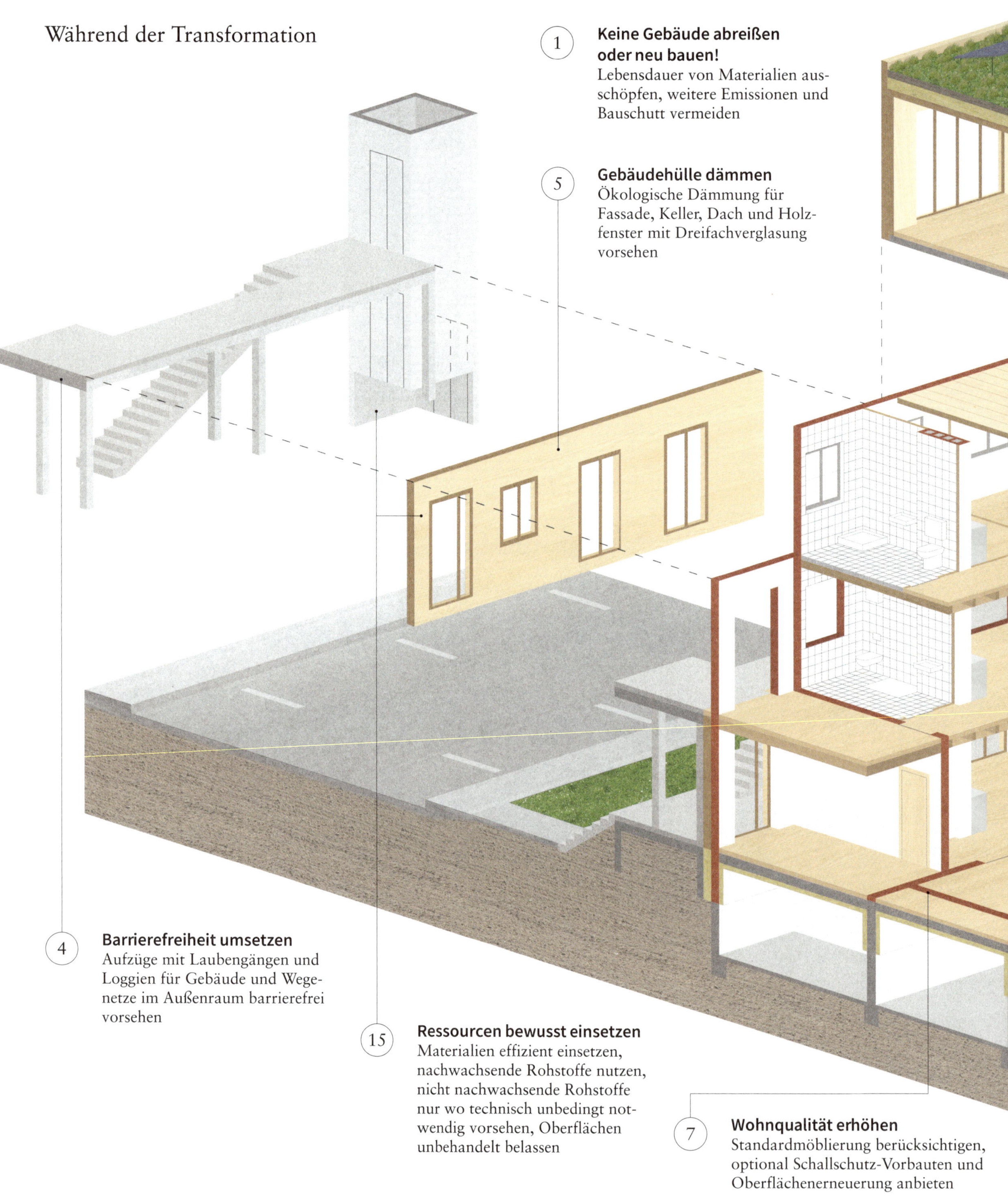

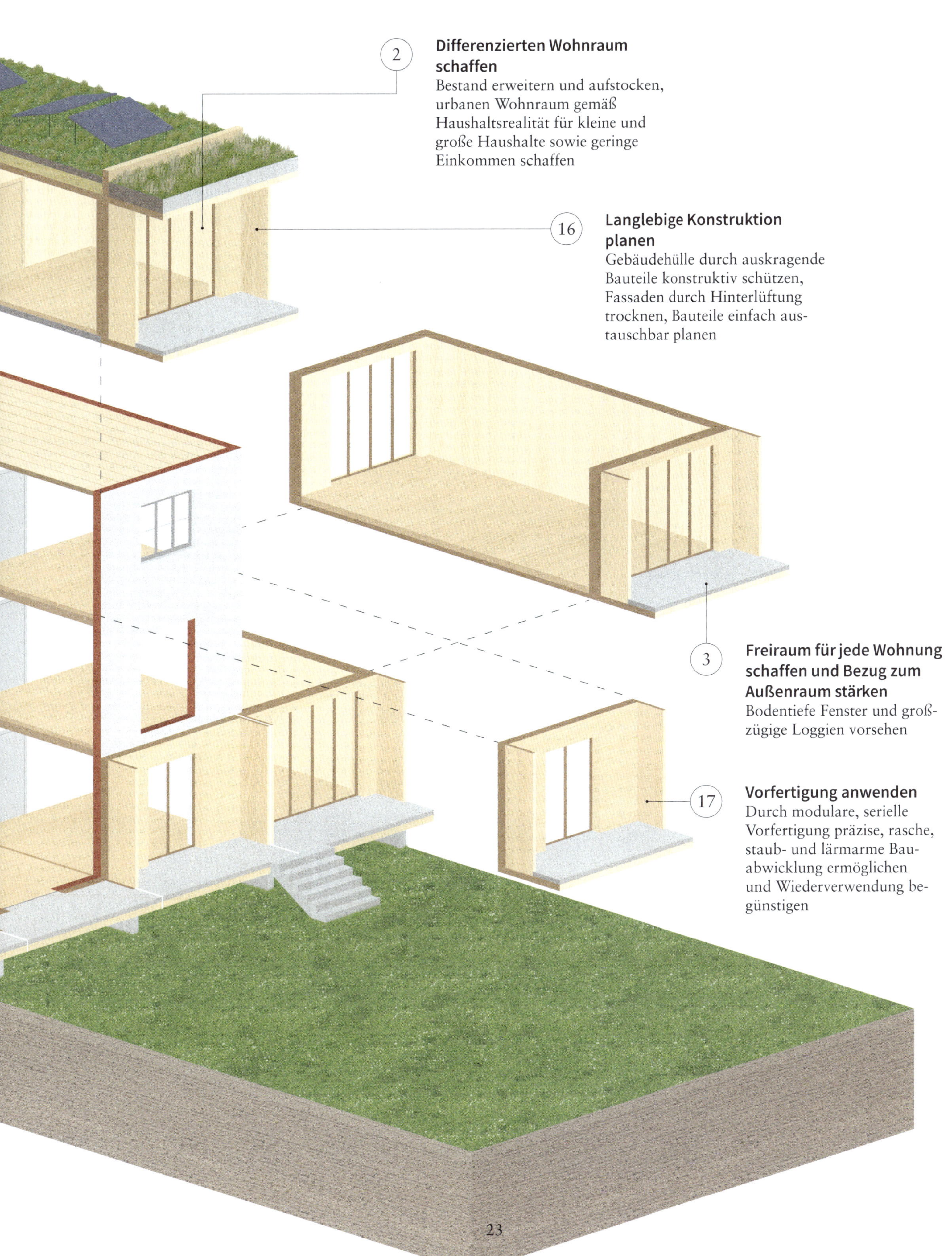
2
Differenzierten Wohnraum schaffen
Bestand erweitern und aufstocken, urbanen Wohnraum gemäß Haushaltsrealität für kleine und große Haushalte sowie geringe Einkommen schaffen
16
Langlebige Konstruktion planen
Gebäudehülle durch auskragende Bauteile konstruktiv schützen, Fassaden durch Hinterlüftung trocknen, Bauteile einfach austauschbar planen
3
Freiraum für jede Wohnung schaffen und Bezug zum Außenraum stärken
Bodentiefe Fenster und großzügige Loggien vorsehen
17
Vorfertigung anwenden
Durch modulare, serielle Vorfertigung präzise, rasche, staub- und lärmarme Bauabwicklung ermöglichen und Wiederverwendung begünstigen

Infolge der Transformation

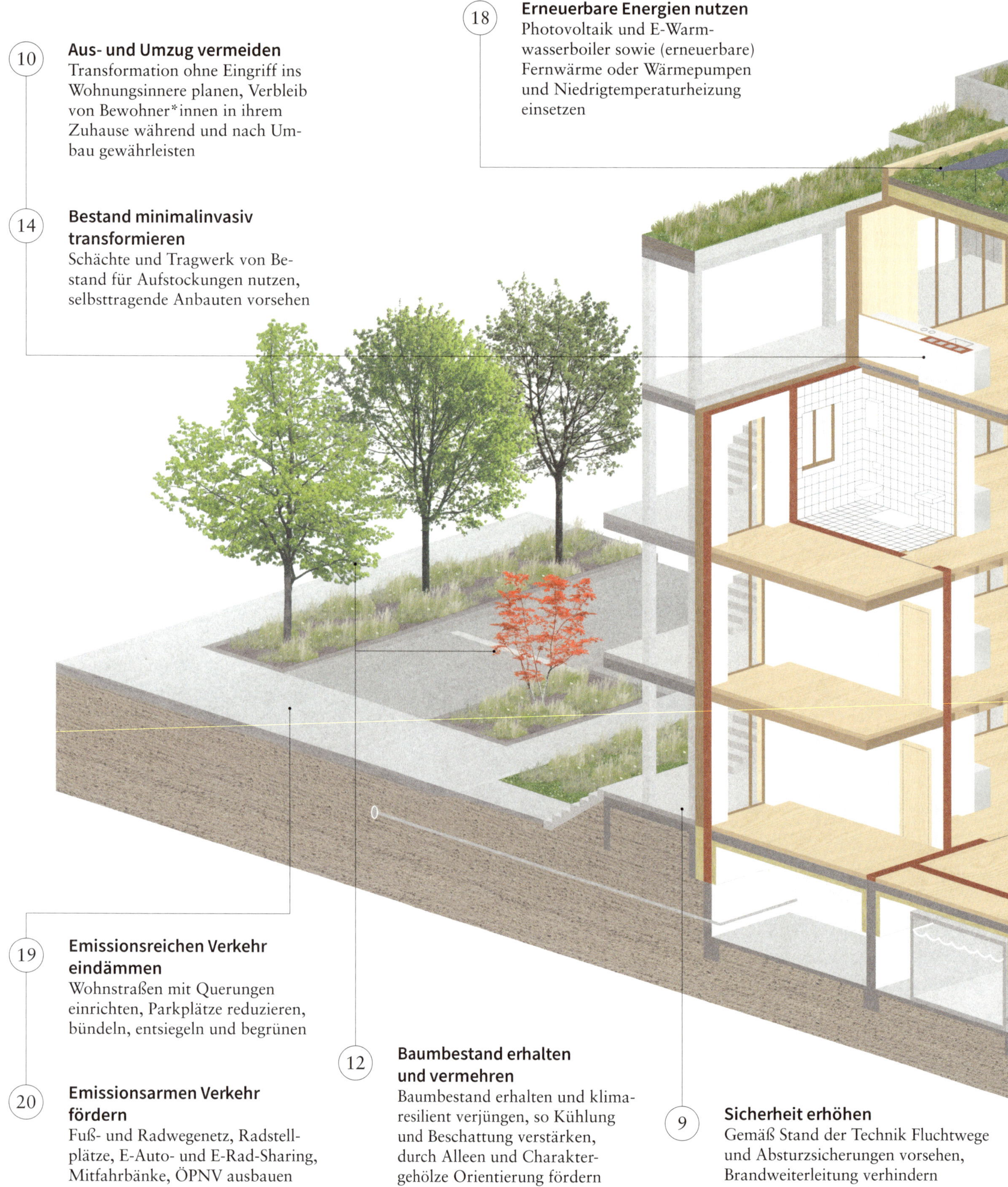

10 **Aus- und Umzug vermeiden**
Transformation ohne Eingriff ins Wohnungsinnere planen, Verbleib von Bewohner*innen in ihrem Zuhause während und nach Umbau gewährleisten

14 **Bestand minimalinvasiv transformieren**
Schächte und Tragwerk von Bestand für Aufstockungen nutzen, selbsttragende Anbauten vorsehen

18 **Erneuerbare Energien nutzen**
Photovoltaik und E-Warmwasserboiler sowie (erneuerbare) Fernwärme oder Wärmepumpen und Niedrigtemperaturheizung einsetzen

19 **Emissionsreichen Verkehr eindämmen**
Wohnstraßen mit Querungen einrichten, Parkplätze reduzieren, bündeln, entsiegeln und begrünen

20 **Emissionsarmen Verkehr fördern**
Fuß- und Radwegenetz, Radstellplätze, E-Auto- und E-Rad-Sharing, Mitfahrbänke, ÖPNV ausbauen

12 **Baumbestand erhalten und vermehren**
Baumbestand erhalten und klimaresilient verjüngen, so Kühlung und Beschattung verstärken, durch Alleen und Charaktergehölze Orientierung fördern

9 **Sicherheit erhöhen**
Gemäß Stand der Technik Fluchtwege und Absturzsicherungen vorsehen, Brandweiterleitung verhindern

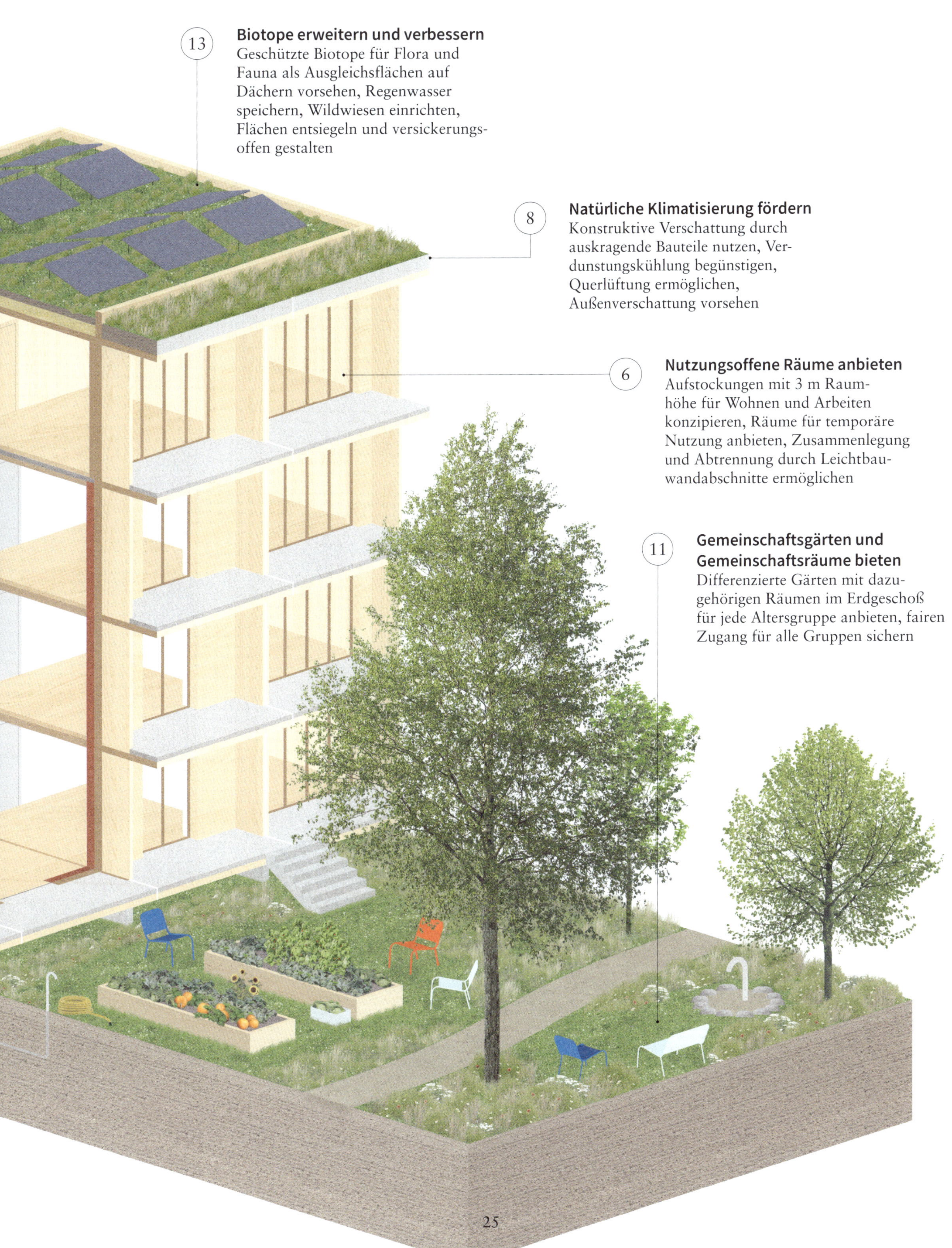
13
Biotope erweitern und verbessern
Geschützte Biotope für Flora und Fauna als Ausgleichsflächen auf Dächern vorsehen, Regenwasser speichern, Wildwiesen einrichten, Flächen entsiegeln und versickerungsoffen gestalten
8
Natürliche Klimatisierung fördern
Konstruktive Verschattung durch auskragende Bauteile nutzen, Verdunstungskühlung begünstigen, Querlüftung ermöglichen, Außenverschattung vorsehen
6
Nutzungsoffene Räume anbieten
Aufstockungen mit 3 m Raumhöhe für Wohnen und Arbeiten konzipieren, Räume für temporäre Nutzung anbieten, Zusammenlegung und Abtrennung durch Leichtbauwandabschnitte ermöglichen
11
Gemeinschaftsgärten und Gemeinschaftsräume bieten
Differenzierte Gärten mit dazugehörigen Räumen im Erdgeschoß für jede Altersgruppe anbieten, fairen Zugang für alle Gruppen sichern

Emissionen von Bauteilen

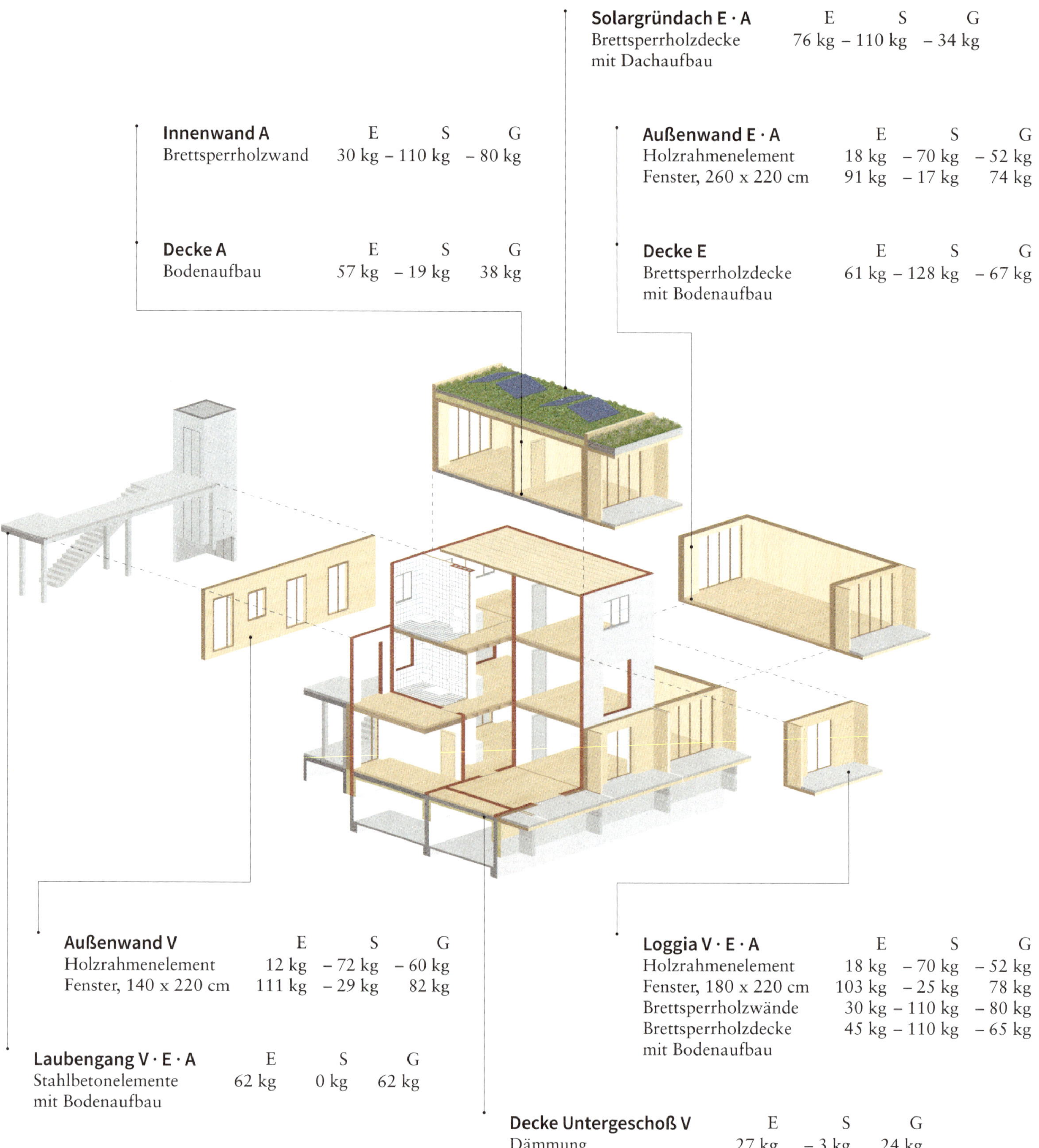

Solargründach E · A	E	S	G
Brettsperrholzdecke mit Dachaufbau	76 kg	– 110 kg	– 34 kg

Innenwand A	E	S	G
Brettsperrholzwand	30 kg	– 110 kg	– 80 kg

Außenwand E · A	E	S	G
Holzrahmenelement	18 kg	– 70 kg	– 52 kg
Fenster, 260 x 220 cm	91 kg	– 17 kg	74 kg

Decke A	E	S	G
Bodenaufbau	57 kg	– 19 kg	38 kg

Decke E	E	S	G
Brettsperrholzdecke mit Bodenaufbau	61 kg	– 128 kg	– 67 kg

Außenwand V	E	S	G
Holzrahmenelement	12 kg	– 72 kg	– 60 kg
Fenster, 140 x 220 cm	111 kg	– 29 kg	82 kg

Loggia V · E · A	E	S	G
Holzrahmenelement	18 kg	– 70 kg	– 52 kg
Fenster, 180 x 220 cm	103 kg	– 25 kg	78 kg
Brettsperrholzwände	30 kg	– 110 kg	– 80 kg
Brettsperrholzdecke mit Bodenaufbau	45 kg	– 110 kg	– 65 kg

Laubengang V · E · A	E	S	G
Stahlbetonelemente mit Bodenaufbau	62 kg	0 kg	62 kg

Decke Untergeschoß V	E	S	G
Dämmung	27 kg	– 3 kg	24 kg

Errichtung, pro m^2 Bauteil [a]
Kilogramm CO_2 eq / m^2 Bauteil
V Verbesserung E Erweiterung A Aufstockung
E Emission S Speicher G Gesamtsumme

Emissionen
Vergleich von Bestand, Transformation und Neubau

Emissionen und Speicher

Gebäude verursachen zum Zeitpunkt ihrer Errichtung hohe Treibhausgasemissionen – insbesondere durch die Herstellung von Baumaterialien. Denn die Produktion von Ziegel, Stahl, Beton und Kunststoffen ist äußerst energieintensiv. Durch chemische Prozesse bei der Zementproduktion entstehen zusätzliche Emissionen. Nachwachsende Rohstoffe wie Holz oder Stroh hingegen entziehen der Atmosphäre während des Wachstums Kohlendioxid und speichern es. Zwar entstehen bei der Gewinnung und Verarbeitung nachwachsender Rohstoffe sowie beim Transport und im Bauprozess auch Emissionen. In Summe ist die Menge an gespeichertem CO_2 in diesen Materialien aber deutlich größer als jene an emittiertem. Durch deren Einsatz wird das Gebäude sogar selbst zum CO_2-Speicher. In der Bilanzierung eines Gebäudes wird daher dieses gespeicherte CO_2 als negativer Wert verbucht – und kompensiert somit Emissionen. Da emittiertes Kohlendioxid dennoch zur Erhöhung von Treibhausgasen in der Atmosphäre beiträgt, ist der Einsatz emissionsreicher Materialien jedenfalls auf ein Minimum zu reduzieren. Denn emittierte Treibhausgase verbleiben in der Atmosphäre, bis sie von natürlichen Senken – wie Wäldern – absorbiert werden. Um Ressourcen zu schonen, sind daher auch nachwachsende Rohstoffe (aus nachhaltiger Bewirtschaftung) möglichst effizient einzusetzen.

Bestand bei Errichtung

Die Errichtung des Fallbeispiels für die Ziegelbauweise, der Siedlung Froschberg in Linz, verursachte vor allem durch den Einsatz von Ziegel etwa 174 kg CO_2 eq / m^2 BGF (Kilogramm Kohlendioxid-Äquivalent pro Quadratmeter Brutto-Grundfläche). Die BGF beinhaltet die Gesamtfläche aller Geschoße (inklusive Untergeschoß) innerhalb des Gebäudeumrisses, also auch die Grundfläche von Wänden. Durch jenes Holz, das vor allem in Tramdecken und im Dachstuhl verwendet wurde, sind etwa 81 kg CO_2 eq im Gebäude gespeichert. In Summe verbleiben somit noch etwa 93 kg CO_2 eq, die nicht kompensiert wurden. Im Fallbeispiel für die Stahlbeton-Fertigteilbauweise, der Wohnhausanlage Siebenbürgerstraße in Wien, entstanden durch den umfassenden Einsatz von Beton und Stahl in Außen- und Innenwänden sowie in Decken etwa 266 kg CO_2 eq. Die Dachunterkonstruktion aus Holz konnte davon nur etwa 6 kg CO_2 eq kompensieren.

Bilanzgrenzen

Diese Bilanz beinhaltet Außen- und Innenwände, Fenster, Decken und Bodenaufbauten, Dach und Dachdeckung oder -aufbauten, Balkone und Loggien, offene Erschließungsbereiche wie Laubengänge, Untergeschoße und Fundamentbodenplatten. Nicht inkludiert ist die technische Gebäudeausrüstung. Dies entspricht der räumlichen Bilanzgrenze 5 des zur Berechnung herangezogenen OI3-Ökoindex exklusive Haustechniksystemen. Das schließt die Rohstoffgewinnung und -verarbeitung, den Transport im Zuge der Produktion und die Herstellung selbst ein und entspricht der zeitlichen Bilanzgrenze Herstellungsphase A1 bis A3. Nicht berücksichtigt sind Transportwege zur Baustelle, der Bauprozess selbst und die Instandhaltung, da diese Faktoren erhebliche Unsicherheiten bergen. Die projektierte Wiederverwendung von Abbruchmaterial ist nicht abbildbar und deshalb ebenfalls nicht berücksichtigt.

Ökosoziale Transformation

Durch die Errichtung bestehender Wohnhausanlagen wurde Wohnraum mit Emissionen „erkauft“. Die ökosoziale Transformation erhält, ertüchtigt und ergänzt diesen Wohnraum – und verursacht dabei selbst vergleichsweise geringe Emissionen und verbraucht verhältnismäßig wenig Ressourcen. Emissionen von 82 kg CO_2 eq / m^2 BGF im Fallbeispiel für die Ziegelbauweise und 73 kg CO_2 eq in jenem für die Stahlbeton-Fertigteilbauweise entstehen vor allem durch die brandschutztechnisch notwendige Verwendung von Stahlbeton im Laubengang. Beton wird im Fallbeispiel Linz auch eingesetzt, um die Decke über dem obersten Geschoß für Aufstockungen zu ertüchtigen. Im Fallbeispiel Wien erfordern Brandschutzbestimmungen nichtbrennbare, mineralische Dämmung in sämtlichen Außenwandaufbauten. Zementestrich ist Bestandteil der

Bodenaufbauten in Aufstockungen und Erweiterungen. Schaumglas dient im Sockelbereich als feuchteunempfindliche Dämmung. Auch das Glas in neuen Fenstern und die Abdichtungen auf Loggien, Laubengängen und Dach tragen zu den Emissionen bei. Mit aktuellen Brandschutzanforderungen und ohne kostenintensive Sonderkonstruktionen sind diese Emissionen kaum vermeidbar. Geringe zusätzliche Emissionen entstehen außerdem durch bestimmte, im Zuge der Transformation abgebrochene, wiederverwendete oder -verwertete Bauteile – Stiegen, Dachkonstruktionen, Parapete im Mauerwerk und ausgewählte Stahlbeton-Fertigteile. Vor allem durch das Holz in Holzrahmen- und Brettsperrholzelementen speichert die ökosoziale Transformation insgesamt aber mehr CO_2, als sie emittiert – 22 kg CO_2 eq in der Ziegelbauweise und 24 kg CO_2 eq in der Stahlbeton-Fertigteilbauweise. Die mit 870 t in Linz und 1.130 t in Wien geringe Materialzufuhr verweist zudem auf schonenden Ressourceneinsatz.

Abbruch

Durch den Abbruch gesamter Gebäude ginge nicht nur bestehender Wohnraum verloren, es entstünden im Zuge dessen auch hohe zusätzliche Emissionen. Würde das Abbruchmaterial so weit als möglich wiederverwertet, fielen im Fallbeispiel Ziegelbauweise etwa 14 kg CO_2 eq / m^2 BGF an, im Fallbeispiel Stahlbeton-Fertigteilbauweise etwa 37 kg CO_2 eq. Die Differenz ergibt sich daraus, dass das Holz der Ziegelbauweise mit geringerem Energieaufwand verwertbar ist. Würde der Abbruch lediglich deponiert oder zur Energiegewinnung verbrannt, entstünden mit etwa 49 kg CO_2 eq in Wien höhere und mit etwa 101 kg CO_2 eq in Linz deutlich höhere Emissionen – vor allem wegen des verbrannten Holzes, das gespeichertes CO_2 wieder freigibt.

Vergleich ökologischer Neubau

Der Vergleich mit fiktiven (Ersatz-)Neubauten zeigt, warum es so wichtig ist, bestehende Gebäude zu erhalten und ökologisch zu sanieren. Ein in ökologischer Holzrahmenbauweise vollständig neu errichteter „Gebäudezwilling" (mit identer Brutto-Grundfläche, Geschoßanzahl und Grundrisskonfiguration) eines Gebäudes vom Typ A im Fallbeispiel Ziegelbauweise würde inklusive rezykliertem Abbruch etwa 178 kg CO_2 eq / m^2 BGF verursachen – doppelt so viel wie die ökosoziale Transformation. Zwar würde durch den hohen Holzanteil auch etwa zweimal so viel CO_2 im Gebäude gespeichert. Mit einer Zufuhr von etwa 2.250 t würde der ökologische Neubau aber auch etwa zweieinhalbmal so viel Material verbrauchen. Durch Abbruch und Neubau müssten insgesamt sogar etwa 4.260 t bewegt werden. Für einen Gebäudezwilling eines Gebäudes vom Typ A im Fallbeispiel Stahlbeton-Fertigteilbauweise verläuft der Vergleich ähnlich.

Vergleich konventionelle Bauweise

Noch deutlicher ist der Unterschied zwischen ökosozialer Transformation und heute üblichem, konventionellem Neubau. Im Fallbeispiel Ziegelbauweise würde die fiktive Errichtung eines Gebäudezwillings in konventioneller Bauweise – ebenfalls Ziegel, mit mineralischer Dämmung – bei üblicher Abbruchpraxis (Deponierung, Verbrennung) insgesamt etwa 416 kg CO_2 eq / m^2 BGF emittieren. Das entspricht der etwa 4,8-fachen Menge an CO_2 einer ökosozialen Transformation – bei identer Menge an Wohnraum. Fiktiver konventioneller Abbruch und Neubau im Fallbeispiel Wien – ebenfalls Stahlbeton, mit Kunststoffdämmung – würden insgesamt etwa 377 kg CO_2 eq oder die 4,5-fache Menge CO_2 verursachen. Der Vergleich mit einer konventionellen Sanierung – mit Kunststoffdämmung – zeigt außerdem, warum eine ökologische Sanierung so wichtig ist. Denn bei konventionellen Sanierungen entstünden in den Fallbeispielen Linz und Wien immer noch Emissionen in etwa 1,7- bis 1,8-facher Höhe. Durch fehlende nachwachsende Rohstoffe in konventionellen Neubauten und Sanierungen könnten diese Emissionen zudem nicht kompensiert werden. Verglichen mit der ökologischen Transformation verdeutlichen schon die Mengen an bewegtem Material die enorme Umweltbelastung, die durch konventionelles Bauen entsteht: Bei der Sanierung sind es 1,9- bis 2,2-mal und beim Neubau sogar 7,2- bis 10,5-mal so viele Tonnen Material.

Materialbewegung

Ökosoziale Transformation

	Fallbeispiel Linz Gebäude, Typ A	Fallbeispiel Wien Gebäude, Typ A
%	100 %	100 %
Gesamt	930 t	1.270 t
Zufuhr	870 t	1.130 t
Entnahme	60 t	140 t

Sanierung konventionell

	Fallbeispiel Linz Gebäude, Typ A	Fallbeispiel Wien Gebäude, Typ A
%	190 %	220 %
Gesamt	1.730 t	2.770 t
Zufuhr	1.670 t	2.630 t
Entnahme	60 t	140 t

Bestand

	Ziegelbauweise Fallbeispiel Linz Gebäude, Typ A	Stahlbeton-Fertigteilbauweise Fallbeispiel Wien Gebäude, Typ A
Gesamt	2.010 t	4.510 t

Neubau ökologisch

	Fallbeispiel Linz Gebäude, Typ A	Fallbeispiel Wien Gebäude, Typ A
%	460 %	650 %
Gesamt	4.260 t	8.290 t
Zufuhr	2.250 t	3.780 t
Entnahme	2.010 t	4.510 t

Neubau konventionell

	Fallbeispiel Linz Gebäude, Typ A	Fallbeispiel Wien Gebäude, Typ A
%	720 %	1.050 %
Gesamt	6.730 t	13.280 t
Zufuhr	4.720 t	8.770 t
Entnahme	2.010 t	4.510 t

Materialbewegung [b]
Tonnen / Gebäude, Typ A

Zufuhr (Errichtung)
Entnahme (Abbruch)

Bestand im Betrieb

Nach der Errichtung verursacht auch die Nutzung von Gebäuden jedes Jahr Emissionen – vor allem durch den Energieverbrauch für Beheizung und Warmwasserbereitstellung. Diese Emissionen entstehen insbesondere durch die Verbrennung fossiler Energieträger wie Erdgas. Auch Fernwärme stellt eine zwar sehr effiziente, aber meist noch fossile Wärmequelle dar. Wird die Energie hingegen aus erneuerbaren Quellen wie Sonnenstrahlung, Wind- und Wasserkraft oder Wärmepumpen gewonnen, sinken Emissionen. Darüber hinaus reduziert eine Gebäudehülle mit geringer Wärmedurchlässigkeit Wärmeverluste und somit den Energiebedarf des Gebäudes. Im Fallbeispiel Ziegelbauweise führen fehlende Dämmung, bestehende Fenster sowie die Nutzung von Fernwärme zur Beheizung und von Gasthermen für Warmwasser zu etwa 20 kg CO_2 eq / m^2 BGF pro Jahr. Im Fallbeispiel Stahlbeton-Fertigteilbauweise verfügen bestehende Fertigteile zwar über Dämmung – zu wenig aber, um den Heizwärmebedarf wirksam zu senken. Da hier neben Fernwärme auch Gasthermen zur Beheizung und Warmwasserbereitstellung verwendet werden, sind die jährlichen Emissionen mit 28 kg CO_2 eq sogar noch höher.

Ökosoziale Transformation

Im Zuge der Transformation werden Gebäude mit ausreichend Dämmung versehen, um den Heizwärmebedarf deutlich zu senken. Im Fallbeispiel Wien werden alle Wohnungen an die bestehende Fernwärmeversorgung angeschlossen, sodass in beiden Wohnhausanlagen nur noch Fernwärme als Heizwärmequelle genutzt wird. Warmwasser wird mit dem Strom von Photovoltaikelementen auf Solargründächern bereitgestellt. Der Gebäudebetrieb verursacht somit noch 8 kg CO_2 eq / m^2 BGF pro Jahr in Linz und 6 kg CO_2 eq in Wien – nur noch 0,4- und 0,2-mal so viel wie davor. Die Dekarbonisierung der Fernwärme würde diese Emissionen weiter senken. So wird angenommen, dass Emissionen durch den fortschreitenden Ausbau der erneuerbaren Energieversorgung durchschnittlich um etwa 2 % pro Jahr abnehmen werden. [1]

Emissionen bis 2050

Würde heute mit der ökosozialen Transformation der Fallbeispiele begonnen, entstünden zunächst Emissionen und CO_2-Speicherung durch die Transformation selbst. Danach kämen (ohne Berücksichtigung des Ausbaus Erneuerbarer) jedes Jahr Betriebsemissionen in gleichbleibender Höhe dazu. Wird im Zuge der Transformation noch mehr CO_2 im Gebäude gespeichert als emittiert, überwiegen nach einigen Jahren die Emissionen und steigen auch danach stetig weiter an. Bis 2050 würden so pro Person im Fallbeispiel Ziegelbauweise etwa 8,6 t CO_2 eq und im Fallbeispiel Stahlbeton-Fertigteilbauweise etwa 4,8 t CO_2 eq emittiert werden. (Die Differenz entsteht vor allem durch die vergleichsweise geringere durchschnittliche Wohnfläche pro Person in kommunalen Wohnhausanlagen wie dem Fallbeispiel Wien.) Bei unsaniertem Bestand würden bis dahin 26,2 t CO_2 eq und 29,3 t CO_2 eq ausgestoßen – das 3,0- bis 6,1-Fache. Auch dieser Vergleich veranschaulicht, wie wichtig die ökosoziale Transformation ist. Denn um das 1,5-°C-Ziel des Pariser Abkommens zu erreichen, dürfen pro Person bis 2050 noch insgesamt 1,1 t CO_2 eq pro Jahr emittiert werden (und keine danach) – im Gegensatz zu 9,7 t CO_2 eq pro Person in Europa heute. [2, 3] Dabei macht Wohnen nur eine Teilmenge dieser Emissionen aus. Der Betrieb im unsanierten Bestand allein würde aber beinahe die gesamten 29,7 t CO_2 eq (bei 1,1 t pro Jahr für 27 Jahre) verursachen. Auch mit konventionellen (Ersatz-) Neubauten würden diese Emissionen bis 2050 bereits fast erreicht oder sogar überschritten werden.

Emissionen senken, Ressourcen schonen

Diese Bilanzierung veranschaulicht, wie die ökosoziale Transformation des Bestands selbst vergleichsweise geringe Emissionen verursacht und in Summe sogar als CO_2-Speicher dient, Betriebsemissionen deutlich senkt, dabei kaum Abbruchmaterial erzeugt, wenig Material verbraucht und so Ressourcen schont. Schließlich erhält und verbessert die ökosoziale Transformation viel Gutes – großzügige Grünflächen mit altem Baumbestand, hochwertige Wohnungen und vor allem ein vertrautes Zuhause.

Emissionen aus Errichtung und Betrieb

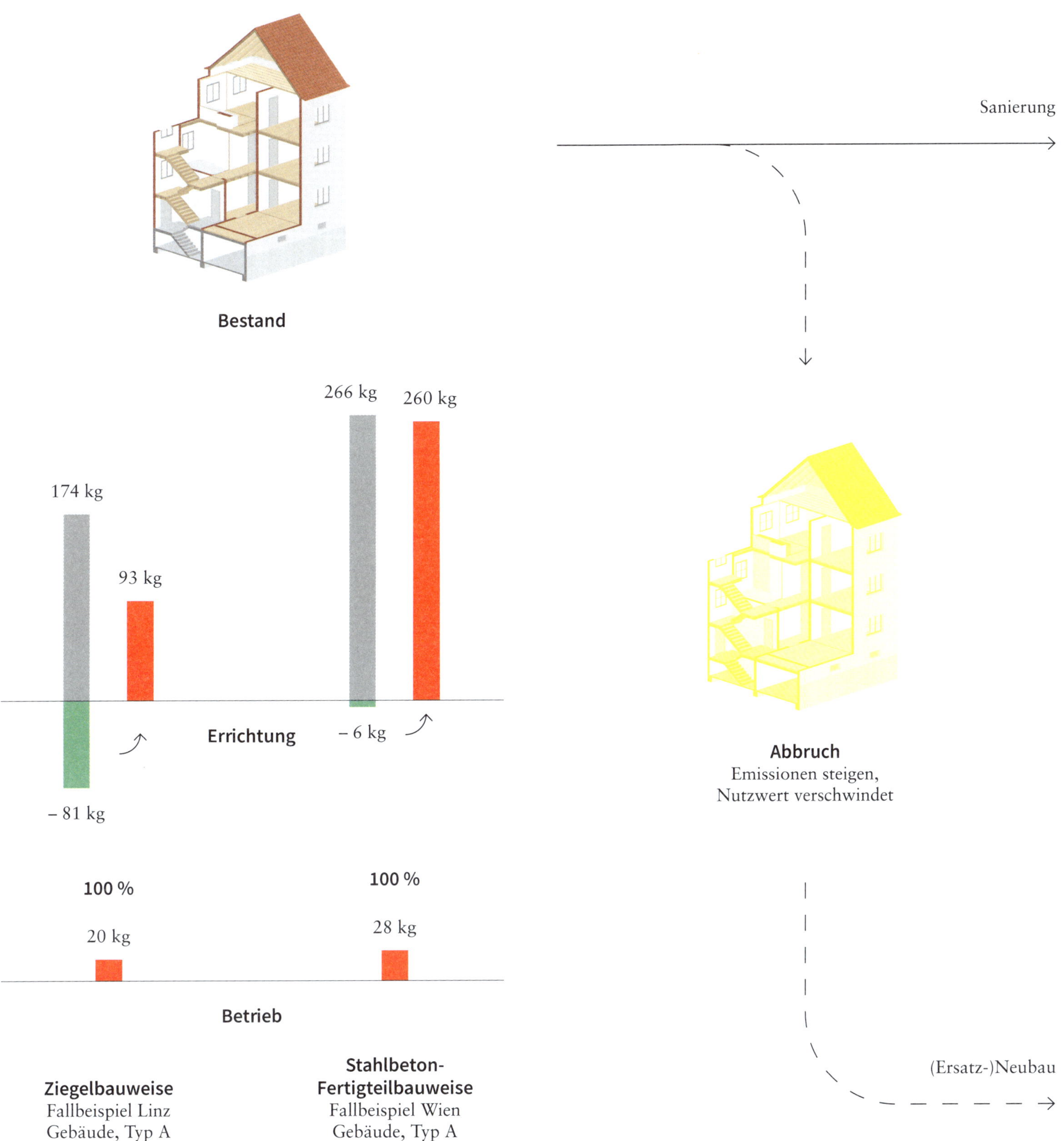

Emissionen Errichtung pro m² und Betrieb pro m² und Jahr [c]
Kilogramm CO_2 eq / m² BGF und CO_2 eq / m² BGF a

- Emissionen Errichtung
- Speicher Errichtung
- Gesamtsumme Emissionen

Emissionen aus Errichtung und Betrieb

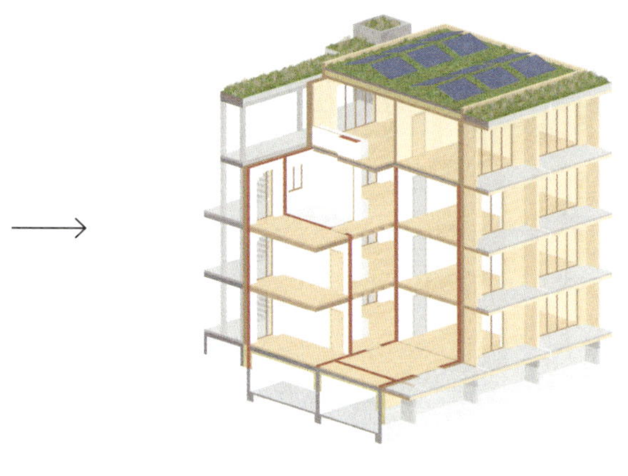

Ökosoziale Transformation
Teilabbruch rezykliert

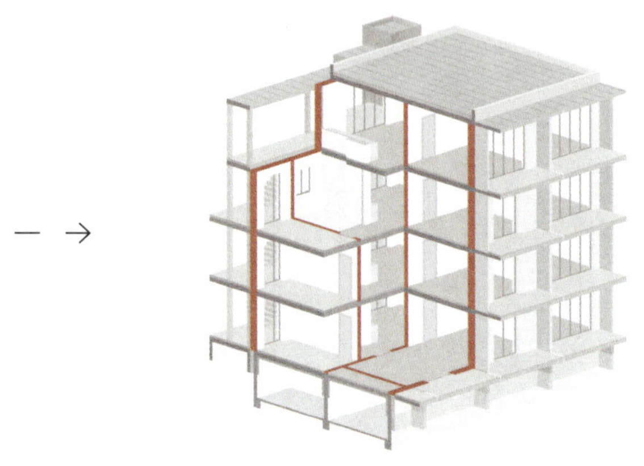

Sanierung konventionell
Teilabbruch deponiert

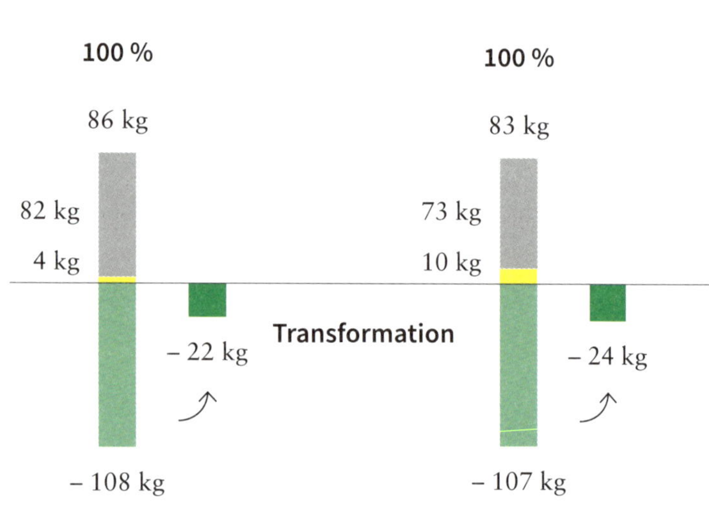

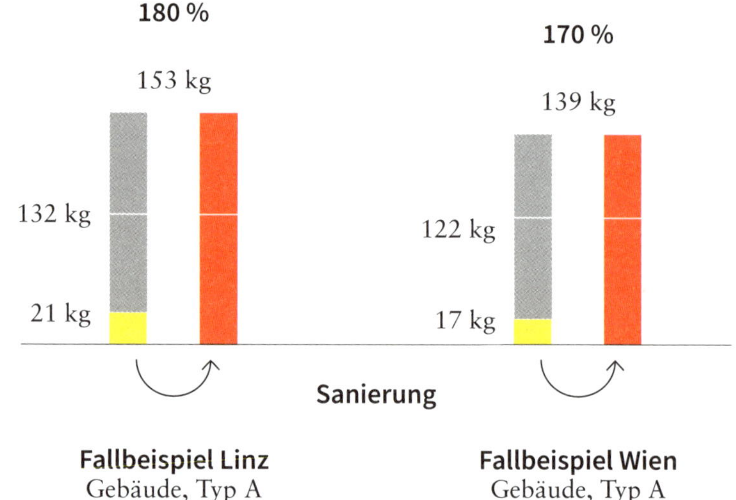

Fallbeispiel Linz
Gebäude, Typ A

Fallbeispiel Wien
Gebäude, Typ A

Betrieb
Infolge der Transformation

Fallbeispiel Linz
Gebäude, Typ A

Fallbeispiel Wien
Gebäude, Typ A

Emissionen Errichtung pro m² und Betrieb pro m² und Jahr [c]
Kilogramm CO_2 eq / m² BGF und CO_2 eq / m² BGF a

- Emissionen Errichtung
- Emissionen Abbruch
- Speicher Errichtung
- Gesamtsumme Speicher
- Gesamtsumme Emissionen

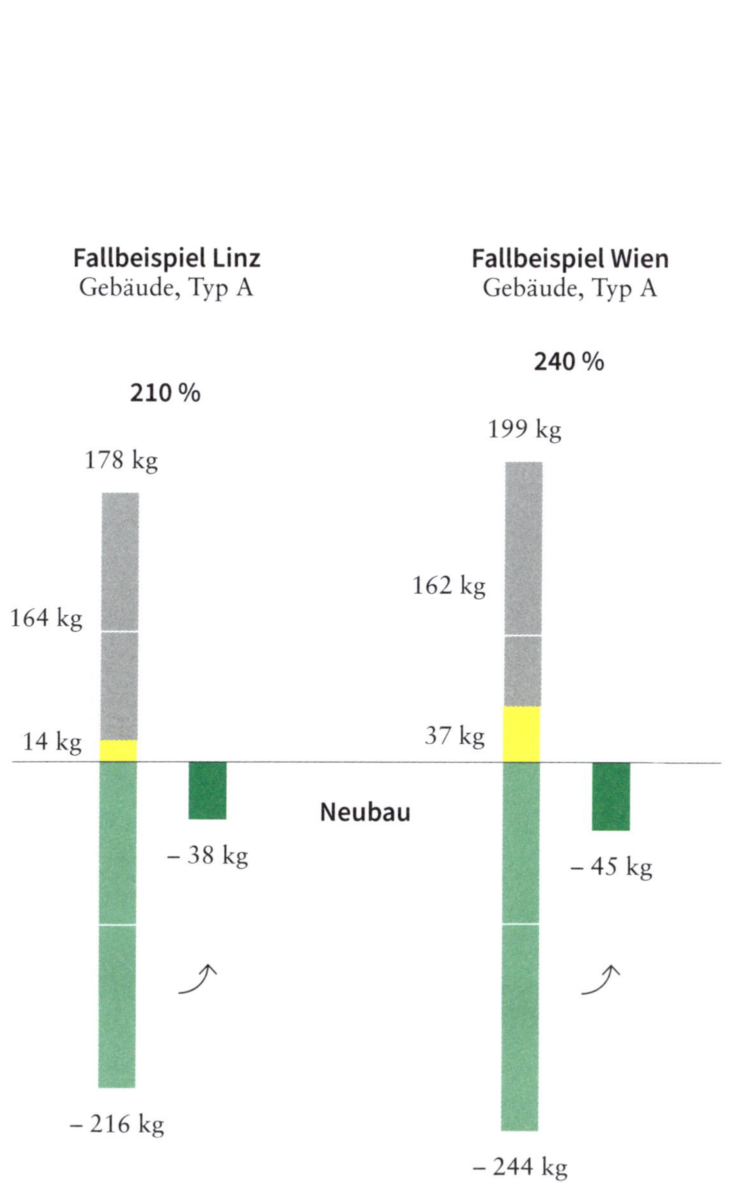

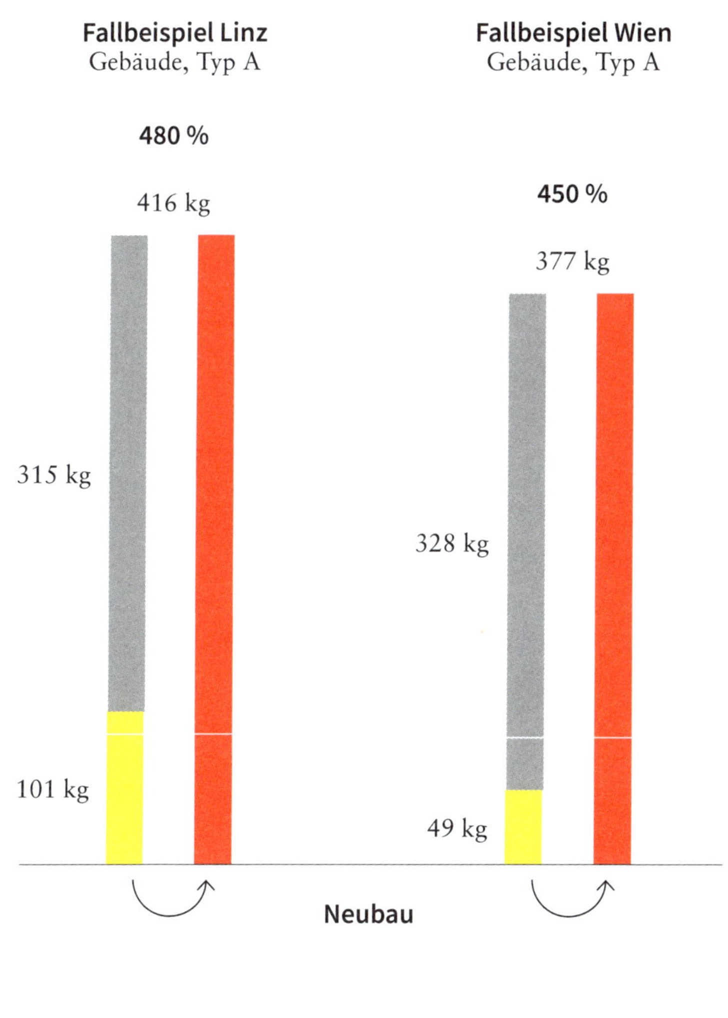

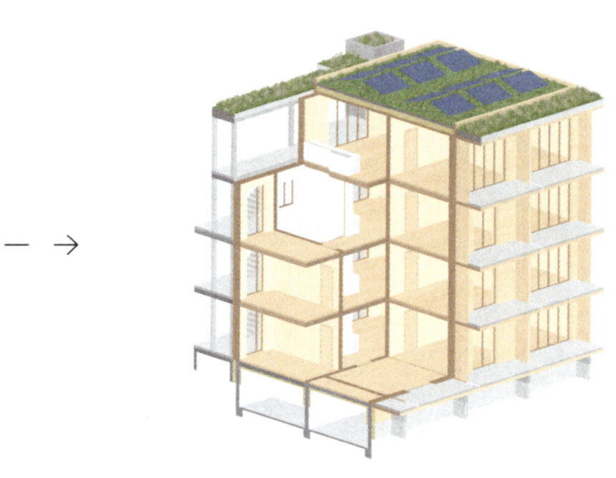

Neubau ökologisch
Abbruch rezykliert

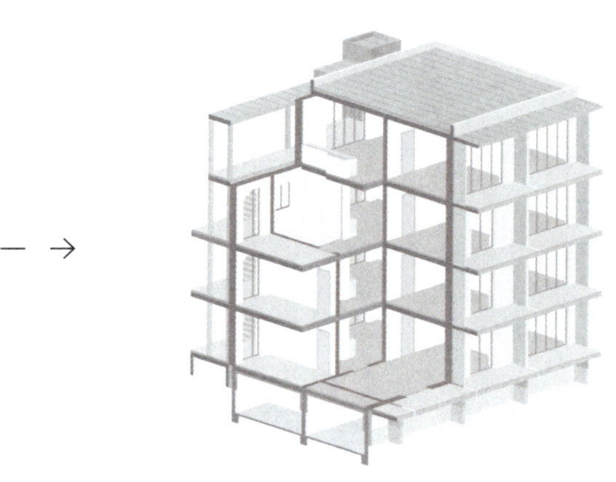

Neubau konventionell
Abbruch deponiert

Emissionen bis 2050

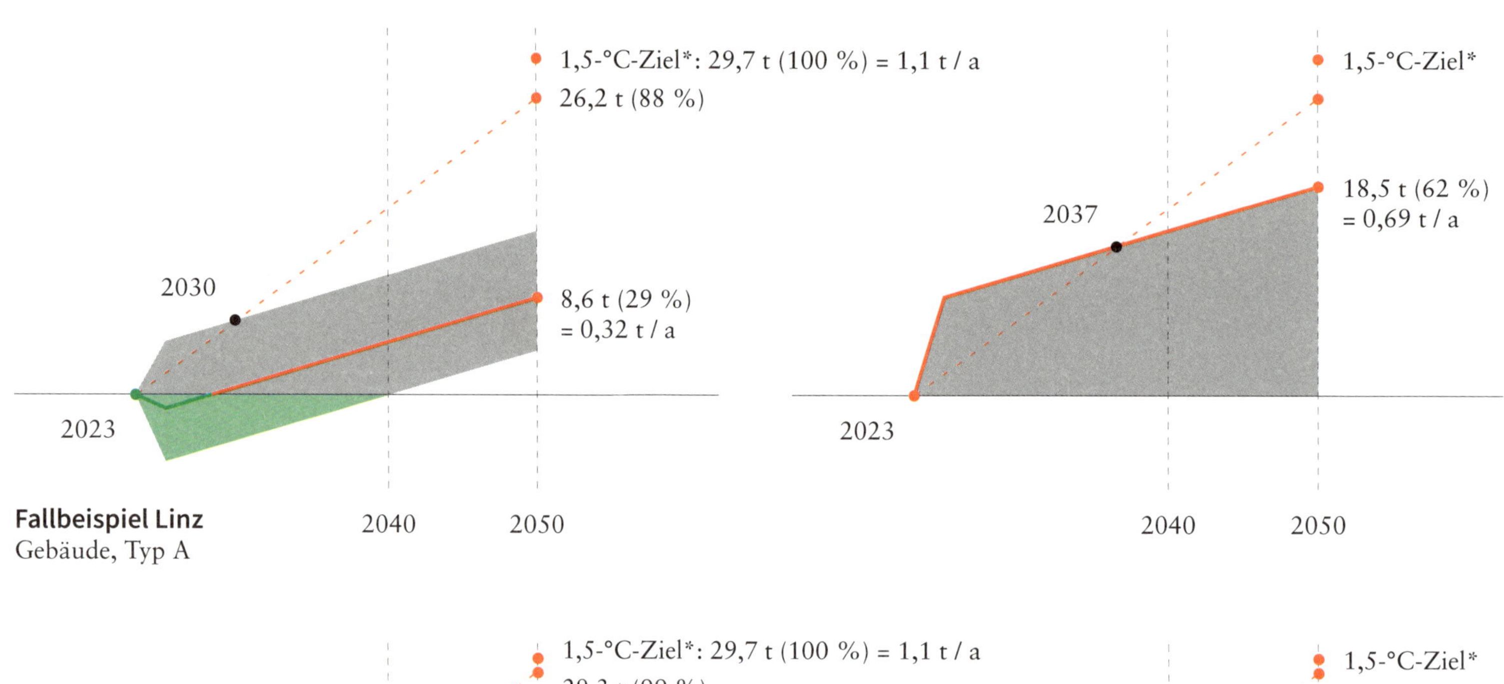

Fallbeispiel Linz
Gebäude, Typ A

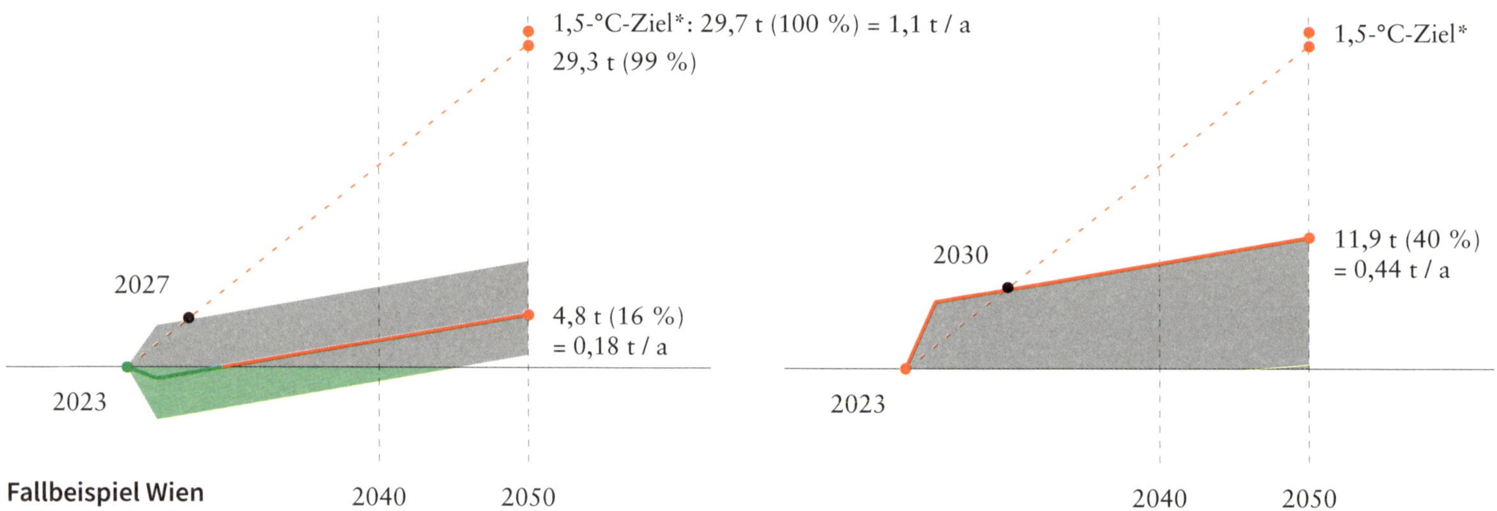

Fallbeispiel Wien
Gebäude, Typ A

Emissionen Errichtung und Betrieb, pro Bewohner*in [d]
Tonnen CO_2 eq / Bewohner*in
* Gesamtemissionen, inklusive Wohnen als Teilmenge

- Emissionen Errichtung und Betrieb
- Speicher Errichtung

Ökosoziale Transformation

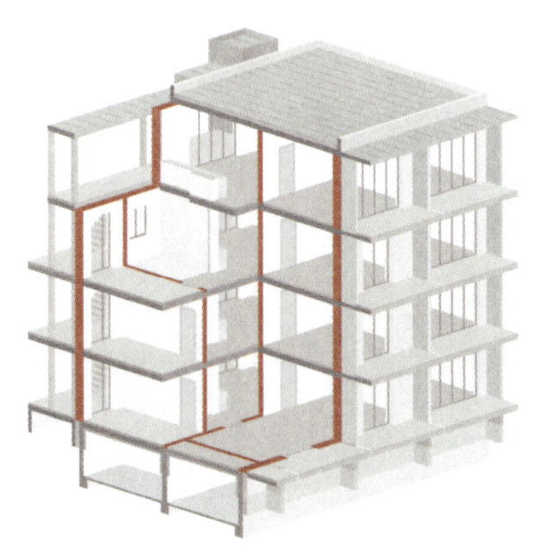

Sanierung konventionell

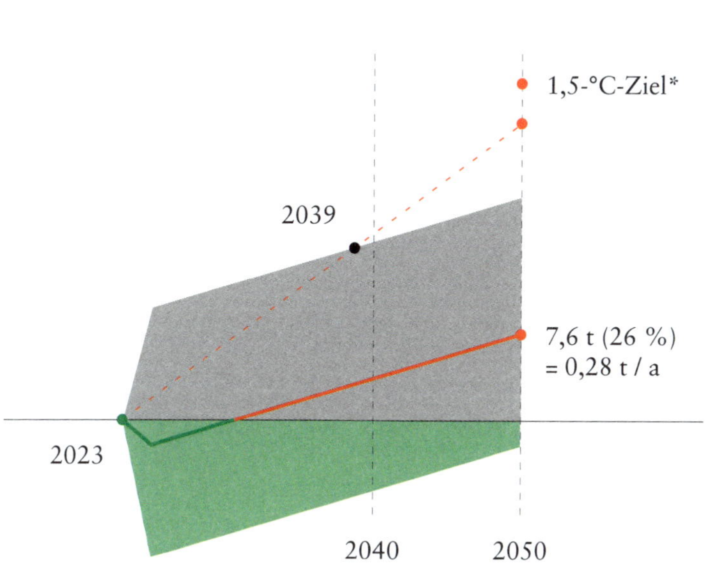

1,5-°C-Ziel*

2039

7,6 t (26 %)
= 0,28 t / a

2023

2040 2050

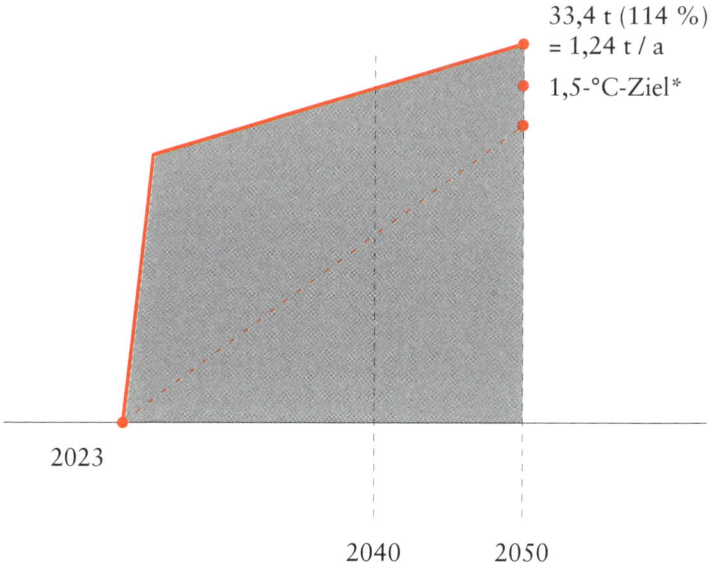

33,4 t (114 %)
= 1,24 t / a

1,5-°C-Ziel*

2023

2040 2050

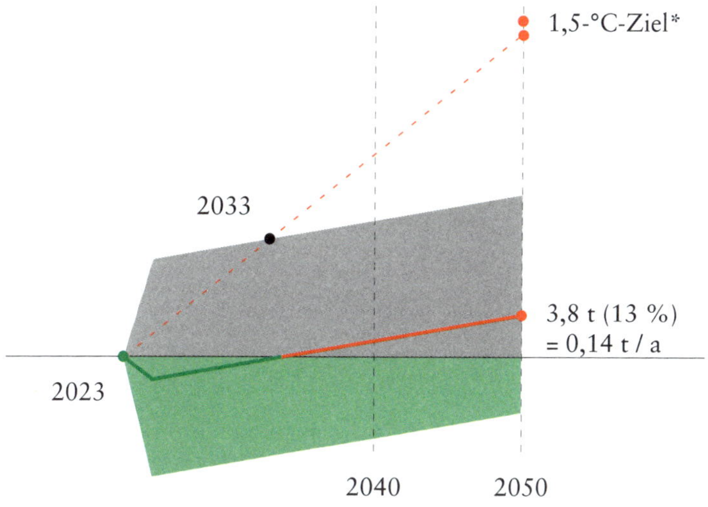

1,5-°C-Ziel*

2033

3,8 t (13 %)
= 0,14 t / a

2023

2040 2050

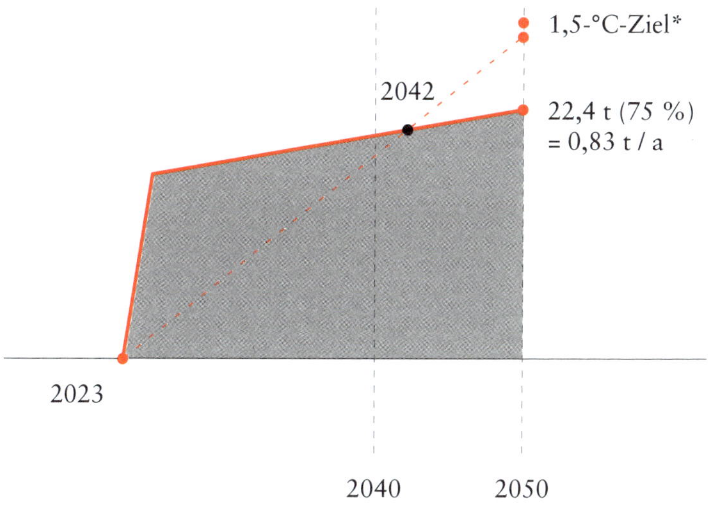

1,5-°C-Ziel*

2042

22,4 t (75 %)
= 0,83 t / a

2023

2040 2050

Amortisationszeitpunkt
Gesamtsumme Speicher
Gesamtsumme Emissionen
Bestand unsaniert
Zeithorizont Klimaziel

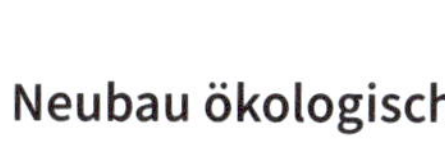

Neubau ökologisch

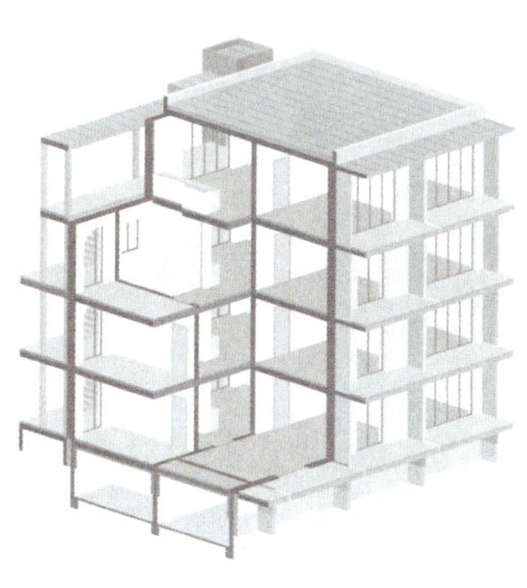

Neubau konventionell

Überblick
Bauweise und Fallbeispiel

Ziegelbauweise der 1920er- bis 1950er-Jahre
Die Ziegelbauweise ist typisch für das 20. Jahrhundert und wurde im Siedlungsbau von den 1920er- bis zu den 1950er-Jahren umfassend angewandt. Sie ist meist durch drei parallele tragende Wände gekennzeichnet – zwei Außenwände und eine Mittelwand. Holzbalken liegen quer auf diesen Wänden und bilden Decken. Trennwände unterteilen den Raum zwischen tragenden Wänden in Wohnräume. Die tragende Funktion der Außenwände bedingt Fenster- und Türöffnungen mit verhältnismäßig geringer Breite. Das Erdgeschoß befindet sich oftmals ein halbes Geschoß über dem angrenzenden Geländeniveau. Stiegenhäuser verfügen über aussteifende Seitenwände und bieten über das Treppenpodest Zugang zu meist zwei bis vier Wohnungen.

Fallbeispiel Linz: Siedlung Froschberg
Die Ziegelbauweise wurde in Linz in vielen Siedlungen umgesetzt: Während des nationalsozialistischen Regimes entstanden dort von 1938 bis 1945 Wohnhausanlagen mit insgesamt circa 11.000 Wohnungen in Ziegelbauweise. [1] Die 1938 bis 1941 errichtete Siedlung Froschberg steht repräsentativ für diese Wohnhausanlagen und eignet sich deshalb besonders als Fallbeispiel für die ökosoziale Transformation von Ziegelbausiedlungen:

- Das Fallbeispiel ermöglicht, Wissensvermittlung und Denkmalschutz in die Transformation zu integrieren und so zur kritischen Auseinandersetzung mit dem Wohnbau des NS-Regimes, insbesondere unter dem Gesichtspunkt von Ausgrenzung, beizutragen.
- Der NS-Wohnbau ist geschichtswissenschaftlich umfassend aufgearbeitet und somit in Bezug auf Ausgrenzung im Wohnbau sehr gut analysierbar.
- Die Siedlung entstand im Rahmen des nationalsozialistischen Bauprogramms und ist deshalb für weitere Wohnhausanlagen mit einer großen Anzahl Wohnungen repräsentativ.
- Die Siedlung verfügt über mehrere Gebäudetypen und bietet so differenzierte Anwendungsfälle.
- Die Gebäudetypen sind in historischen Plänen vollständig dokumentiert und somit rekonstruierbar.

Die anhand der Siedlung Froschberg dargestellte ökosoziale Transformation steht so beispielhaft für die konkrete Anwendung der Maßnahmen auf die Ziegelbauweise und somit für eine Vielzahl von Wohnhausanlagen in Linz, in Österreich und darüber hinaus.

Abb. 1-2 – Siedlung Froschberg, Linz, 2023.

Auseinandersetzung
Ausgrenzung im NS-Wohnbau

Ausgrenzung und Inklusion

Inklusion fördern ist Teil der Agenda der ökosozialen Transformation von Wohnhausanlagen. Die Siedlung Froschberg in Linz ist heute eine Wohnhausanlage der nach dem Ende des NS-Regimes neu gegründeten, bis 2001 gemeinnützigen und seither privaten EBS Wohnungsgesellschaft. Zum Zeitpunkt ihrer Errichtung war die Siedlung aber ein Bauvorhaben der „Eisenbahnsiedlungsgesellschaft" (EBS) und wie andere von 1938 bis 1945 in Linz errichtete Wohnhausanlagen Bestandteil des Wohnbauprogramms des NS-Regimes und somit Beispiel systemischer, extremer Ausgrenzung.

Linz als „Führerstadt"

Im Zuge des „Anschlusses" Österreichs an das nationalsozialistische Deutsche Reich wurde Linz zur „Führerstadt" ernannt. Weil Adolf Hitler von 1898 bis 1908 hier gelebt hatte, galt Linz als „Heimatstadt des Führers" und wurde vermutlich deshalb als „Führerstadt" ausgewählt – neben Berlin, Hamburg, Nürnberg und München. [2] „Führerstädte" sollten Modelle der nationalsozialistischen Stadtplanung werden. In Linz waren Wohnbauten und monumentale Gebäude wie Parteizentrale, Gau- oder Volkshalle, Ausstellungshallen und Aufmarschplatz sowie Oper, Museum, Bibliothek und Bahnhof, insbesondere entlang der Donau, geplant. Verwirklicht wurden außer Wohnbauten nur die Nibelungenbrücke und die „Brückenkopfbauten" des Linzer Hauptplatzes. [3]

Industriezentrum im Deutschen Reich

Bereits im ausgehenden 19. Jahrhundert hatte die fortschreitende Industrialisierung zur Entstehung von Textil- und Tabakindustrie in Linz geführt. [4] Durch den Zuzug von Arbeiter*innen sowie durch Eingemeindungen umliegender Ortschaften war die Bevölkerung von circa 56.000 Einwohner*innen 1880 auf circa 128.000 im Jahr 1939 gewachsen. [5] Im nationalsozialistischen Deutschen Reich sollte Linz nun zu einem Industriezentrum mit über 400.000 Einwohner*innen ausgebaut werden. [6] In diesem Kontext erfolgte mit der Gründung der „Hermann Göring Werke Linz" 1938 die Ansiedlung der Stahl- und Rüstungsindustrie. Der Wohnungsbedarf und die Ernennung zur „Führerstadt" veranlassten das nationalsozialistische Regime zur Gründung neuer Wohnbaugesellschaften. Beispiele sind die „Wohnungsaktiengesellschaft der Reichswerke Hermann Göring Linz" (WAG), die „Neue Heimat" oder die „Eisenbahnsiedlungsgesellschaft" (EBS). Insgesamt wurden so von 1938 bis 1945 circa 11.000 Wohnungen in Linz errichtet. [7]

NS-Wohnbau für die „Volksgemeinschaft"

Der nationalsozialistische Wohnungsbau entsprach der NS-Ideologie und war somit für die ethnisch homogene und politisch angepasste „Volksgemeinschaft" konzipiert. [8] Die Ausgrenzung all jener Menschen, die nicht zu dieser „Volksgemeinschaft" gehörten, war so grundsätzlicher Bestandteil der NS-Wohnbautätigkeit. Voraussetzung für den Bezug einer Wohnung war, in den zugehörigen Betrieben tätig zu sein: Bewohner*innen von WAG-Siedlungen in den „Hermann Göring Werken Linz" oder von EBS-Siedlungen bei der „Deutschen Reichsbahn". [9] Darüber hinaus wurden Regimetreue, oftmals auch Familienstand und sogar Gesundheit der Anwärter*innen überprüft. [10] Schließlich mussten sie mit dem Mietvertrag eine Hausordnung unterzeichnen, die das Zusammenleben gemäß NS-Ideologie regeln sollte. [11]

Nähe zu Industriegebieten

Siedlungen – zum Beispiel Spallerhof oder Bindermichl – wurden zum Teil bewusst in der Nähe von Werksgeländen und damit von Arbeitsplätzen der Bewohner*innen errichtet. [12] Die Anlagen befanden sich so oft weit abseits der bestehenden Stadt. Innerhalb der Siedlungen dienten Geschäfte der Nahversorgung, Schulen der Kinderbetreuung, Gemeinschaftseinrichtungen und Grünflächen der gemeinschaftlichen Aktivität und der Erholung. [13] Diese Qualitäten kamen jedoch nur der „Volksgemeinschaft" zugute. Gleichzeitig strebte das NS-Regime danach, Arbeits- und Freizeitalltag der Bewohner*innen zu prägen.

Abb. 3, oben – Siedlung Spallerhof, Linz, 1940.
Abb. 4, unten – Siedlung Bindermichl, Linz, 1941.

Ortsuntypische Siedlungen

Die Wohngebäude wurden oft in mäandernder Zeilen- und Hofform errichtet. Sie scheinen an oberösterreichische Vierkanthöfe zu erinnern, ähneln tatsächlich aber weiteren NS-Siedlungen im gesamten Deutschen Reich. [14] Arkaden im Erdgeschoß zum Beispiel sind für die traditionelle Architektur der Region untypisch. [15] Ornamente verraten eine Nähe zum erzkonservativen „Heimatschutzstil". [16] So entsteht in den Siedlungen der Eindruck einer „Heimatstadt", die aber nicht traditionellen oberösterreichischen Ortschaften entspricht, sondern weiteren Siedlungen im nationalsozialistischen Deutschen Reich. [17]

Gebäude gemäß Hierarchie

Zeilen- und Hofgebäude mit meist zwei bis fünf Geschoßen waren für einfache Arbeiter*innen und Angestellte vorgesehen, während Punktgebäude sowie gekuppelte und frei stehende Einfamilienhäuser für leitende Angestellte errichtet wurden. [18] Innerhalb der „Volksgemeinschaft" wurde die Ausgrenzung somit fortgesetzt – Wohnungen, die als hochwertiger galten, waren Personen vorbehalten, die in den zugehörigen Betrieben höhere berufliche Positionen innehatten.

Standardisierte Wohnungen für Familien

Im gesamten nationalsozialistischen Reich wurden standardisierte Wohnungen errichtet, die den sogenannten „Reichstypen" entsprachen. Die meisten Wohnungen der WAG und der EBS, damit auch der Siedlung Froschberg, waren dabei für Familien mit Kindern ausgelegt. Sie entsprachen somit dem NS-Wohnbaugesetz, demgemäß „der neue deutsche Wohnungsbau in der Zukunft den Voraussetzungen für ein gesundes Leben kinderreicher Familien entsprechen" sollte. [19] Dieser Fokus auf Wohnungen für Familien bedingte auch die Ausgrenzung von Nichtfamilien.

Errichtung durch Zwangsarbeit

Die Bauweise sollte durch die Standardisierung der Ziegel im sogenannten „Normalformat" kosteneffizient gestaltet werden. [20] Gebäude wurden mit tragenden Außenwänden, tragender Mittelwand und Tramdecken errichtet. Auf den Baustellen arbeiteten einerseits Frauen* und Männer* als sogenannte „Fremdarbeiter" und „Ostarbeiter" – teils freiwillig, größtenteils aber unfreiwillig –, andererseits Zwangsarbeiter*innen und Kriegsgefangene, die in Baracken oftmals in der Nähe untergebracht waren. [21]

Stein aus Konzentrationslagern

Der Wohnbau im NS-Regime war auch mit dem System von Konzentrationslagern verknüpft: Bald nach dem „Anschluss" an das Deutsche Reich wurde mit dem Konzentrationslager Mauthausen der größte Konzentrationslagerkomplex im heutigen Österreich errichtet. [22] Das Konzentrationslager Mauthausen verfügte auch über einen Steinbruch, in dem Lagerinsass*innen Granit abbauen mussten. [23] Dieser Granit wurde sehr wahrscheinlich auch in den ornamentalen Natursteinbögen der Wohnhausanlagen verbaut. [24, 25] Auch die Siedlung Froschberg weist jene Steinbögen auf. Der nationalsozialistische Wohnbau machte somit bei Ausgrenzung nicht halt – integraler Bestandteil waren auch Verfolgung, Internierung, Zwangsarbeit und Vernichtung.

Abb. 5, oben – Lager Schlantenfeld / St. Magdalena, Linz, Datum unbekannt.
Abb. 6, unten – Steinbruch „Wiener Graben", Konzentrationslager Mauthausen, Datum unbekannt.

Ausstellung, Musterwohnung und Gemeinschaftsraum

Gemeinschaftsraum als Café
Der Gemeinschaftsraum in der Erweiterung ist als Café ein Treffpunkt in der Siedlung und lädt zum Besuch von Ausstellung und Musterwohnung ein

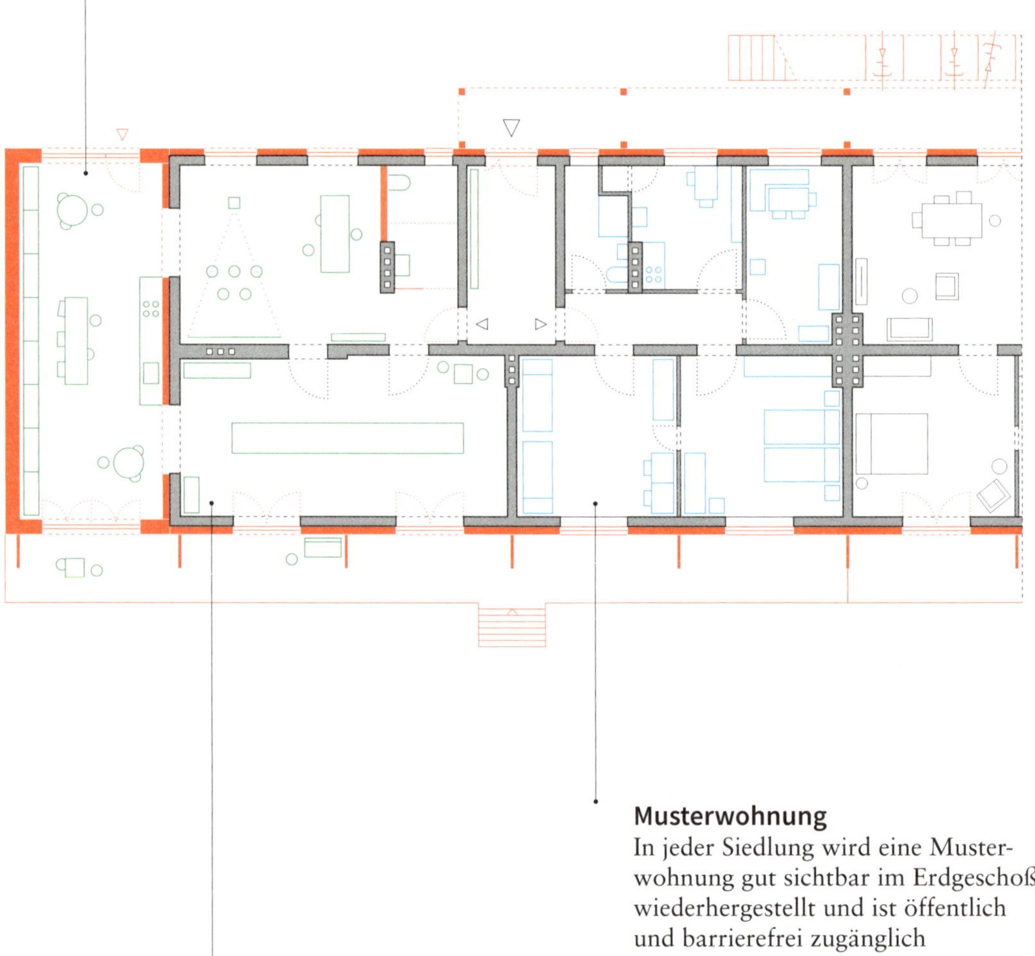

Musterwohnung
In jeder Siedlung wird eine Musterwohnung gut sichtbar im Erdgeschoß wiederhergestellt und ist öffentlich und barrierefrei zugänglich

Dauerausstellung
Die öffentliche Ausstellung vermittelt Wissen zu NS-Regime und -Wohnbau und stellt Bezüge zu Vergangenheit, Gegenwart und Zukunft her

1:200

Bewusstseinsbildung
Wissensvermittlung zu NS-Wohnbau

Bewusstsein und Denkmalschutz
Bewusstsein für Geschichte gilt als wesentlich für eine inklusive Gesellschaft. [26] In Österreich ist für die Bildung eines solchen Bewusstseins die Auseinandersetzung mit den Verbrechen des Nationalsozialismus besonders bedeutsam. Infolgedessen kommt auch den Wohnhausanlagen des NS-Regimes große Bedeutung zu. Vor diesem Hintergrund befürwortet das Landeskonservatorat Oberösterreichs, NS-Wohnhausanlagen unter Denkmalschutz zu stellen. [27] Laut Denkmalliste ist in Linz die ehemalige „Führersiedlung", heute Harbachsiedlung und Gründbergsiedlung, geschützt. [28]

Differenzierter Ansatz
Alle Wohnhausanlagen des NS-Regimes in Linz gemäß den Anforderungen des Denkmalschutzes zu sanieren würde aber die Umsetzung von Agenda, Zielen, Strategien und Maßnahmen der ökosozialen Transformation erheblich erschweren oder verunmöglichen. Obwohl das NS-System der Ausgrenzung nicht mehr besteht, würde diese Form des Bestandserhalts außerdem das Wohnen im Sinne der NS-Ideologie zumindest teilweise konservieren. Eine ökosoziale Transformation hingegen – die insbesondere die Inklusion fördert – steht in starkem Gegensatz zur nationalsozialistischen Wohnbau-Ideologie. Für die Wohnhausanlagen in Linz wird daher ein differenzierter Ansatz projektiert.

Denkmalgeschützte Siedlung
Harbach- und Gründbergsiedlung, die ehemalige „Führersiedlung", sind geschützt und werden daher gemäß Denkmalschutzanforderungen saniert. In Abstimmung mit dem Landeskonservatorat soll die Sanierung von Außenbereichen, Außenwänden, Fassaden inklusive Fenstern, Türen und Ornamenten sowie Dächern das ursprüngliche Erscheinungsbild der Siedlung weitestgehend abbilden und dennoch den Energiebedarf reduzieren. In Stiegenhäusern können Treppenlifte barrierefreien, außen nicht sichtbaren Zugang zu den Wohnungen bieten. Auch die Wohnungen selbst werden auf Wunsch von Bewohner*innen barrierefrei erneuert. Öffentliche Begehungen der sanierten Harbach- und Gründbergsiedlung mit Expert*innen fördern fundierte Wissensvermittlung und kritische Auseinandersetzung.

Ausstellungen und Musterwohnungen
In sämtlichen Wohnhausanlagen des NS-Regimes – insbesondere jenen, die ökosozial transformiert werden – wird außerdem je eine öffentlich und barrierefrei zugängliche Musterwohnung gut sichtbar im Erdgeschoß mit begleitender Dauerausstellung eingerichtet. Da die NS-Ideologie im Wohnbau Siedlungen, Gebäude und Wohnungen betraf, stellen Musterwohnungen eine wesentliche Ergänzung für die Auseinandersetzung mit dem NS-Wohnbau dar. In jeder Musterwohnung werden Fenster, Türen, Oberflächen, Einrichtung sowie die Ausstattung von Küche und Bad möglichst originalgetreu wiederhergestellt.

Orte der Wissensvermittlung
Die Dauerausstellungen vermitteln Wissen zu NS-Regime und -Wohnbau und stellen Bezüge zu Vergangenheit, Gegenwart und Zukunft her. Neben anderen relevanten Objekten zeigen sie ausgebaute Steinblöcke jenes Granits, der sehr wahrscheinlich von Lagerinsass*innen im Steinbruch des Konzentrationslagers Mauthausen abgebaut und in ornamentalen Steinbögen in den NS-Siedlungen verbaut wurde. In den projektierten Gebäudeerweiterungen entstehen Gemeinschaftsräume mit Café, die außerdem zum Besuch von Ausstellung und Musterwohnung sowie zu ehrenamtlicher Tätigkeit einladen. Besucher*innen können Bücher zum Thema erwerben oder vor Ort lesen, die zusätzlich zur Wissensvermittlung beitragen.

Bewusstseinsbildung
Die Sanierung im Sinne des Denkmalschutzes, die Musterwohnungen und Ausstellungen fördern so aktiv die Wissensvermittlung, Auseinandersetzung und somit die Bewusstseinsbildung – unter den Bewohner*innen der Wohnhausanlagen ebenso wie in der Umgebung, der Stadt Linz und darüber hinaus.

Potenzial Ziegelbauweise in Linz

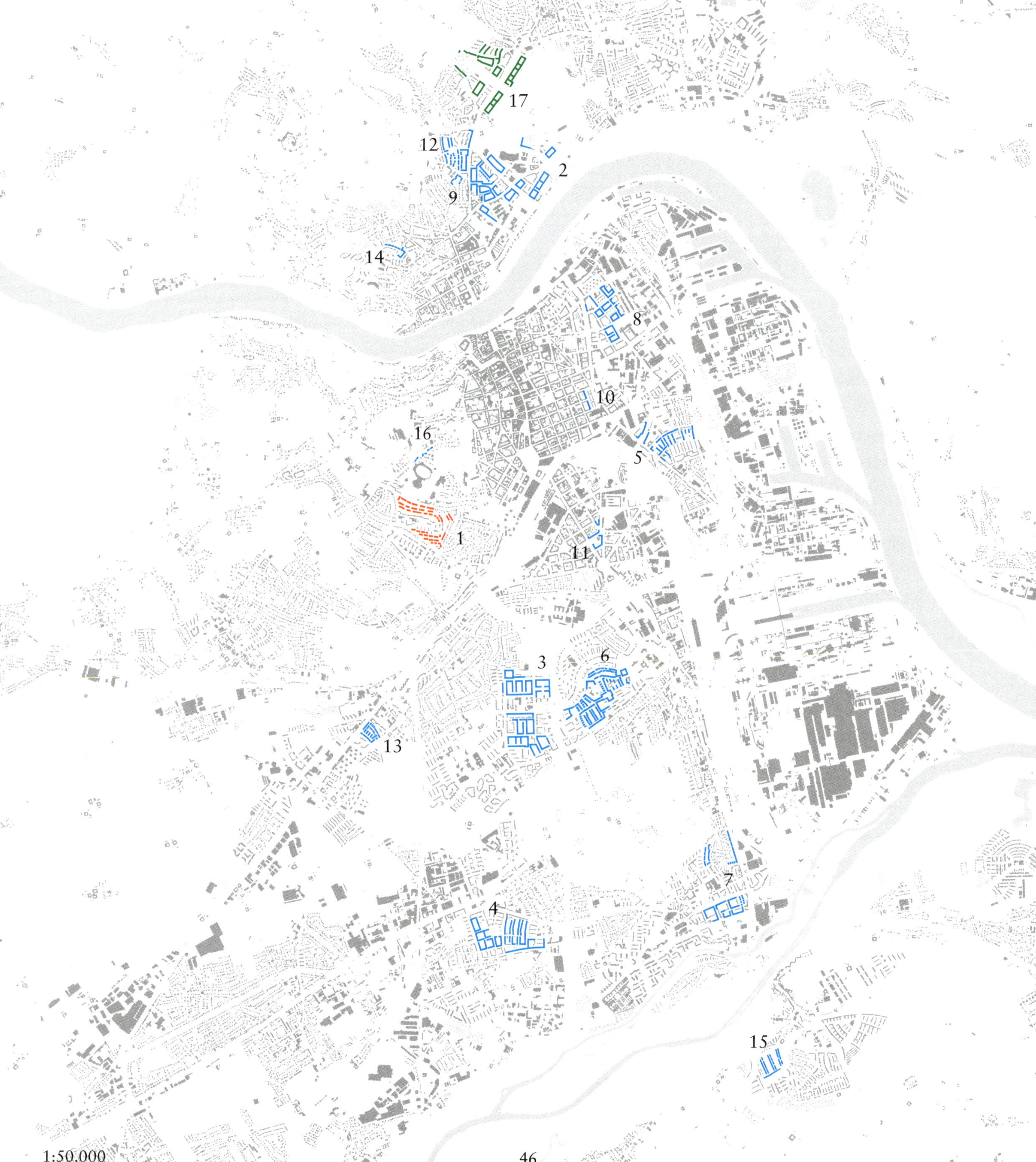

1:50.000

Territorium Linz
Potenzial Bestand

Bedarf an 6.000 Wohnungen bis 2040

Linz ist die drittgrößte Stadt Österreichs und Landeshauptstadt Oberösterreichs. In Linz lebten 2023 rund 211.000 Einwohner*innen in etwa 121.000 Wohnungen in Haushalten mit durchschnittlich 1,74 Personen. [29, 30] Bis 2040 wird die Bevölkerung um circa 11.000 Personen zunehmen und insgesamt rund 222.000 Einwohner*innen ausmachen. [31] Bei gleichbleibender durchschnittlicher Haushaltsgröße entsteht so Bedarf an circa 6.000 zusätzlichen Wohnungen in Linz.

+ 5.300 Wohnungen ohne Neubau

Die Siedlung Froschberg verfügt im Bestand über rund 440 Wohnungen. Aufstockungen und Erweiterungen erhöhen diese Anzahl um 330 auf insgesamt circa 770 Wohnungen – eine Erhöhung um den Faktor 1,7. Insgesamt wurden von 1938 bis 1945 Siedlungen mit etwa 11.000 Wohnungen durch das NS-Regime in Linz errichtet, die einander hinsichtlich Siedlungsstruktur und Wohnungstypen sehr ähnlich sind. [32] Würden die für die Siedlung Froschberg projektierten Maßnahmen auch auf diese Wohnhausanlagen angewandt, könnte dies den Wohnungsbestand dort um den Faktor 1,5 erhöhen. Der geringere Faktor berücksichtigt die vermutlich durchschnittlich höhere Anzahl an Geschoßen im Bestand und das daher geringere Potenzial für Aufstockungen. Insgesamt könnten dadurch etwa 5.300 neue Wohnungen in Linz entstehen. So würde ohne die Errichtung neuer Gebäude fast der gesamte zusätzliche Wohnungsbedarf in Linz bis 2040 gedeckt.

Potenzial 1920er- bis 1950er-Jahre

Insgesamt existieren in Linz etwa 34.000 Wohnungen aus der Periode von 1919 bis 1960. [33] Aufgrund der in dieser Zeit üblichen Ziegelbauweise befinden sich viele davon in Wohnhausanlagen, die hinsichtlich Siedlungs-, Gebäude- und Wohnungstypen sowie Konstruktion ähnliche Charakteristika wie die Siedlung Froschberg aufweisen. Daher besteht über die hier dargestellten Wohnhausanlagen hinaus großes Potenzial für die Anwendung der im Fallbeispiel gezeigten Maßnahmen.

Situation und Entwicklung

2023	[a]
Bevölkerung	211.000 P
Personen pro Wohnung ø	1,74 P
Wohnungen	121.000 W
davon Bauperiode 1919–1960	34.000 W

2040	[b]
Bevölkerung	222.000 P
Wachstum gegenüber 2023	+ 11.000 P
Wohnungsbedarf	127.000 W
Zuwachs gegenüber 2023	+ 6.000 W

Potenzial Ziegelbauweise

		Vor der Transformation	Infolge der Transformation
	Fallbeispiel		
1	Froschberg	440 W	770 W
	Dokumentierte, vergleichbare Siedlungen aus 1938–1945 [c]		
2	Hartmayer	1.760 W	2.640 W
3	Bindermichl	1.590 W	2.390 W
4	Schörgenhub	1.270 W	1.910 W
5	Wimhölzl	970 W	1.460 W
6	Spallerhof	870 W	1.310 W
7	Kleinmünchen	870 W	1.310 W
8	Linz Ost	840 W	1.260 W
9	Karlhof	410 W	620 W
10	Neustadt	370 W	560 W
11	Reichsstraße	280 W	420 W
12	Rothenhof	180 W	270 W
13	Hart	170 W	260 W
14	Auberg	110 W	170 W
15	Wambach	110 W	170 W
16	Bauernberg	40 W	60 W
	Sanierung gemäß Denkmalschutz		
17	Harbach, Gründberg	930 W	930 W
	Wohnungen	11.210 W	16.510 W
	Zusätzliche Wohnungen ohne Neubau		+ 5.300 W

Gebäude und Mobilität

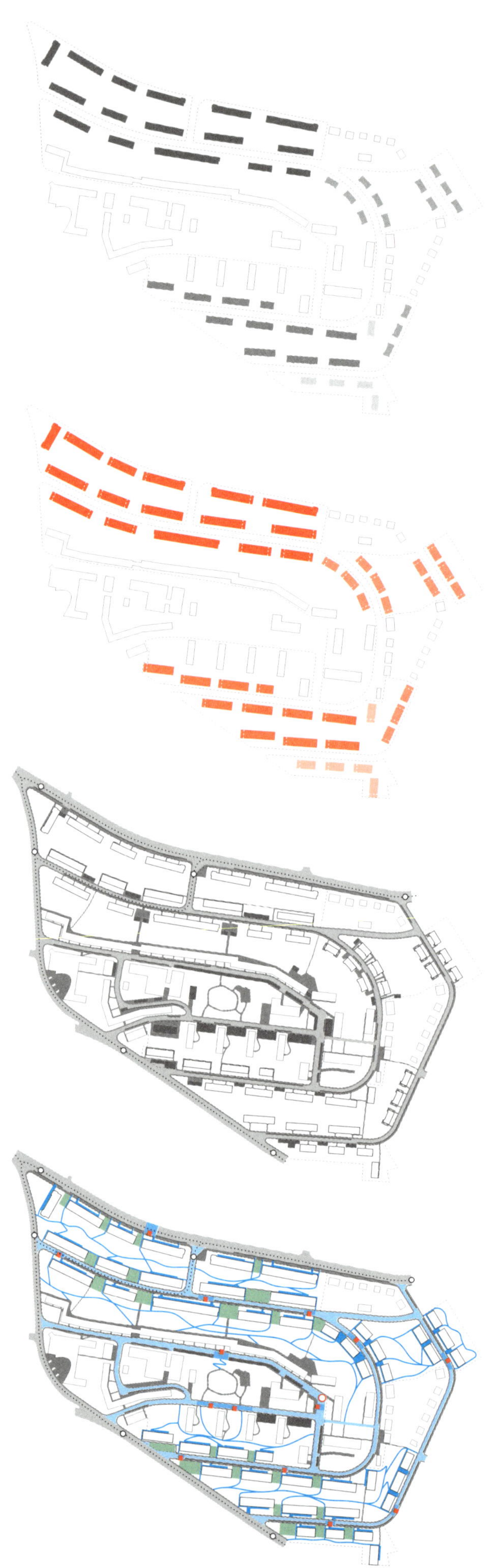

Gebäude

	Vor der Transformation			Infolge der Transformation	
Typ A	16	G		16	G
Typ B	11	G		11	G
Typ C	14	G		14	G
Typ D	5	G		5	G
Gebäude	46	G		46	G
Stiegenhäuser	99	S		43	S
Wohnungen	440	W	x 1,8	770	W
Personen [d]	750	P	x 2,2	1.630	P
GF	83.000	m²		83.000	m²
BF	16.000	m²	x 1,6	26.000	m²
BGF	36.000	m²	x 2,2	80.000	m²
GRZ	0,19		x 1,6	0,31	
GFZ	0,43		x 2,2	0,96	
NF	27.000	m²	x 2,2	59.000	m²
Davon					
Erweiterungen				5.000	m²
Aufstockungen				27.000	m²
Loggien	80	m²		13.000	m²

Mobilität

	Vor der Transformation			Infolge der Transformation	
Straßen					
Wohnstraßen					
Geh-, Radwege					
Davon barrierefrei					
Querungen barrierefrei				13	
Mit Mitfahrbank				13	
Mobilitätsstationen				1	
Haltestellen Bus	6			6	
Autostellplätze	410	St.		410	St.
Davon versickerungsoffen				220	St.
Davon barrierefrei				86	St.
Stellplätze / W	0,9		x 0,6	0,5	
Radstellplätze				770	St.
Stellplätze / W				1,0	

Siedlung Froschberg
Gebäude, Mobilität, Grünraum

Nähe zu Stadtkern und Hauptbahnhof

Die Siedlung Froschberg befindet sich auf der gleichnamigen Anhöhe südlich der Donau, westlich des bis zum späten 19. Jahrhundert errichteten Stadtkerns, in der Nähe des Linzer Hauptbahnhofs und etwa 2 km vom Linzer Hauptplatz entfernt. Die Siedlung besteht aus Wohngebäuden, die parallel zum Hang angeordnet sind. Die Anhöhe des Froschbergs bildet ein Plateau, das Kirche, Pfarre, Volksschule, Kindergärten, Wohngebäude und Grünflächen aufweist. Nahversorgung und gewerbliche Nutzungen befinden sich jenseits der Wohnhausanlage in fußläufiger Entfernung.

440 Wohnungen vor der Transformation

Die Wohnhausanlage umfasst bisher Gebäude und Grünflächen auf einer Grundstücksfläche (GF, ohne öffentliche Verkehrsflächen) von etwa 83.000 m². 46 Wohngebäude bedingen etwa 16.000 m² bebaute Fläche (BF) sowie eine Grundflächenzahl (GRZ = BF / GF) von circa 0,19. Die Gebäude verfügen über zwei oder drei Geschoße mit insgesamt etwa 36.000 m² Brutto-Grundfläche (BGF) und ergeben eine Geschoßflächenzahl (GFZ = BGF / GF) von circa 0,43. Vier Gebäudetypen (A bis D) bieten circa 440 Wohnungen mit etwa 27.000 m² Nutzfläche (NF). So wohnen, gemäß dem statistischen Wert von durchschnittlich 36,1 m² pro Person in Mietwohnungen, etwa 750 Bewohner*innen in der Siedlung. [34]

+ 330 nutzungsoffene Wohnungen

Aufstockungen und Erweiterungen erhöhen die Anzahl an Wohnungen um 330 auf circa 770 Wohnungen. Diese bieten nun mit etwa 59.000 m² Nutzfläche circa 1.630 Personen Wohnraum – eine Erhöhung um den Faktor 2,2. Die akustische und visuelle Beziehung zwischen Wohnung und angrenzendem Gelände – zum Beispiel zwischen Kindern und Bezugspersonen – gilt bis zum vierten Geschoß als ideal. [35, 36] Aufstockungen erhöhen daher die bestehenden zwei- oder dreigeschoßigen Gebäude auf vier Geschoße. Sie erhalten Leichtbauwandabschnitte für die einfache Zusammenlegung oder Abtrennung von Räumen sowie 3 m Raumhöhe und eignen sich so besonders für Wohnen und Arbeiten. In jedem zweiten Gebäude ist je eine Wohnung als „Pluseinheit“ für temporäre Nutzungen wie Arbeiten, als kurzzeitige Ausweichmöglichkeit für Kinderspiel oder als Gästewohnung vorgesehen.

Freiraum und Barrierefreiheit für jede Wohnung

Loggien mit insgesamt 13.000 m² schaffen großzügigen Freiraum für jede Wohnung. Durch Aufstockungen und Erweiterungen steigt die Brutto-Grundfläche insgesamt auf etwa 80.000 m² und die Geschoßflächenzahl auf 0,96. Insgesamt 43 offene Laubengänge und Aufzüge bieten anstelle der zuvor 99 Stiegenhäuser barrierefreien Zugang zu jeder Wohnung, fördern Kommunikation und Bezug zum Grünraum. Durch Erweiterung, Dämmung der Gebäudehülle, Loggien und Laubengänge steigt die Grundflächenzahl auf 0,31. Die Transformation schafft somit neuen Wohnraum und deutliche Verbesserungen für den Bestand, verursacht aber kaum zusätzlichen Bodenverbrauch.

Faire Mobilität

Zwischen Wohngebäuden und Grünflächen befinden sich bisher öffentliche Verkehrsflächen mit Fahrbahn, Parkstreifen und Gehsteigen. Im Zuge der ökosozialen Transformation werden die Fahrbahnen als Wohnstraßen ausgewiesen, die von motorisiertem Individualverkehr nur in Schrittgeschwindigkeit für Zu- und Abfahren befahren werden dürfen und auch als Fahrradnetz dienen. Parkplätze werden gebündelt, versickerungsoffen gestaltet, durch neu gesetzte Bäume verschattet und durch barrierefreie Parkplätze ergänzt. Die zusätzlichen Wohnungen reduzieren dabei die Anzahl der Stellplätze pro Wohnung von 0,9 auf 0,5. Neue, von Laubengängen überdachte Radstellplätze befinden sich bei jedem Hauseingang. Barrierefreie Querungen auf Gehsteigniveau, auch vor jedem Gemeinschaftsraum, erleichtern das Überqueren der Wohnstraßen. Mitfahrbänke bei Querungen fördern niederschwellige Fahrgemeinschaften. Haltestellen mehrerer Buslinien am Rand der Siedlung binden diese an das öffentliche Verkehrsnetz an. Eine neue Mobilitätsstation bietet E-Auto- und E-Rad-Sharing und ergänzt das öffentliche Verkehrsangebot.

Orientierung in der Anlage

Verschiedene Charaktergehölze – kleine, auffällige Baum- oder Strauchgewächse – werden straßenseitig bei Gebäudezugängen gesetzt und fördern die Orientierung in der Wohnhausanlage und die Identifikation mit dem „eigenen" Gebäude. Entlang von Wohnstraßen werden Alleen angelegt, die den Fußverkehr durch Beschattung und Verdunstungskühlung noch attraktiver machen und ebenfalls Orientierung bieten. Das Erdreich unter Wegen, Alleen und Parkplätzen ist nach dem Prinzip der Schwammstadt durchlüftet, wasserhaltend und durchwurzelbar.

Gesicherte Grünflächen

Grünflächen mit jahrzehntealtem Baumbestand bieten bereits Kühlung und Beschattung und sind somit während Hitzeperioden deutlich weniger überwärmt als weniger begrünte Gebiete in Linz. [37] Darüber hinaus entziehen die ausgewachsenen Bäume der Atmosphäre effektiv CO_2 und speichern es. Diese zu erhalten und Jungbäume klimaresilienter Arten zu pflanzen sichert den Baumbestand und seine positiven Effekte langfristig. Umfragen in kommunalen Wohnhausanlagen ergaben außerdem, dass Bewohner*innen die Grünflächen als bedeutendstes positives Charakteristikum empfanden. [38] Grünflächen verfügen bisher aber kaum über Wege, die bestehenden weisen aufgrund der Hanglage zudem meist Stufen auf und sind somit nicht barrierefrei. Ein neues Wegenetz mit barrierefreien Steigungen schafft daher inklusiven Zugang zu Grünraum. Neue Wege sind versickerungsoffen geplant, um weitere Bodenversiegelung zu vermeiden. Naturbelassene Wildwiesen fördern die Biodiversität.

Dachflächen für Photovoltaik, Flora und Fauna

Zusätzlich entstehen auf Flachdächern geschützte, unzugängliche Biotope mit insekten- und vogelfreundlicher Bepflanzung. Überschüssiges Regenwasser wird in Retentionselementen auf Dachflächen gehalten. Photovoltaikelemente mit Ost-West-Ausrichtung auf den Dachflächen werden durch Hinterlüftung und Bepflanzung gekühlt und erzeugen mit hohem Wirkungsgrad erneuerbaren Strom für die Siedlung.

Gemeinschaftsgärten für jede Altersgruppe

Grünflächen bieten bisher außer Spielplätzen für Kleinkinder kaum Nutzungsmöglichkeiten. Laut Umfragen in kommunalen Wohnhausanlagen wünschen sich die Bewohner*innen umfassendere Freizeitangebote im Innen- und Außenraum, vor allem für junge Personen. [39] Differenzierte Gemeinschaftsgärten für jede Altersgruppe mit dazugehörigen Gemeinschaftsräumen im Erdgeschoß bieten daher ergänzend zu Wohnungen Raum für Aktivität, Gemeinschaft und Ruhe. Während grundsätzlich alle Bewohner*innen in jedem Garten willkommen sind, soll die Berücksichtigung von Altersgruppen Nutzungskonflikten vorbeugen. [40] Die Bereitstellung eines Gartens für jede Gruppe in jeweils einem überschaubaren Bereich der Wohnhausanlage soll außerdem Konflikten um zu wenig Aufenthaltsräume entgegenwirken. [41] Insgesamt entstehen in der Siedlung so mehrere Gärten für jede Altersgruppe und damit die Möglichkeit, sich auszuweichen.

Raum für Partizipation

Die Größe der Gartenflächen orientiert sich am Anteil der jeweiligen Altersgruppe an der Bevölkerung von Linz. Für die Gruppe der 10- bis 19-Jährigen werden außerdem gemäß vorbildhaften Projekten mehrere Gemeinschaftsräume geschaffen, um auch innerhalb dieser Gruppe Ausweichmöglichkeiten zu bieten. [42] Die Gestaltung der Gemeinschaftsgärten und -räume erfolgt gemeinsam und in enger Abstimmung mit der jeweiligen Gruppe. Denn intensive Kommunikation, sinnvolle Partizipation und koordinierte Mediation sind für Gestaltungsprozesse in Wohnhausanlagen besonders bedeutend. [43] Diese Vorgehensweise soll zur intensiven Nutzung von Grünflächen einladen und sicherstellen, dass für alle Bewohner*innen und ihre Bedürfnisse niederschwelliger, hochwertiger Freiraum zur Verfügung steht.

Grünflächen und Gemeinschaftsgärten

Biotope und Bäume

	Vor der Transformation			Infolge der Transformation	
Bäume	450	B	x 2,3	1.040	B
Charaktergehölze				43	C
Solargründächer				26.000	m²
Wildwiesen				13.000	m²

Altersgruppen in Linz [e]

Kinder	0–9 J	9	%
Schüler*innen	10–19 J	9	%
Jugendliche	20–29 J	15	%
Junge Erwachsene	30–39 J	16	%
Erwachsene	40–59 J	26	%
Junge Senior*innen	60–79 J	19	%
Senior*innen	80 + J	6	%

Gemeinschaftsgärten und -räume

		Infolge der Transformation	
Spielgarten und -raum	0–9 J	10	%
Sport-, Plaudergarten und Lerncafé	10–19 J	10	%
Fitnessparcours und -raum	20–29 J	15	%
Ruhegarten und Arbeitsraum	30–39 J	15	%
Wildwiese und Sauna	40–59 J	25	%
Gemeinschaftsbeete und Werkstatt	60–79 J	20	%
Blumengarten und Dauerausstellung	80 + J	5	%
Gartenfläche		52.000	m²
Gemeinschaftsgärten		72	
Gemeinschaftsräume		8	

Vor der Transformation
+
Langlebige Konstruktion
Gebäude aus intaktem Ziegelmauerwerk mit hoher Lebensdauer bieten hochwertigen Wohnraum und stellen ein wertgeschätztes Zuhause für viele Bewohner*innen dar
+
Grünflächen und Baumbestand
Großzügige Grünflächen mit altem Baumbestand bieten Kühlung, Beschattung und somit Erholung und binden CO_2
–
Gemeinschaftsgärten und -räume nicht vorhanden
Grünflächen und Gebäude bieten kaum konkrete Nutzungsangebote außerhalb der Wohnung
–
Für emissionsreichen Verkehr gestaltet
Straßen mit Autovorrang und Vielzahl an Parkplätzen fördern emissionsreichen Verkehr
1:2.000

Versiegelte Flächen
Flächenversiegelung begünstigt Hitzeentwicklung, verhindert Regenwassernutzung und verringert Lebensraum für Flora und Fauna
Barrierefreiheit nicht gegeben
Grünflächen und Gebäude sind nicht barrierefrei zugänglich
Emissionsarmer Verkehr ausbaubar
Fuß- und Radwege, Radstellplatz-, E-Auto- und E-Rad-Sharing-Infrastruktur sind ausbaubar
Gebäude, Typen A bis D
Buslinie mit Haltestelle
Höhenschichtlinie 1 m

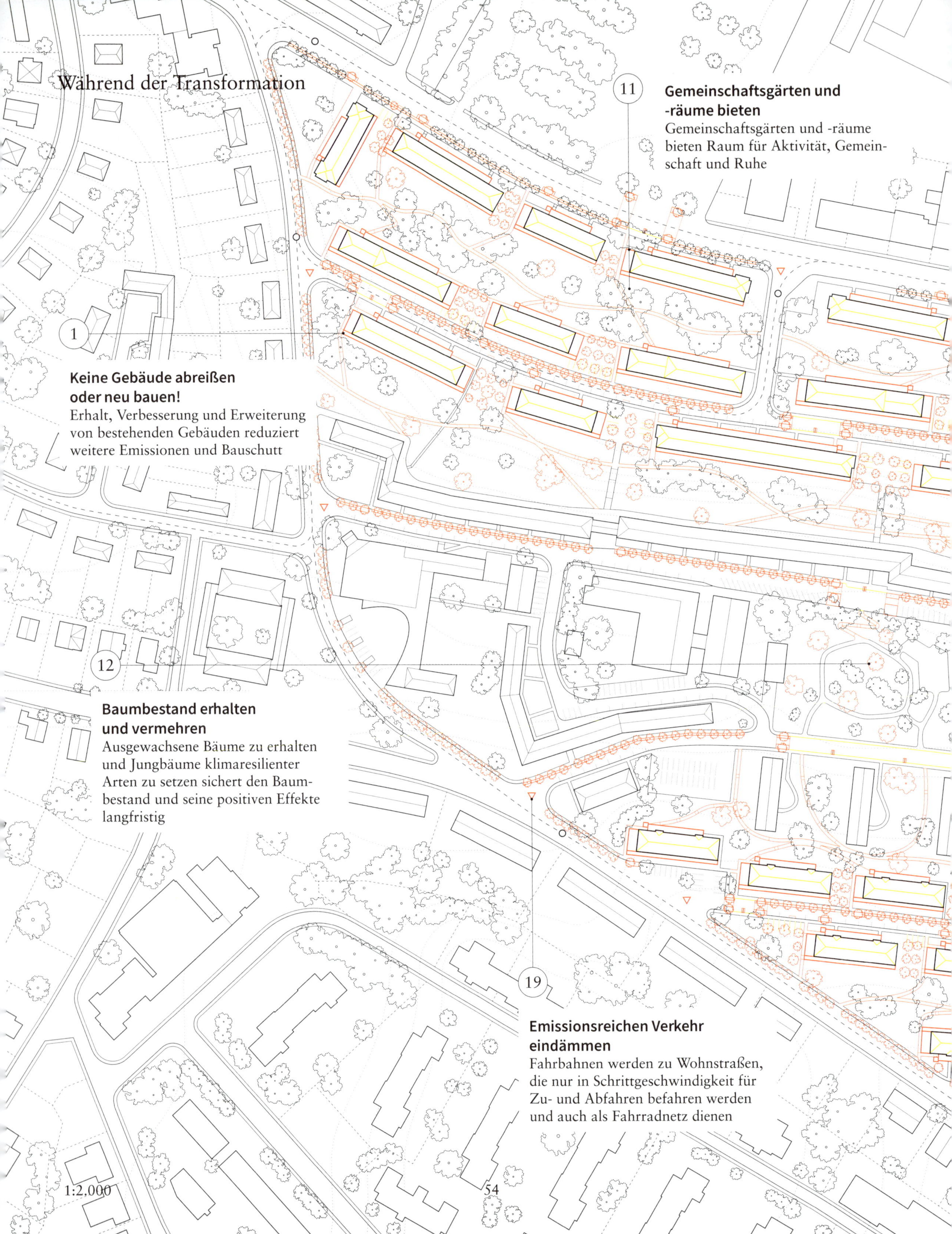

Während der Transformation
11
Gemeinschaftsgärten und -räume bieten
Gemeinschaftsgärten und -räume bieten Raum für Aktivität, Gemeinschaft und Ruhe
1
Keine Gebäude abreißen oder neu bauen!
Erhalt, Verbesserung und Erweiterung von bestehenden Gebäuden reduziert weitere Emissionen und Bauschutt
12
Baumbestand erhalten und vermehren
Ausgewachsene Bäume zu erhalten und Jungbäume klimaresilienter Arten zu setzen sichert den Baumbestand und seine positiven Effekte langfristig
19
Emissionsreichen Verkehr eindämmen
Fahrbahnen werden zu Wohnstraßen, die nur in Schrittgeschwindigkeit für Zu- und Abfahren befahren werden und auch als Fahrradnetz dienen
1:2.000

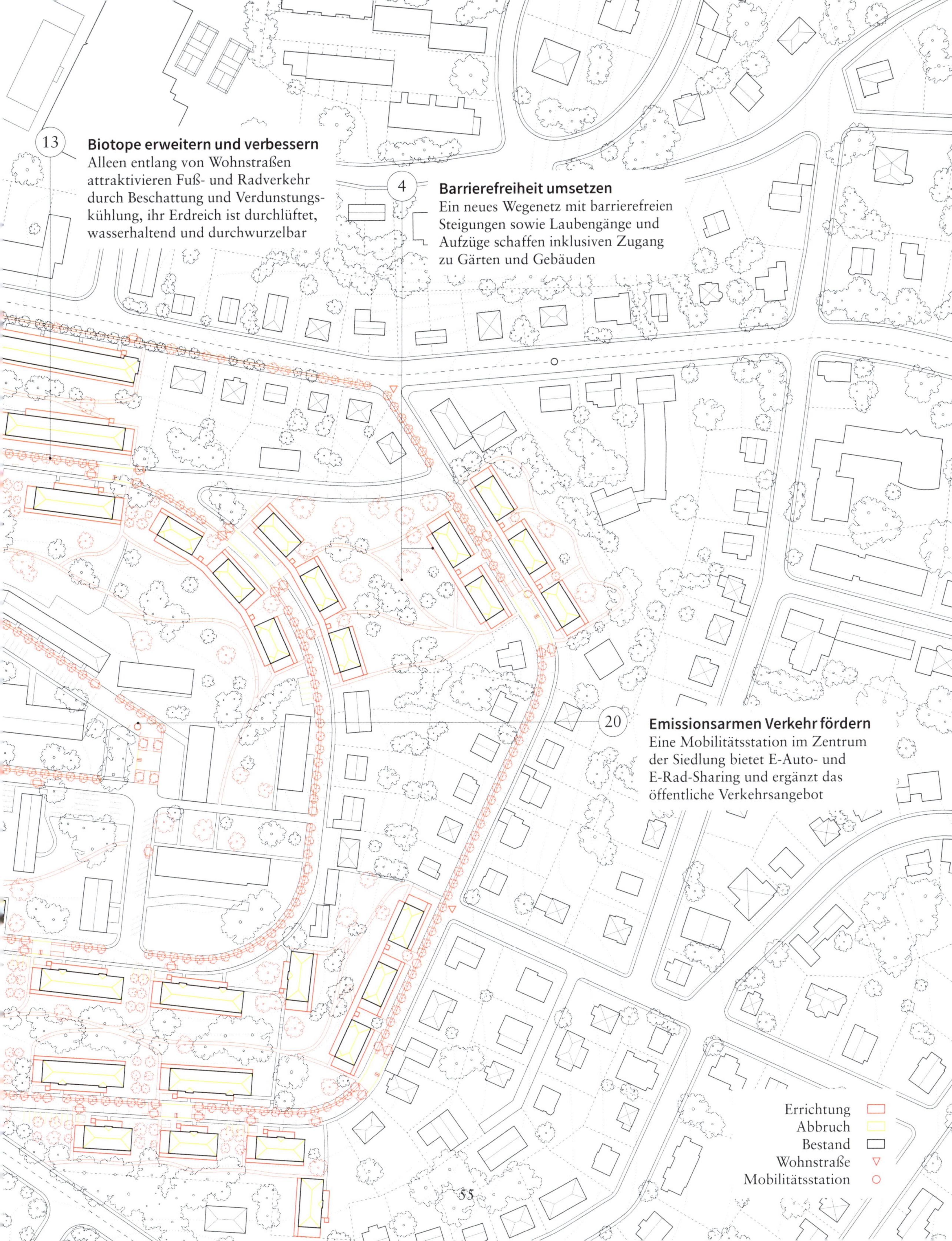
13
Biotope erweitern und verbessern
Alleen entlang von Wohnstraßen attraktivieren Fuß- und Radverkehr durch Beschattung und Verdunstungskühlung, ihr Erdreich ist durchlüftet, wasserhaltend und durchwurzelbar
4
Barrierefreiheit umsetzen
Ein neues Wegenetz mit barrierefreien Steigungen sowie Laubengänge und Aufzüge schaffen inklusiven Zugang zu Gärten und Gebäuden
20
Emissionsarmen Verkehr fördern
Eine Mobilitätsstation im Zentrum der Siedlung bietet E-Auto- und E-Rad-Sharing und ergänzt das öffentliche Verkehrsangebot
Errichtung
Abbruch
Bestand
Wohnstraße
Mobilitätsstation

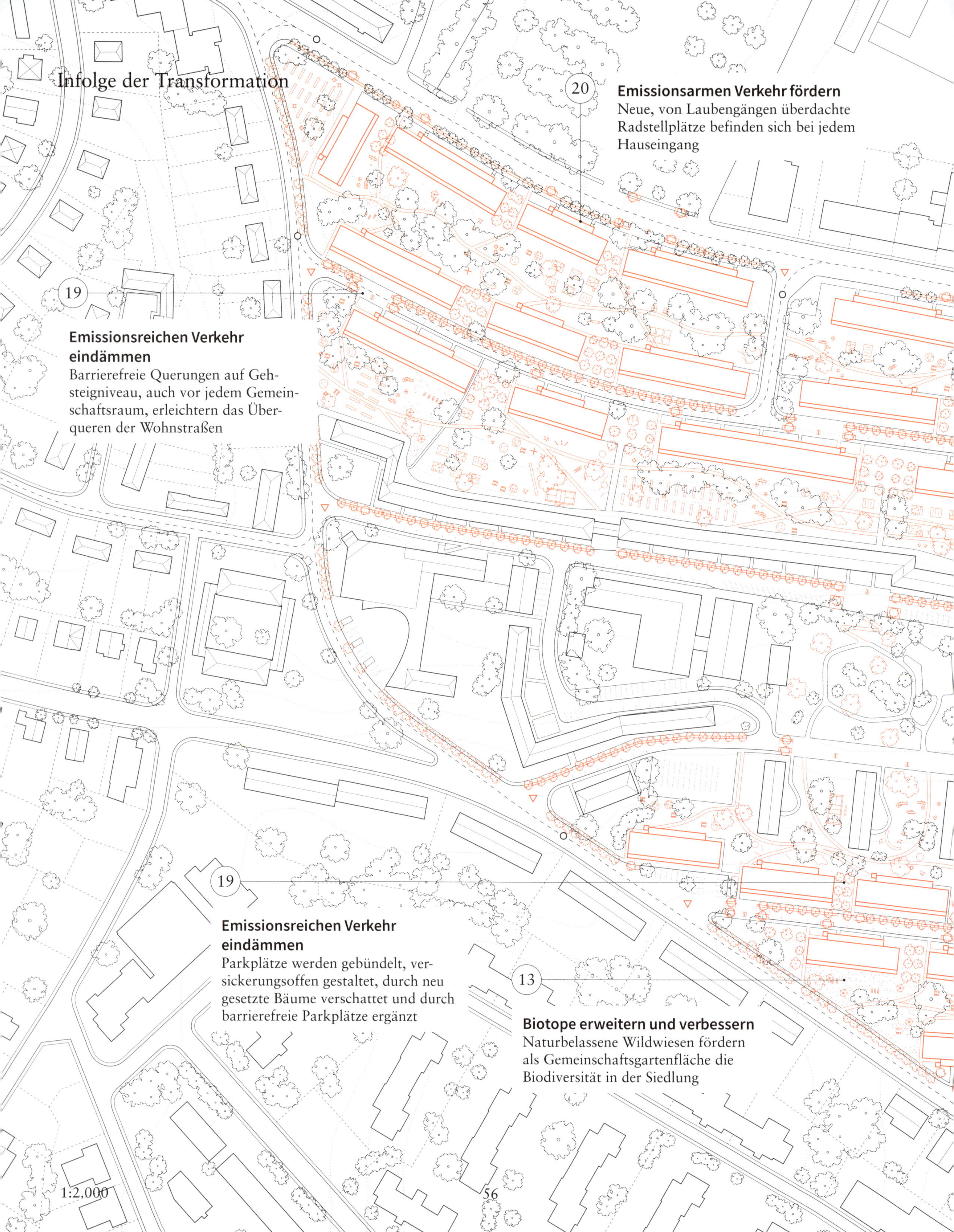

Infolge der Transformation
20
Emissionsarmen Verkehr fördern
Neue, von Laubengängen überdachte Radstellplätze befinden sich bei jedem Hauseingang
19
Emissionsreichen Verkehr eindämmen
Barrierefreie Querungen auf Gehsteigniveau, auch vor jedem Gemeinschaftsraum, erleichtern das Überqueren der Wohnstraßen
19
Emissionsreichen Verkehr eindämmen
Parkplätze werden gebündelt, versickerungsoffen gestaltet, durch neu gesetzte Bäume verschattet und durch barrierefreie Parkplätze ergänzt
13
Biotope erweitern und verbessern
Naturbelassene Wildwiesen fördern als Gemeinschaftsgartenfläche die Biodiversität in der Siedlung
1:2.000

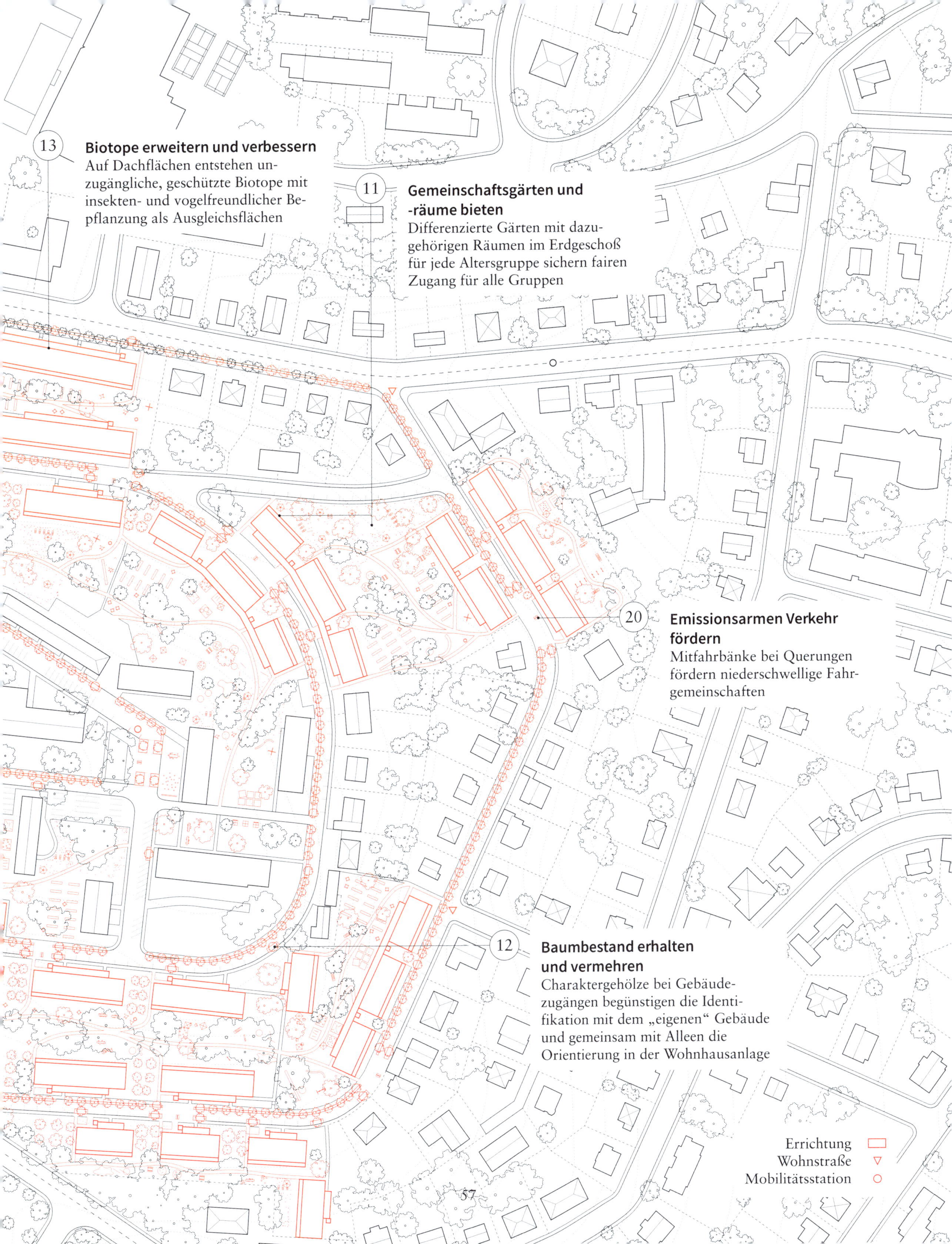

13
Biotope erweitern und verbessern
Auf Dachflächen entstehen unzugängliche, geschützte Biotope mit insekten- und vogelfreundlicher Bepflanzung als Ausgleichsflächen
11
Gemeinschaftsgärten und -räume bieten
Differenzierte Gärten mit dazugehörigen Räumen im Erdgeschoß für jede Altersgruppe sichern fairen Zugang für alle Gruppen
20
Emissionsarmen Verkehr fördern
Mitfahrbänke bei Querungen fördern niederschwellige Fahrgemeinschaften
12
Baumbestand erhalten und vermehren
Charaktergehölze bei Gebäudezugängen begünstigen die Identifikation mit dem „eigenen" Gebäude und gemeinsam mit Alleen die Orientierung in der Wohnhausanlage
Errichtung
Wohnstraße
Mobilitätsstation

Infolge der Transformation

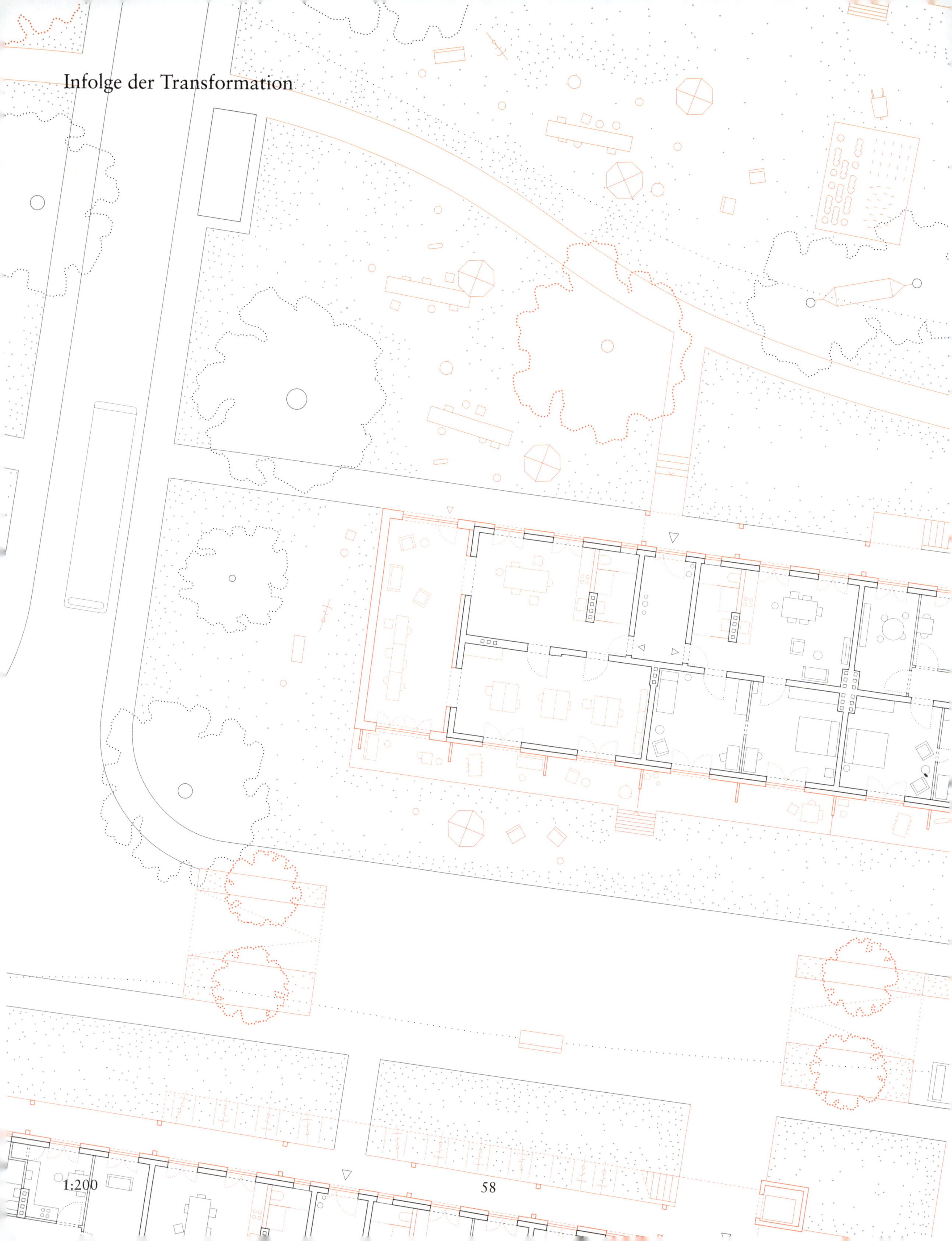

1:200

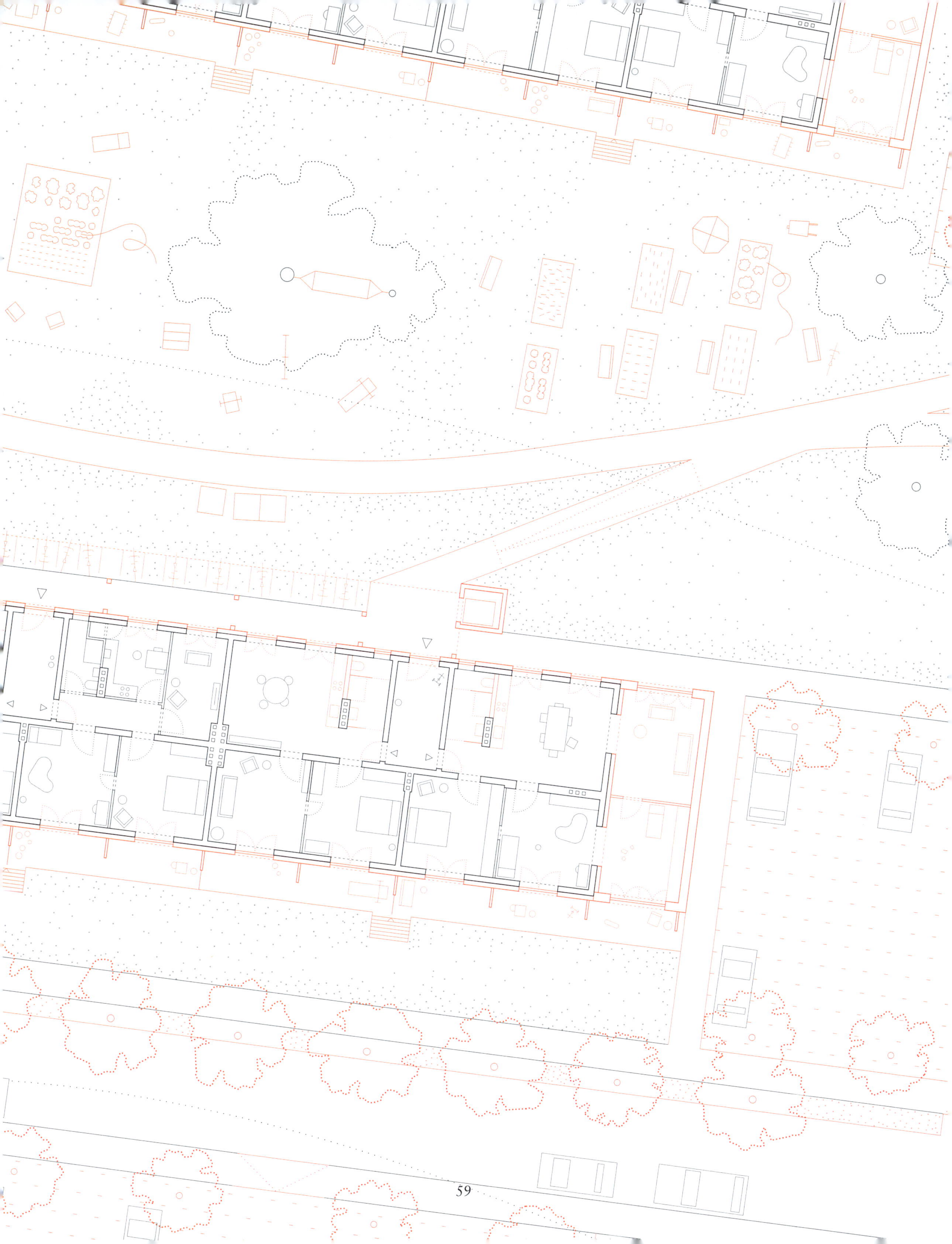

Vor der Transformation

Haushalte in Linz [f]

1 Person	50 %
2 Personen	28 %
3 Personen	11 %
4 Personen	7 %
5 + Personen	4 %

4 %
7 %
11 %
50 %
28 %

Wohnungsverteilung

	Vor der Transformation	
2-R	126 W	29 %
3-R	296 W	67 %
4-R	20 W	4 %
Wohnungen	442 W	100 %

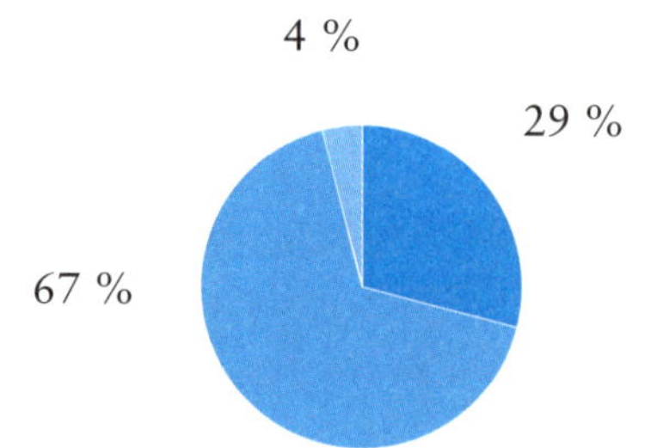

Gebäude

Typ A	240 W	54 %
Typ B	126 W	28 %
Typ C	56 W	13 %
Typ D	20 W	5 %
Wohnungen	442 W	100 %

Gebäude
Typen A bis D

Bestand
Vor der Transformation

⟶

Gebäude, Typen A bis D
Inklusives Wohnen und Arbeiten

Hochwertiger Bestand
Die Gebäude der Siedlung Froschberg bieten hochwertigen Wohnraum: Die geringe Gebäudetiefe von etwa 10 m schafft weitestgehend Wohnungen mit beidseitiger Orientierung und ermöglicht so größtenteils Belichtung von mehreren Seiten und Querlüftung. Die meisten Zimmer sind mit circa 18 m² großzügig dimensioniert, meist separat begehbar und somit als Räume für individuellen Rückzug geeignet. Die Wohnungen sind mit zwei bis vier Räumen in Gebäudetypen A bis D ausgeführt.

Überwiegend Wohnungen für Familien
Je ein Raum der Wohnung kann als Wohnzimmer für gemeinsame Aktivitäten genutzt werden und weitere, separat begehbare Räume können als Kinderzimmer oder Schlafzimmer dem Rückzug von je ein oder zwei Personen dienen. In diesem Fall korrespondiert bei voller Belegung die Anzahl an Räumen pro Wohnung mit der Anzahl an Personen pro Haushalt. So sind 2-Raum-Wohnungen für ein bis zwei Personen oder 3-Raum-Wohnungen für drei bis vier Personen üblich. Die Wohnungen der Siedlung Froschberg sind vor der Transformation zu circa 71 % 3- und 4-Raum-Wohnungen. Die Mehrzahl wurde somit für Familien konzipiert und wird heute bei voller Belegung von Haushalten mit drei oder mehr Personen bewohnt. Dieser Anteil liegt in der Siedlung Froschberg vermutlich höher als in der gesamten Stadt: In Linz verfügen circa 39 % der Wohnungen über vier oder mehr Räume inklusive Küche (über 4 m²) und entsprechen damit etwa den 3- und 4-Raum-Wohnungen der Siedlung Froschberg. [44]

Orientierung an der Haushaltsrealität
Gleichzeitig umfassen in Linz etwa 22 % der Haushalte drei oder mehr Personen, während 78 % der Haushalte eine oder zwei Personen zählen. [45] Bestehender Wohnraum spiegelt somit sowohl in der Siedlung Froschberg als auch in der gesamten Stadt die Haushaltsrealität in Linz, also die Anteile von Haushalten verschiedener Größe, nicht vollständig wider. Eine Wohnung, die nicht voll belegt ist, bietet zwar eine höhere Wohnqualität, verursacht aber auch höhere Kosten pro Person und stellt so für einkommensschwache Haushalte auch eine Belastung dar. So führte die Stadt Wien im Jahr 2012 das SMART-Wohnbauprogramm mit sehr kompakten und somit kostengünstigen Wohnungen ein, die seit 2019 in geförderten Wohnbauvorhaben verpflichtend zu errichten sind. [46] Die Orientierung an der Haushaltsrealität soll insbesondere einkommensschwachen Haushalten zugutekommen und so zur Inklusion beitragen.

Wohnungen mit Einheiten
In der Siedlung Froschberg ergänzen die Aufstockungen und Erweiterungen den bestehenden Wohnraum um bisher nicht vorhandene Wohnungstypen und nähern die Wohnhausanlage so der Haushaltsrealität in Linz an. Seitliche Erweiterungen vergrößern außerdem bestehende Wohnungen und schaffen 4-, 5- und 6-Raum-Wohnungen für größere Haushalte, die beispielsweise mehrere Generationen einer Familie oder Familien mit mehreren Kindern umfassen. Die neuen Wohnungen der Aufstockungen sind nutzungsoffen konzipiert und basieren deshalb auf „Einheiten" – geräumigen, separat begehbaren Zimmern für individuellen Rückzug von ein bis zwei Personen mit großzügiger, wohnraumerweiternder Loggia. Die Einheiten, also Zimmer und Loggien, nehmen eine Seite der Wohnungen ein. In der dem Laubengang zugewandten Seite befinden sich von den Bewohner*innen geteilte Bereiche wie Küche, Bad und Räume für gemeinsame Aktivitäten.

Differenzierte Wohnformen
Wohnungen mit einer Einheit und 32 m² bis 40 m² sind als besonders kompakter und somit kostengünstiger Wohnraum für ein bis zwei Personen gedacht, bieten aber mit Loggia und Zimmer dennoch ein gewisses Maß an Großzügigkeit. Wohnungen mit zwei Einheiten und 64 m² oder mehr sind für zwei bis vier Personen wie zum Beispiel Alleinerziehende mit ein bis zwei Kindern konzipiert und ebenfalls sehr kompakt, ermöglichen aber dennoch individuellen Rückzug und gemeinsame Aktivitäten. Größere Wohnungen mit mehreren Einheiten erlauben ge-

meinsames Wohnen und individuellen Rückzug in größeren Haushalten, beispielsweise für Familien mit mehreren Kindern oder mehreren Generationen oder für Wohngemeinschaften. Die Wohnungen begünstigen demnach gemeinschaftliches Wohnen verschiedener Altersgruppen. Einheiten mit eigenen Bädern innerhalb einer Wohnung ermöglichen betreutes Wohnen, auch mit Pflegekraft. Um Inklusion zusätzlich zu stärken, soll zumindest 1 % der Wohnungen als „Solidaritätswohnungen" besonders kostengünstig für bestimmte Zeit an sehr einkommensschwache Haushalte vergeben werden.

Orientierung an der Arbeitsrealität

Außerdem reagieren die Aufstockungen auf Veränderungen in der Arbeitsrealität. Arbeiten in Österreich ist 2022 mit circa 69 % der Wertschöpfung im Vergleich zu 66 % im Jahr 2000 zusehends vom Sektor Dienstleistungen geprägt. [47, 48] Gleichzeitig stieg unter erwerbstätigen Personen der Anteil Selbstständiger (ohne Landwirtschaft) von 7 % im Jahr 2001 auf 10 % im Jahr 2022. [49] Dabei nahm die Zahl von Ein-Personen-Unternehmen seit 2020 um circa 21.000 zu und betrug 2022 rund 351.000. [50] Während der Covid-19-Pandemie haben 2020 außerdem 39 % aller unselbstständig Erwerbstätigen zumindest zeitweise im Homeoffice gearbeitet und Arbeitnehmer*innen wie Arbeitgeber*innen wünschen zukünftig meist ein bis zwei Tage Homeoffice. [51] Diese neue Arbeitsrealität begünstigt so zusehends die Nutzung von kompakten Arbeitsräumen in unmittelbarer Nähe des Wohnorts.

Nutzungsoffene Räume

Mit 3 m Raumhöhe sind die Aufstockungen in der Siedlung Froschberg besonders nutzungsoffen geplant und auch für Arbeitsplätze oder als Ateliers für Wohnen und Arbeiten konzipiert. Leichtbauwandabschnitte in den Aufstockungen ermöglichen außerdem die Zusammenlegung und Abtrennung von Räumen mit geringem Aufwand. In jedem zweiten Gebäude ist je eine kompakte Wohnung von Bewohner*innen der Siedlung als „Pluseinheit" zur temporären Wohnraumerweiterung anmietbar.

Hohe Wohnqualität

Alle neuen Wohnungen bieten beidseitige Orientierung – wie der Großteil des Bestands. Bodentiefe Fenster erhöhen natürliche Belichtung. Neben Fenstern und Türen verbleibende Wandabschnitte berücksichtigen Standardmöblierung für eine einfache und kostengünstige Einrichtung der Wohnung. Großzügige Loggien erweitern mehrere Zimmer in den bestehenden Wohnungen sowie jede Einheit in den neuen Wohnungen um überdachten und windgeschützten „Wohnraum im Freien". Das neue Wegenetz nutzt die Hanglage der Siedlung, um ohne Aufschüttungen barrierefreien Zugang zu allen Gebäuden herzustellen. Laubengänge und Aufzüge ermöglichen dann die barrierefreie Erschließung aller Wohnungen. Ehemalige Stiegenhäuser werden zu gemeinsam genutzten Vorräumen.

Transformation ohne Aus- und Umzug

Die Aufstockungen nutzen Schächte und Tragwerk des Bestands, Anbauten werden selbsttragend ausgeführt. Das Innere bestehender Wohnungen kann somit unverändert bleiben, sodass Bewohner*innen während und infolge der Transformation weder umziehen noch ausziehen müssen und weiterhin in ihren Wohnungen bleiben können. Bestehende Wohnungen werden nur auf Wunsch von Bewohner*innen durch den Umbau von Vorraum, Bad und WC barrierefrei gestaltet. Optional können auch Küche und Zimmer zu einer Wohnküche verbunden und Oberflächen in der gesamten Wohnung erneuert werden.

Wiedererkennbarkeit

Das einheitliche Erscheinungsbild von Bestand, Erweiterungen und Aufstockungen verdeutlicht die Gesamtheitlichkeit der Transformation. Ihr ökologischer und sozialer Charakter ist durch die Sichtbarkeit der Maßnahmen – zum Beispiel in Form von Loggien, Laubengängen oder Holzoberflächen – unmissverständlich. Die Wiedererkennbarkeit der Wohnhausanlagen an Orten wie Linz oder Wien macht die ökosoziale Transformation als (gesellschafts-)politisches Projekt sichtbar.

Infolge der Transformation

Wohnungsverteilung

		Vor der Transformation			Infolge der Transformation	
2-R		126 W	29 %		104 W	14 %
1-E					137 W	18 %
3-R		296 W	67 %		223 W	29 %
2-E					66 W	9 %
4-R		20 W	4 %		32 W	4 %
3-E					50 W	6 %
5-R					69 W	9 %
4-E					67 W	9 %
6-R					10 W	1 %
5-E					10 W	1 %
Wohnungen		442 W	100 %	x 1,7	768 W	100 %
Davon						
Pluseinheiten					23 W	3 %
Solidaritätswohnungen					8 W	1 %

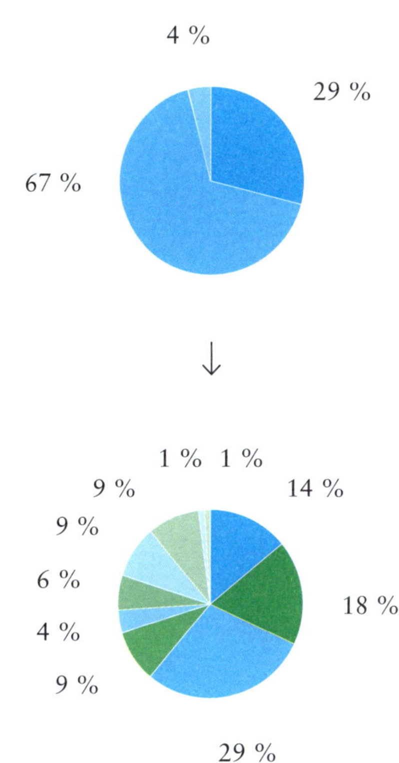

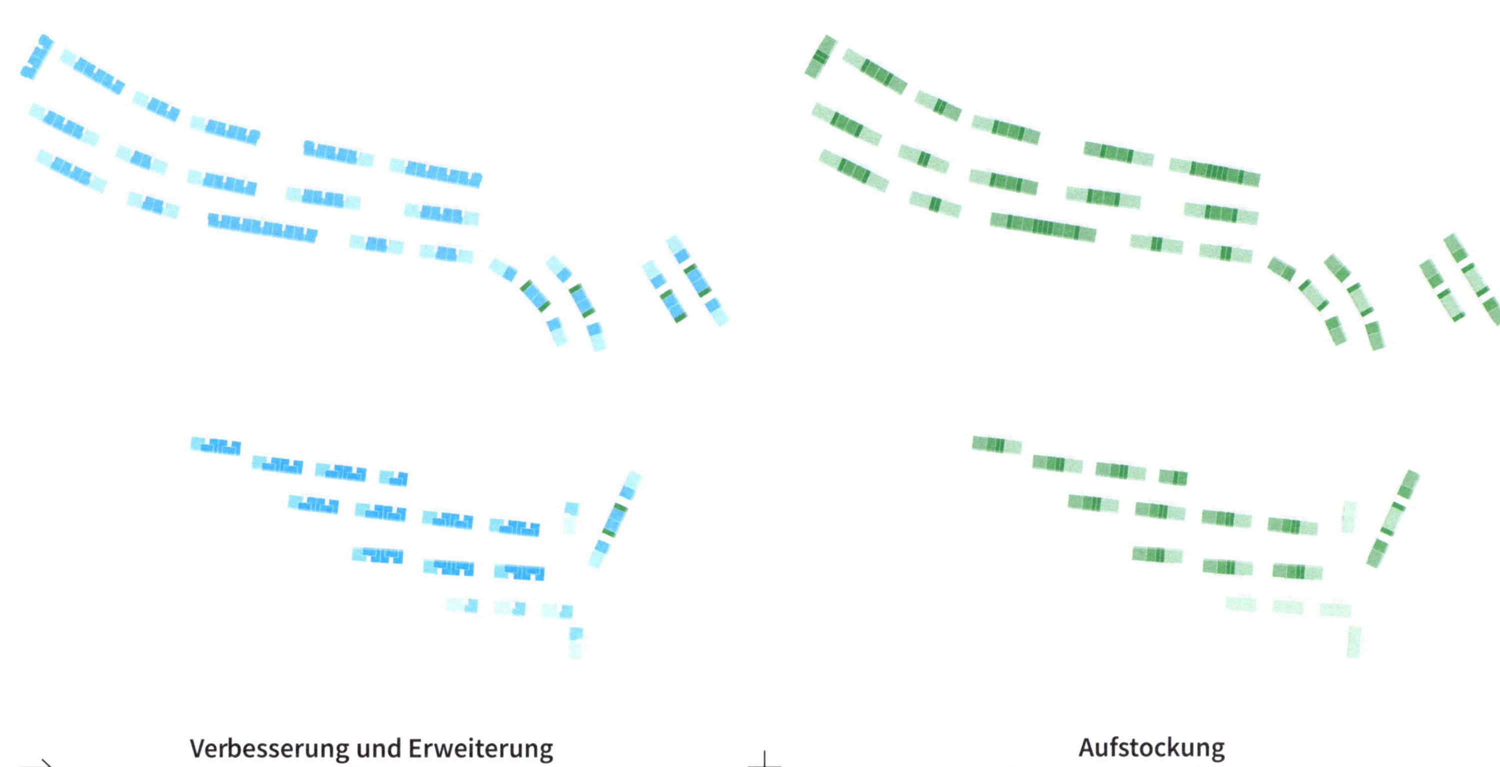

→ **Verbesserung und Erweiterung**
Infolge der Transformation

\+ **Aufstockung**
Infolge der Transformation

Differenzierung Wohnungstypen

	Bestand Vor der Transformation		**Verbesserung und Erweiterung** Infolge der Transformation		**Aufstockung** Infolge der Transformation

Typ A
16 Gebäude

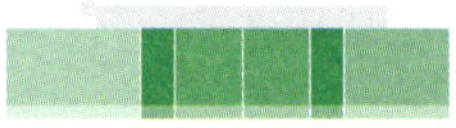

Bestand	→	Verbesserung und Erweiterung	+	Aufstockung
3 Geschoße		3 Geschoße		+ 1 Geschoß
6 x 3-R 70 m²		5 x 3-R 70 m² · 16 m²		2 x 1-E 40 m² · 8 m²
		1 x 5-R 107 m² · 24 m²		2 x 2-E 80 m² · 16 m²
				1 x 3-E 120 m² · 24 m²
				1 x 4-E 158 m² · 32 m²

Typ B
11 Gebäude

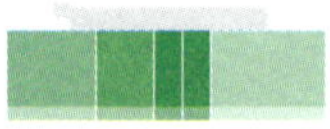

Bestand	→	Verbesserung und Erweiterung	+	Aufstockung
2 Geschoße		2 Geschoße		+ 2 Geschoße
6 x 2-R 45 m²		5 x 2-R 45 m² · 6 m²		2 x 1-E 32 m² · 7 m²
		1 x 4-R 83 m² · 15 m²		1 x 2-E 64 m² · 14 m²
				1 x 3-E 104 m² · 21 m²
				1 x 4-E 132 m² · 28 m²

Typ C
5 Gebäudegruppen (14 Gebäude)

Bestand	→	Verbesserung und Erweiterung	+	Aufstockung
2 Geschoße		2 Geschoße		+ 2 Geschoße
6 x 3-R 55 m²		2 x 1-E 33 m² · 8 m²		2 x 1-E 36 m² · 8 m²
		4 x 3-R 66 m² · 16 m²		2 x 2-E 76 m² · 16 m²
		2 x 5-R 99 m² · 24 m²		2 x 3-E 112 m² · 24 m²
				1 x 4-E 152 m² · 32 m²

Typ D
5 Gebäude

Bestand	→	Verbesserung und Erweiterung	+	Aufstockung
2 Geschoße		2 Geschoße		+ 2 Geschoße
2 x 4-R 84 m²		1 x 4-R 84 m² · 20 m²		1 x 5-E 232 m² · 47 m²
		1 x 6-R 120 m² · 27 m²		

m² · m² Nutzfläche · Loggia
-R -Raum-Wohnung
-E -Einheiten-Wohnung

Transformation Wohnungstypen

4 Wohnungstypen
Vor der Transformation

21 Wohnungstypen
Infolge der Transformation

3-R, 70 m² → 3-R, 70 m² · 16 m² + 1-E, 40 m² · 8 m² + 2-E, 80 m² · 16 m²

→ 5-R, 107 m² · 24 m² + 3-E, 120 m² · 24 m² + 4-E, 158 m² · 32 m²

2-R, 45 m² → 2-R, 45 m² · 6 m² + 1-E, 32 m² · 7 m² + 2-E, 64 m² · 14 m²

→ 4-R, 83 m² · 15 m² + 3-E, 104 m² · 21 m² + 4-E, 132 m² · 28 m²

3-R, 55 m² → 3-R, 66 m² · 16 m² + 1-E, 36 m² · 8 m² + 2-E, 76 m² · 16 m²

→ 5-R, 99 m² · 24 m² + 3-E, 112 m² · 24 m² + 4-E, 152 m² · 32 m²

4-R, 84 m² → 4-R, 84 m² · 20 m² + 5-E, 232 m² · 47 m²

→ 6-R, 120 m² · 27 m²

Typ A vor der Transformation

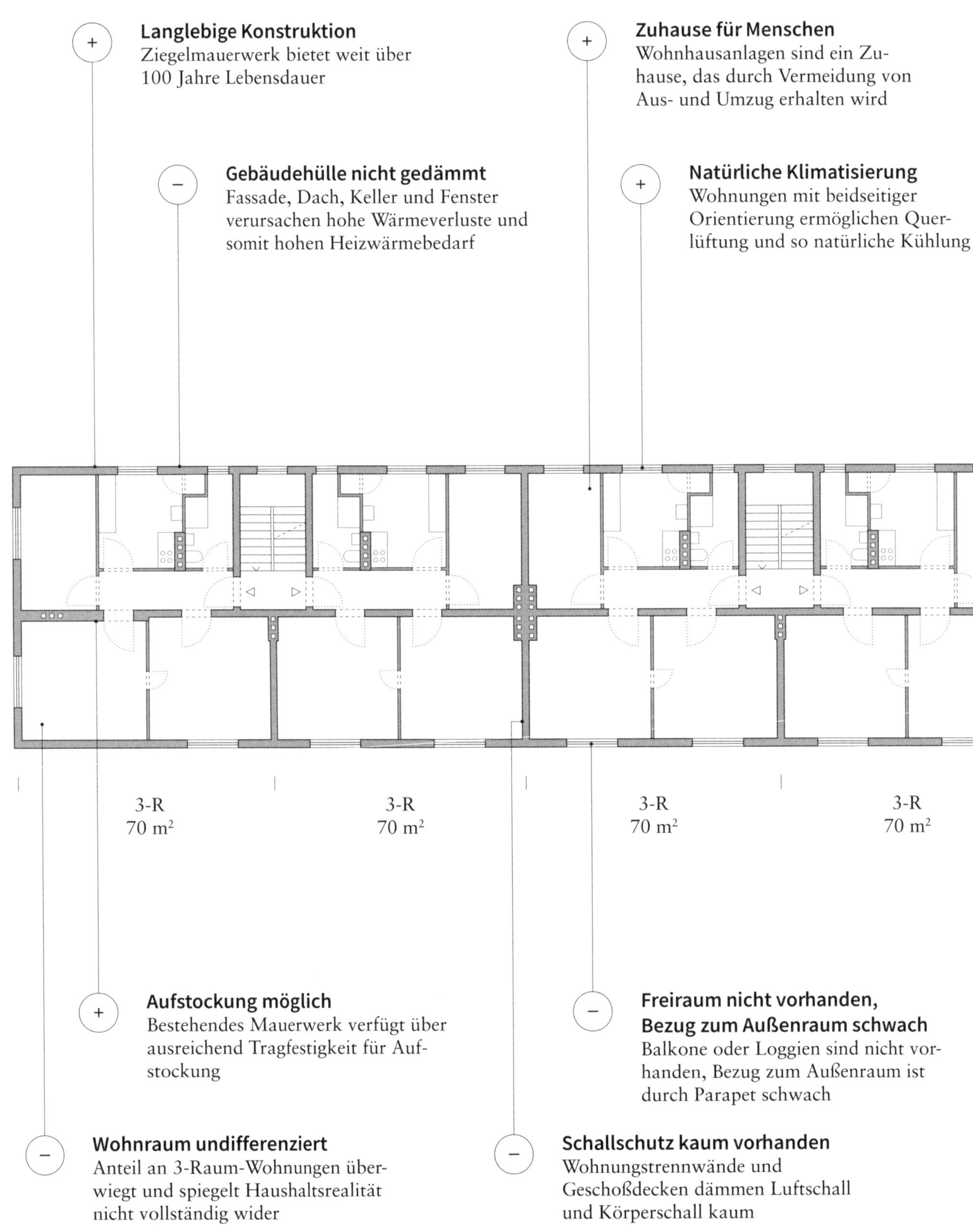

1:200

3 Geschoße, je

6 x 3-R 70 m²

Wohnungen nicht barrierefrei
Bad und Vorraum bieten ungenügend Raum zum Manövrieren, zum Beispiel im Rollstuhl, vor allem vor Türen

Zugang nicht barrierefrei
Stiegenhaus bietet keinen Aufzug, Podest ungenügend Raum zum Manövrieren mit Geh- und Fahrhilfen

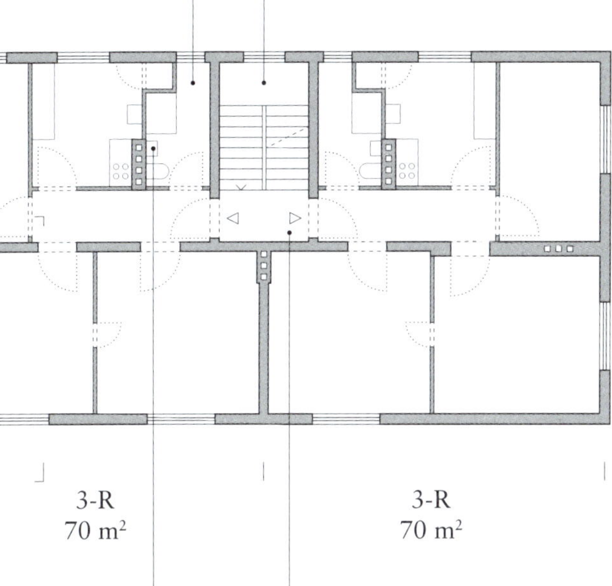

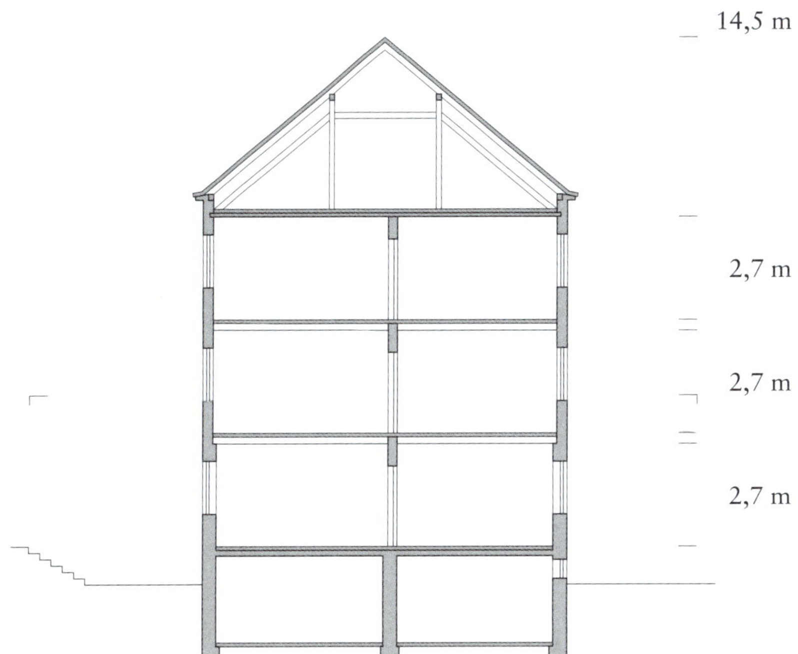

Brandschutz nicht Stand der Technik
Fluchtwege, Wohnungstüren und Schächte entsprechen nicht heutigen Brandschutzanforderungen

Nutzung fossiler Energie
Dezentrale Gasthermen stellen Warmwasser, Fernwärme Heizwärme für Hochtemperaturheizsystem mit Radiatoren bereit

Typ A während der Transformation

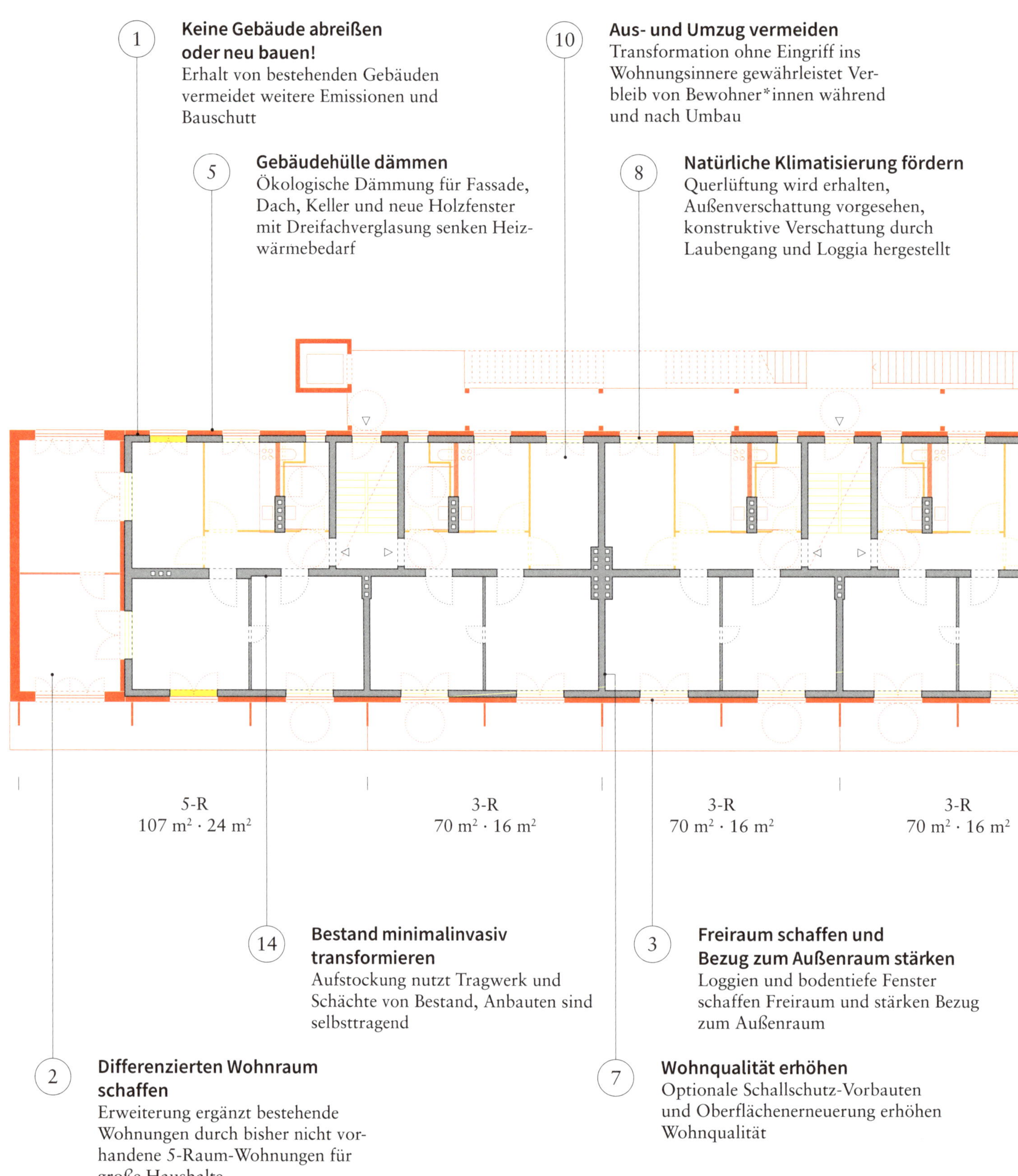

1:200

16 Gebäude, je
18 + 6 Wohnungen
1.260 m² + 630 m² Nutzfläche
35 + 17 Personen ø

Barrierefreiheit umsetzen
Wohnungen werden auf Wunsch von Bewohner*innen durch Umbau von Vorraum und Bad barrierefrei

Barrierefreiheit umsetzen
Aufzug und Laubengang bieten barrierefreien Zugang zu jeder Wohnung

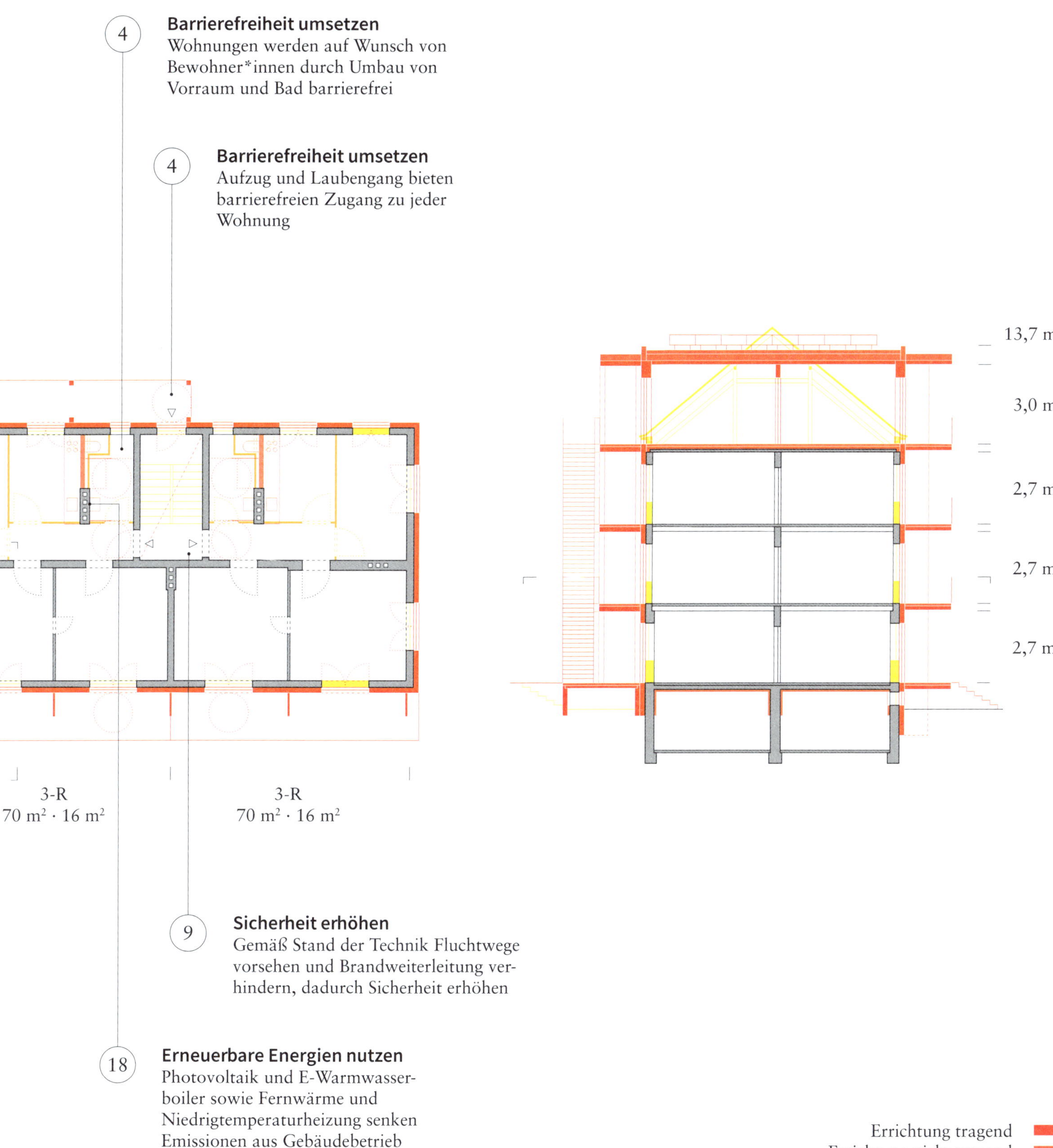

Sicherheit erhöhen
Gemäß Stand der Technik Fluchtwege vorsehen und Brandweiterleitung verhindern, dadurch Sicherheit erhöhen

Erneuerbare Energien nutzen
Photovoltaik und E-Warmwasserboiler sowie Fernwärme und Niedrigtemperaturheizung senken Emissionen aus Gebäudebetrieb

Errichtung tragend
Errichtung nicht tragend
Errichtung optional
Abbruch optional
Abbruch
Bestand

Typ A infolge der Transformation

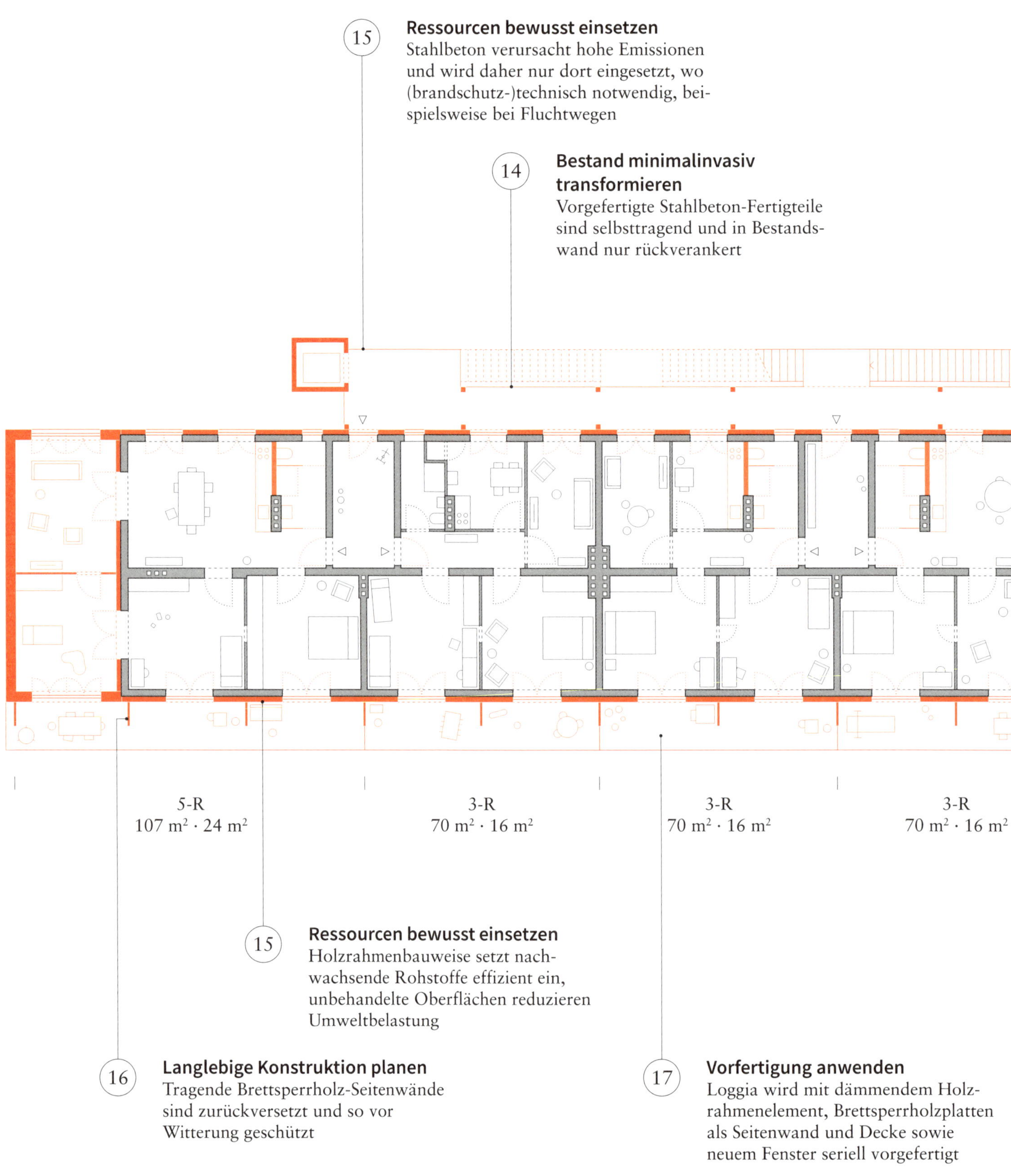

1:200

3 Geschoße, je

5 x 3-R 70 m² · 16 m²
1 x 5-R 107 m² · 24 m²

7 **Wohnqualität erhöhen**
Offener Laubengang verbindet alle Wohnungen im Gebäude, fördert Kommunikation und Bezug zu Grünraum

13 **Biotope erweitern und verbessern**
Dachflächen bieten geschützte Biotope für Flora und Fauna, speichern Regenwasser und kühlen durch Verdunstung

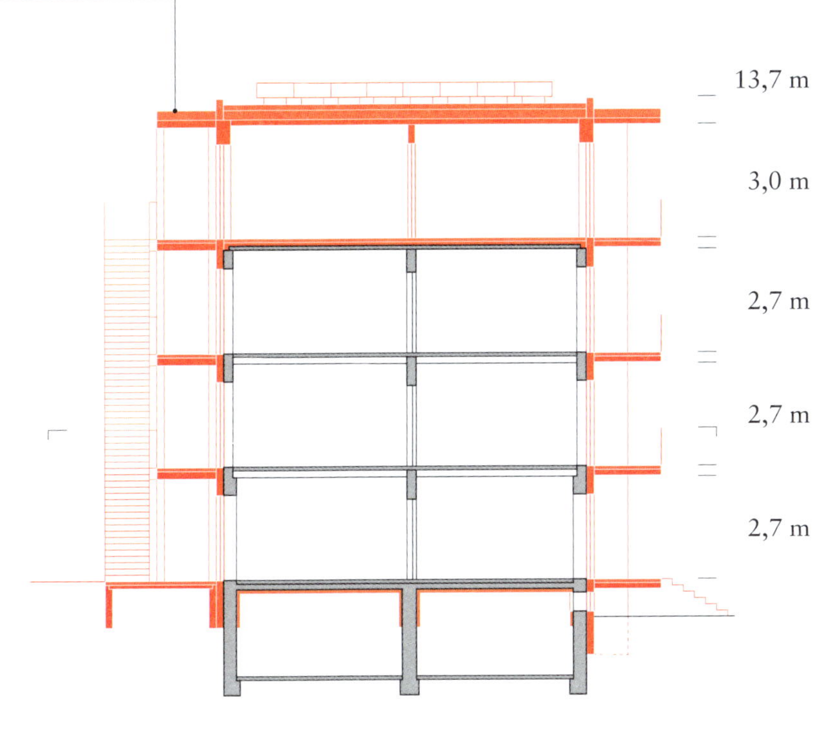

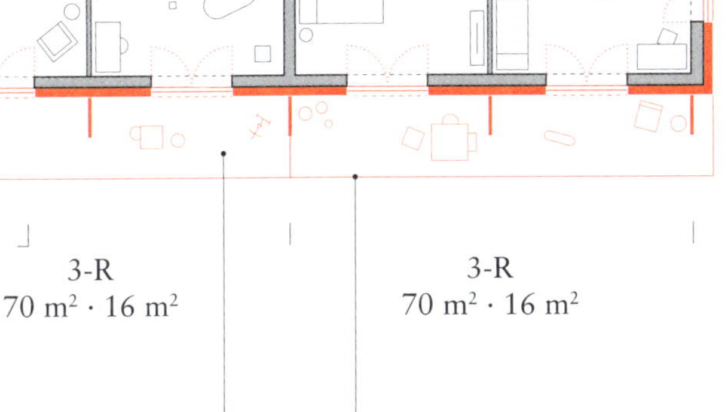

3-R
70 m² · 16 m²

3-R
70 m² · 16 m²

8 **Natürliche Klimatisierung fördern**
Auskragende Brettsperrholzdecken von Loggien bieten konstruktive Verschattung bei Sommersonne und Lichteinfall bei Wintersonne

14 **Bestand minimalinvasiv transformieren**
Vorgefertigte Loggien aus Holzrahmen- und Brettsperrholzelementen sind selbsttragend und in Bestandswand nur rückverankert

Errichtung tragend
Errichtung nicht tragend
Errichtung optional
Bestand

Typ A infolge der Transformation, Aufstockung

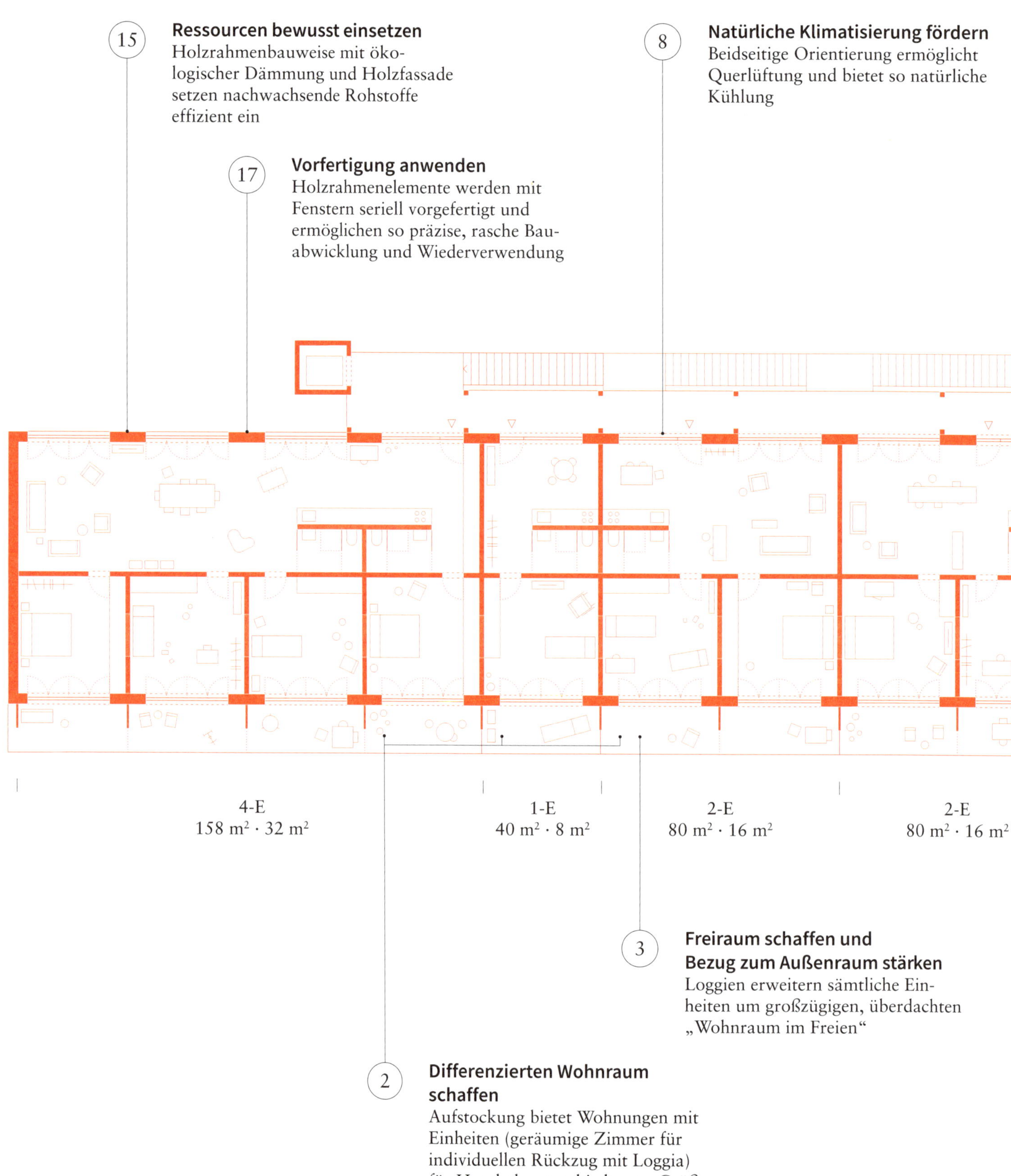

1:200

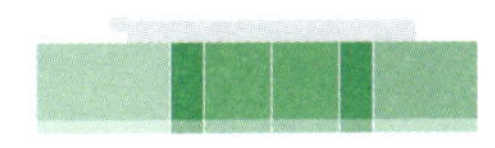

+ 1 Geschoß

2 x	1-E	40 m²	·	8 m²
2 x	2-E	80 m²	·	16 m²
1 x	3-E	120 m²	·	24 m²
1 x	4-E	158 m²	·	32 m²

6 **Nutzungsoffene Räume anbieten**
Aufstockung mit 3 m Raumhöhe eignet sich für Wohnen und Arbeiten, Pluseinheiten ermöglichen temporäre Nutzung wie Homeoffice

18 **Erneuerbare Energie nutzen**
Photovoltaik mit Ost-West-Ausrichtung erzielt durch Hinterlüftung und kühlende Dachbegrünung hohe Effizienz

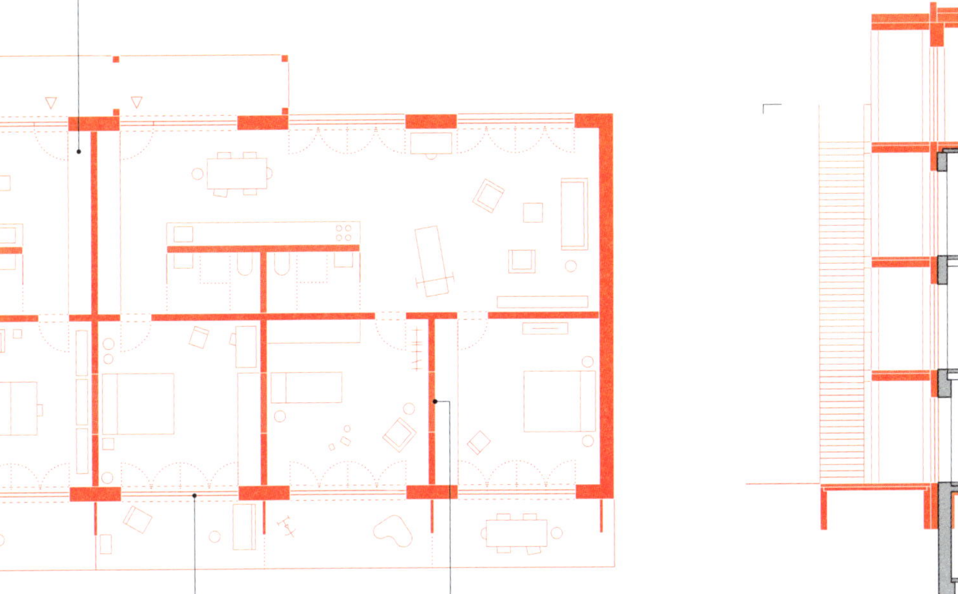

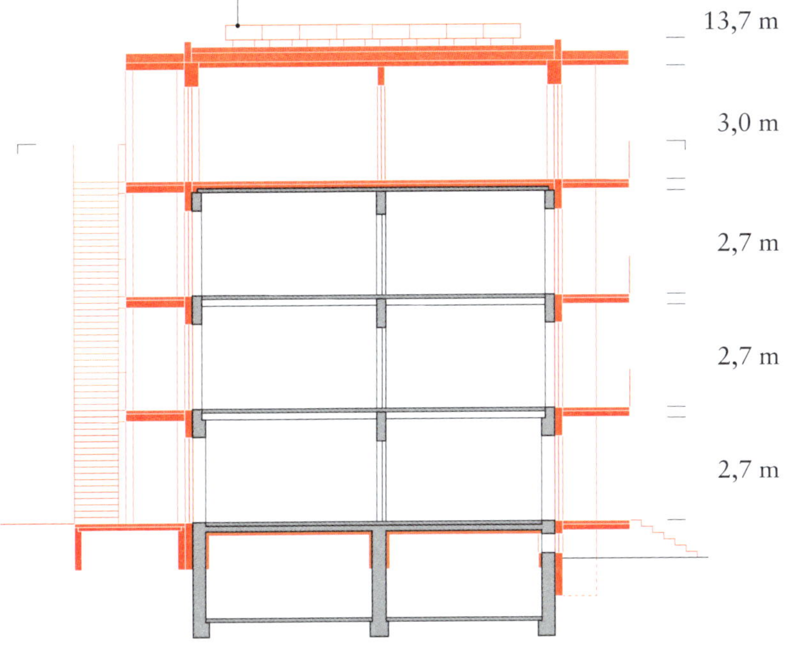

6 **Nutzungsoffene Räume anbieten**
Leichtbauwandabschnitte ermöglichen zukünftige Zusammenlegung und Abtrennung von Räumen

7 **Wohnqualität erhöhen**
Bodentiefe Fenster maximieren natürliche Belichtung und berücksichtigen Standardmöblierung mit seitlich 0,60 m breiten Wandabschnitten

Errichtung tragend
Errichtung nicht tragend
Errichtung optional
Bestand

Typ B vor · während der Transformation

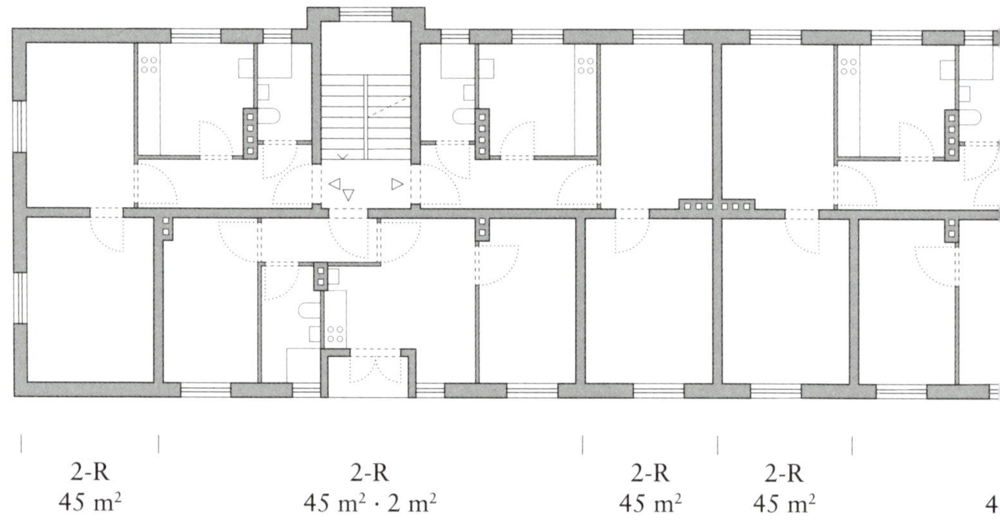

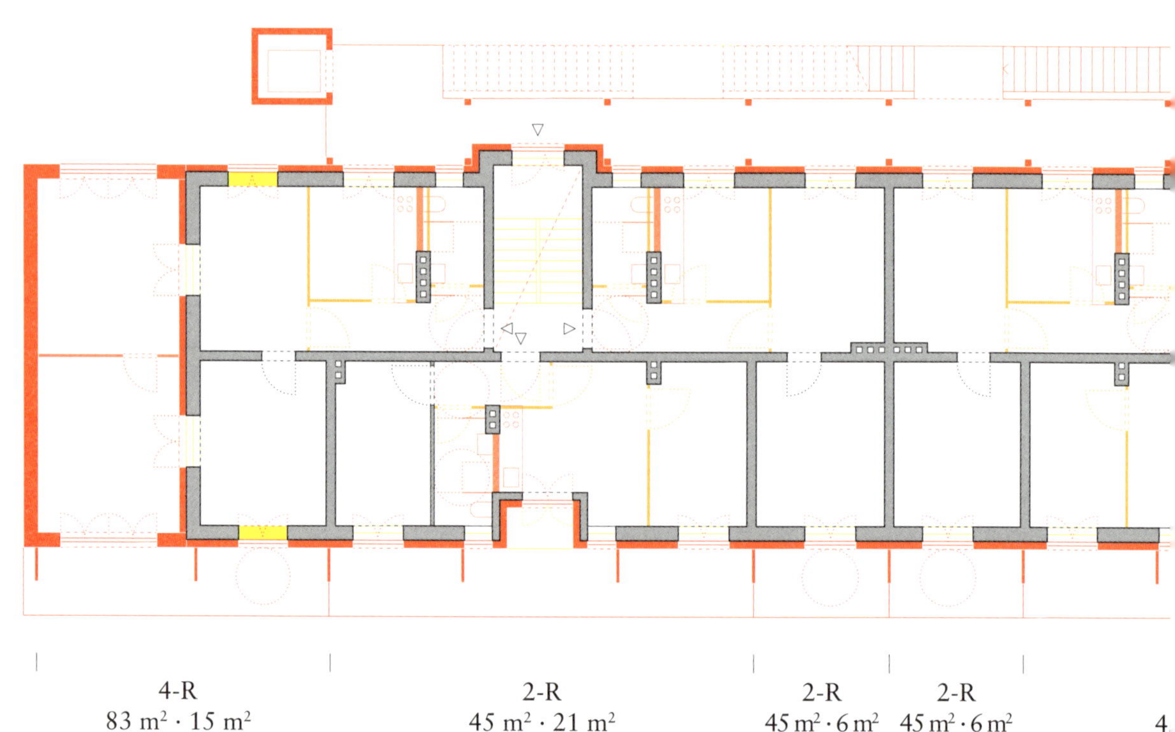

1:200

2 Geschoße, je
6 x 2-R 45 m²

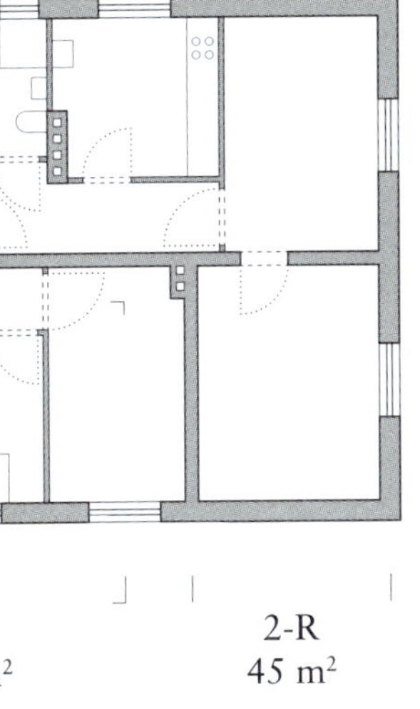

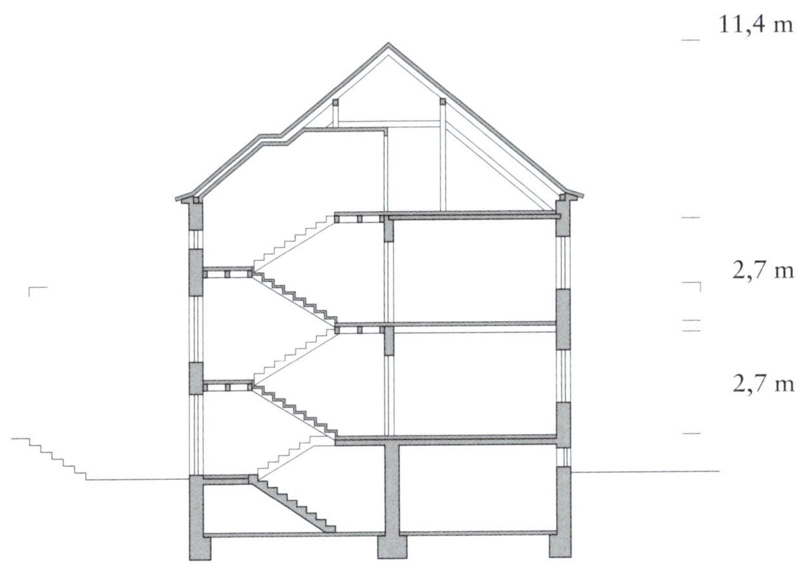

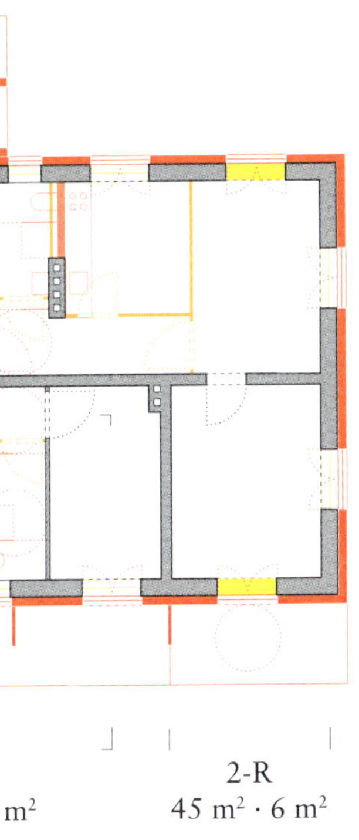

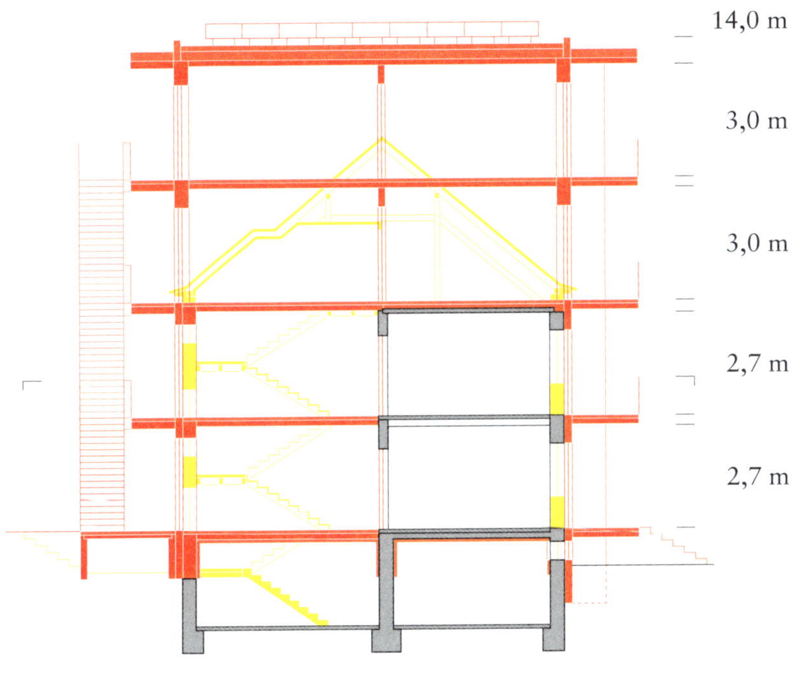

11 Gebäude, je
12 + 10 Wohnungen
540 + 800 m² Nutzfläche
15 + 22 Personen ø

Typ B infolge der Transformation, Aufstockung

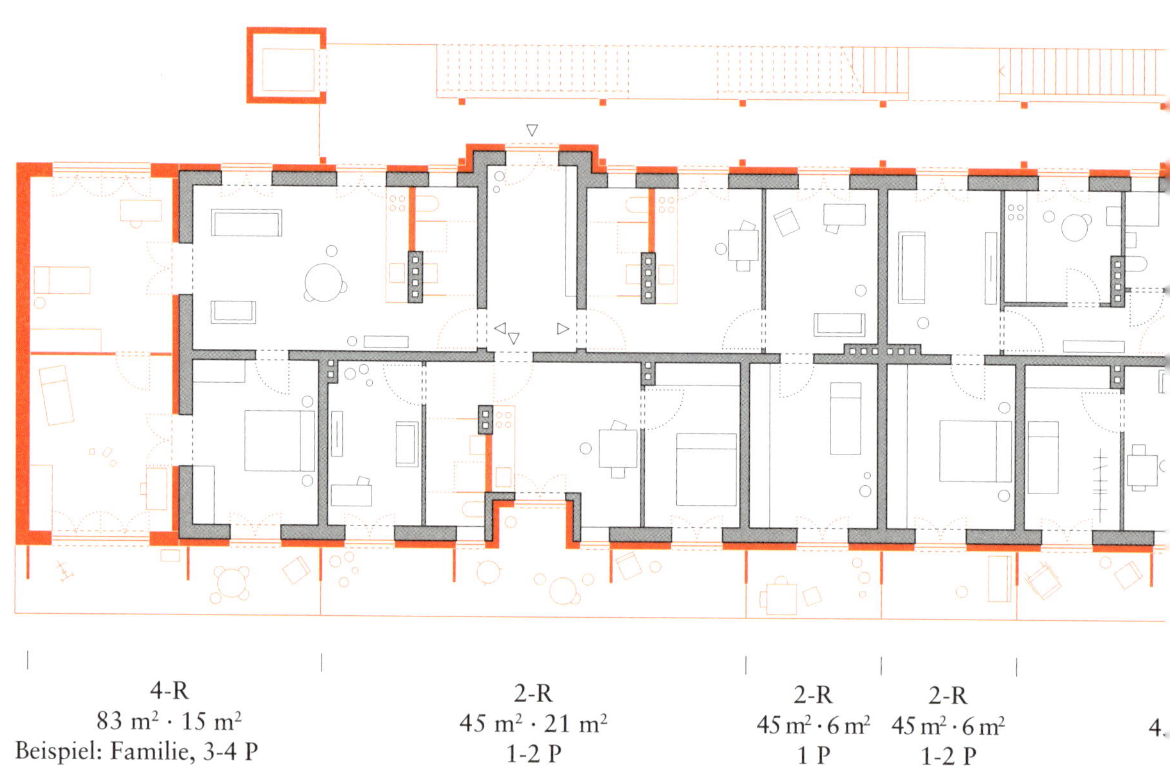

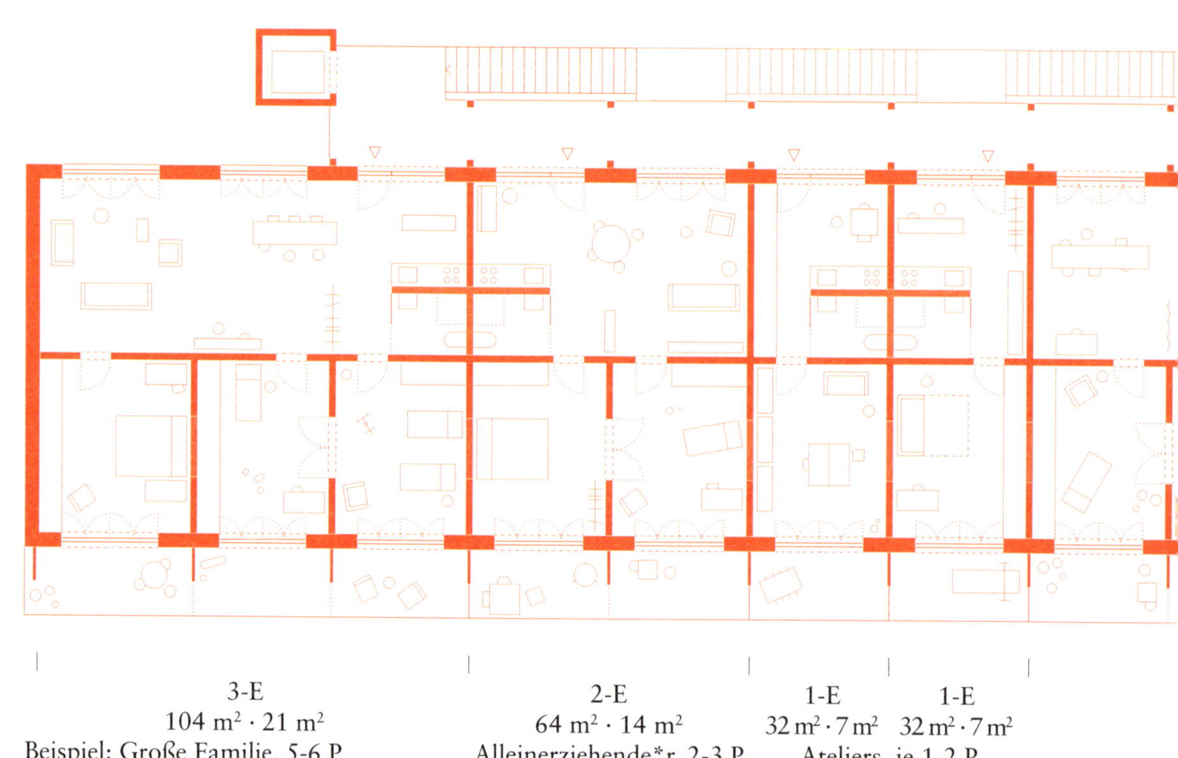

1:200

2 Geschoße, je

5 x	2-R	45 m²	·	6 m²
1 x	4-R	83 m²	·	15 m²

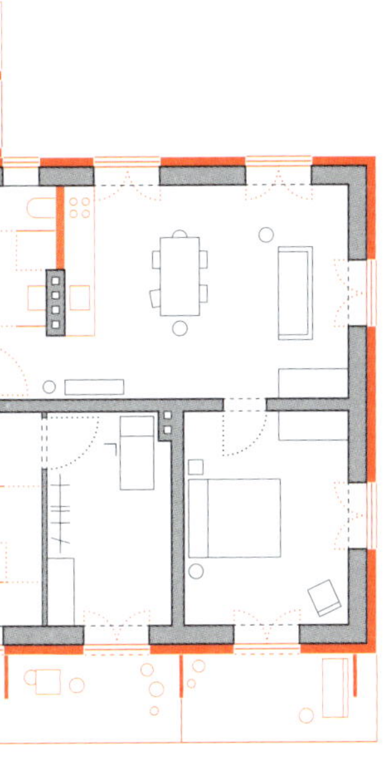

m²

2-R
45 m² · 6 m²
1-2 P

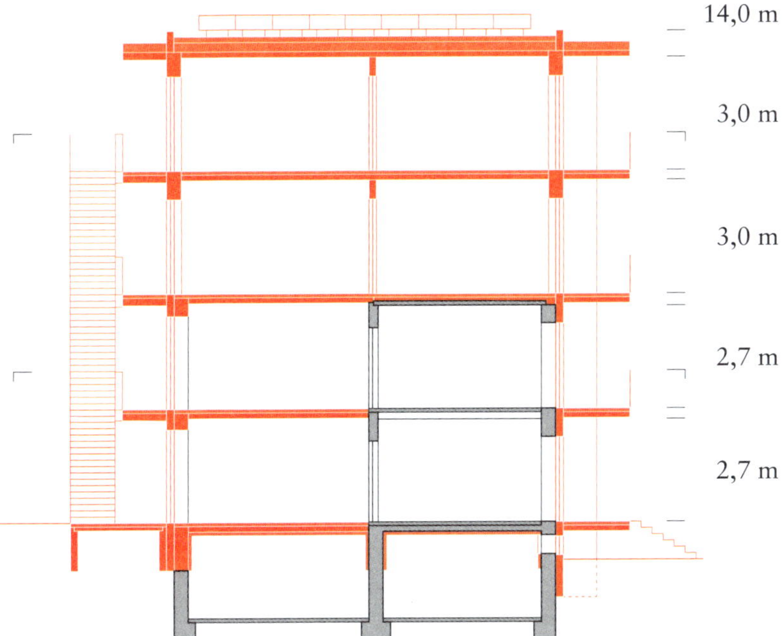

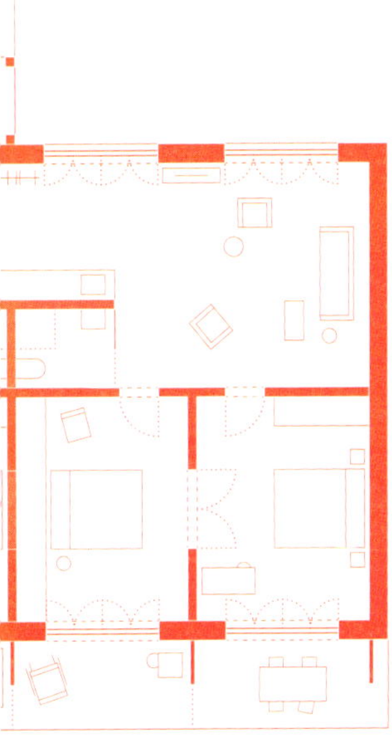

4-E
132 m² · 28 m²
WG, 4-7 P

+ 2 Geschoße, je

2 x	1-E	32 m²	·	7 m²
1 x	2-E	64 m²	·	14 m²
1 x	3-E	104 m²	·	21 m²
1 x	4-E	132 m²	·	28 m²

Typ C vor · während der Transformation

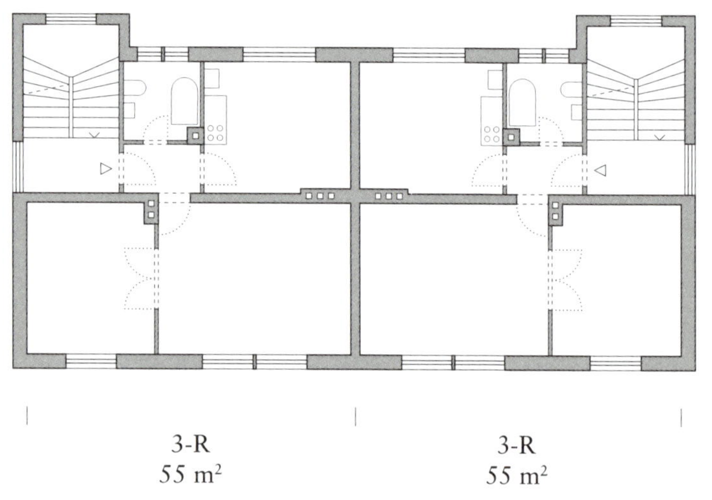

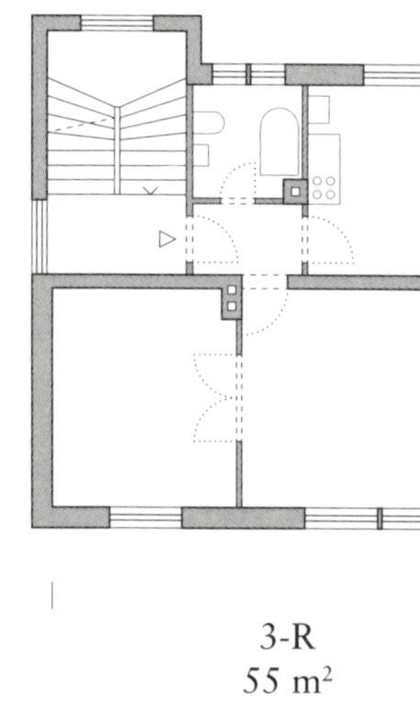

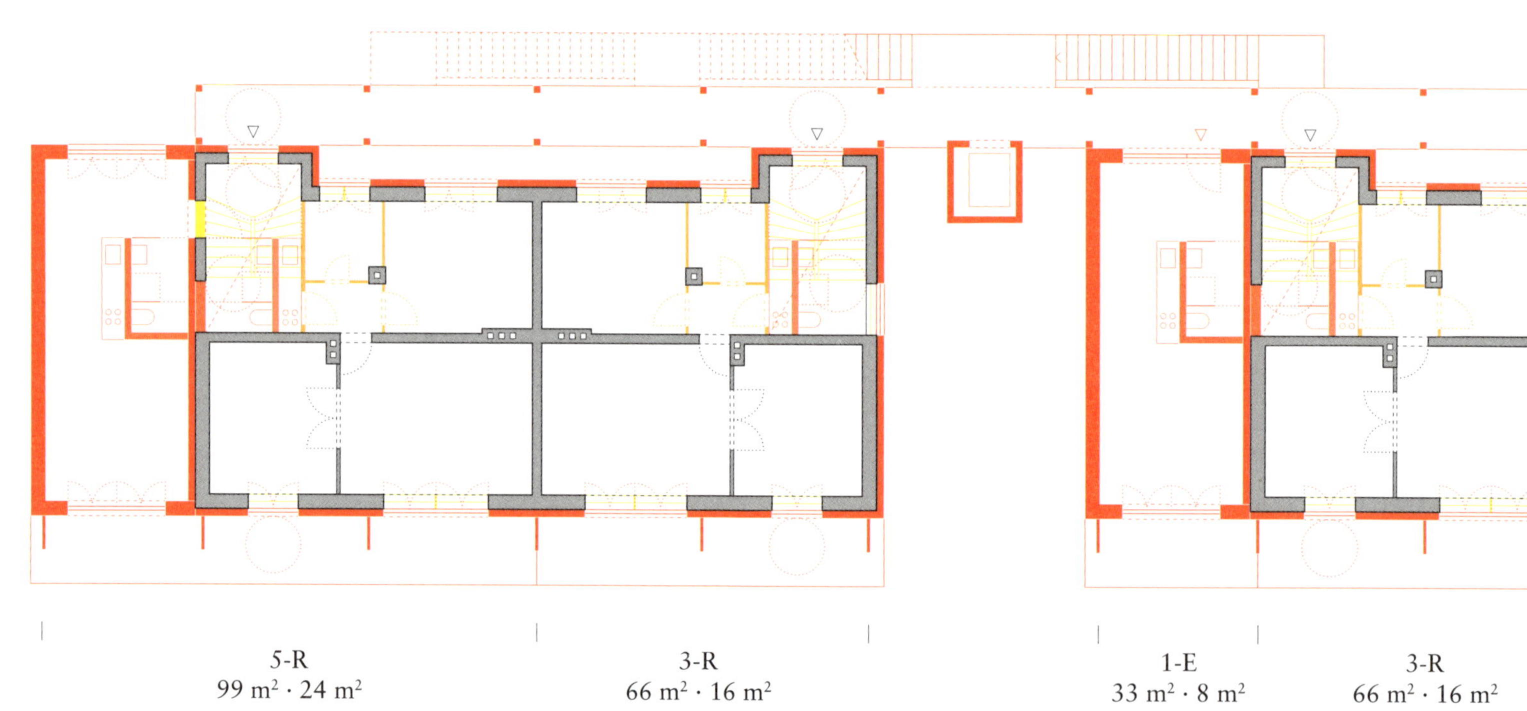

1:200

2 Geschoße, je

6 x 3-R 55 m²

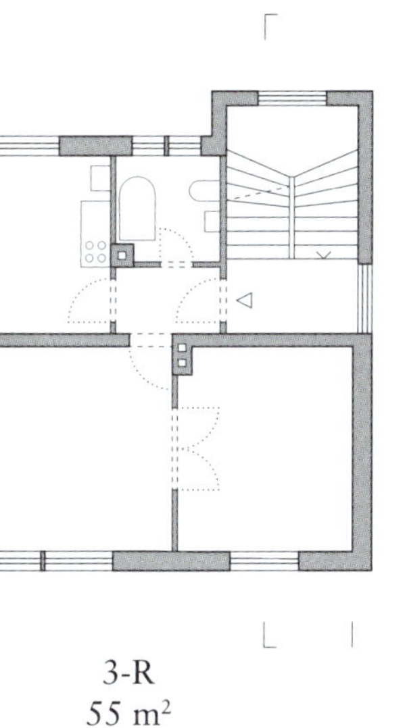

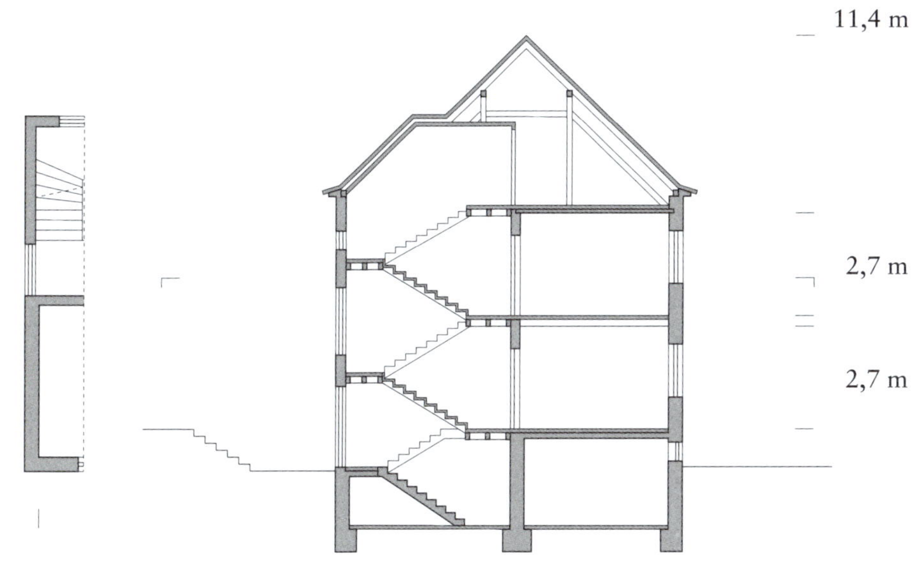

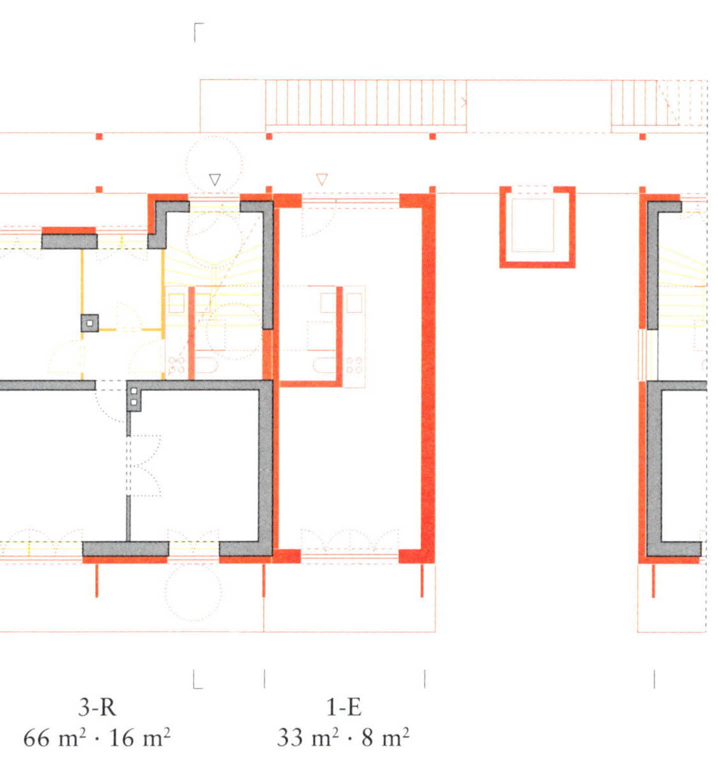

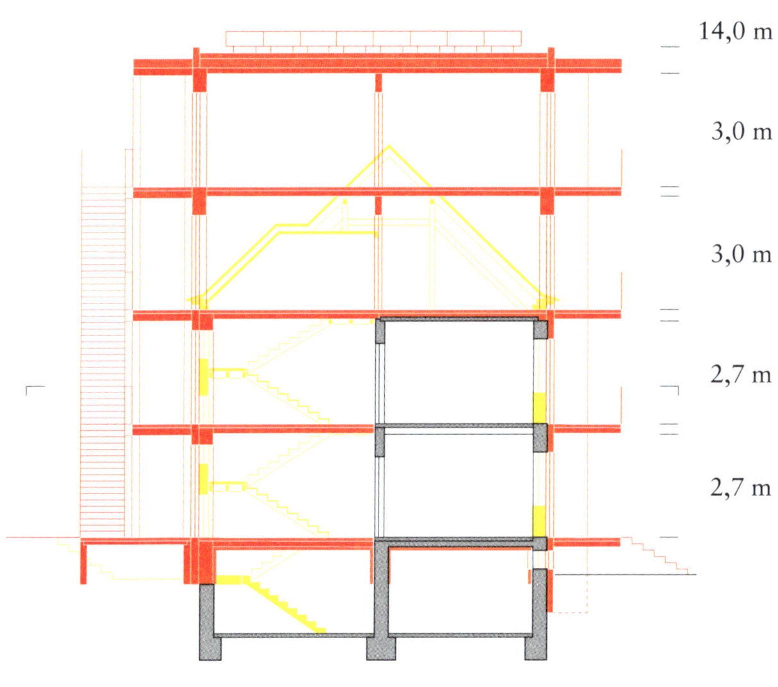

5 Gebäudegruppen (2–3 Gebäude), je
12 + 18 Wohnungen
660 + 1.460 m² Nutzfläche
18 + 40 Personen ø

Typ C infolge der Transformation, Aufstockung

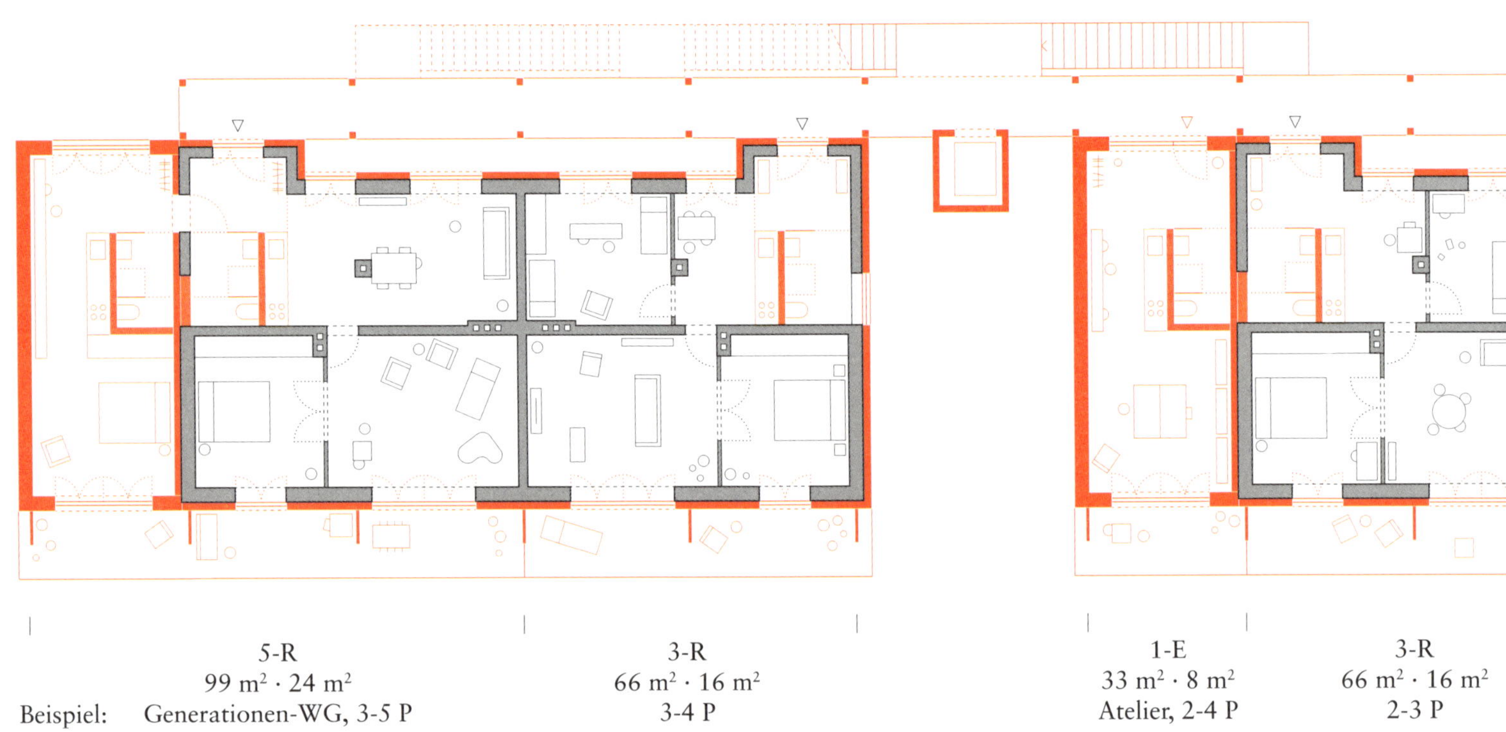

	5-R	3-R	1-E	3-R
	99 m^2 · 24 m^2	66 m^2 · 16 m^2	33 m^2 · 8 m^2	66 m^2 · 16 m^2
Beispiel:	Generationen-WG, 3-5 P	3-4 P	Atelier, 2-4 P	2-3 P

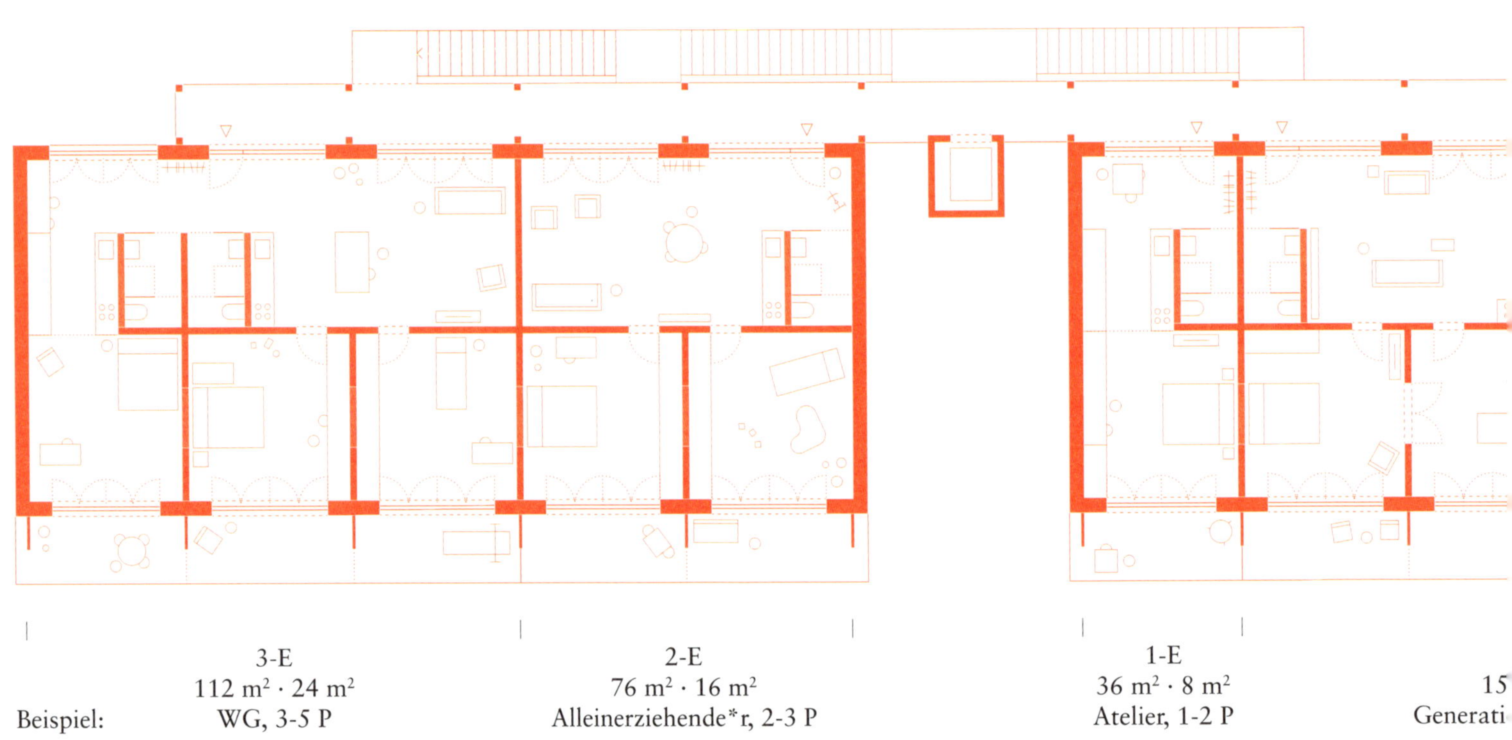

	3-E	2-E	1-E	15
	112 m^2 · 24 m^2	76 m^2 · 16 m^2	36 m^2 · 8 m^2	
Beispiel:	WG, 3-5 P	Alleinerziehende*r, 2-3 P	Atelier, 1-2 P	Generati

1:200

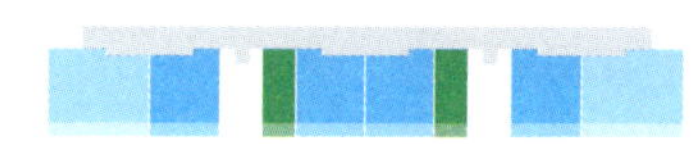

2 Geschoße, je

2 x	1-E	33 m²	· 8 m²
4 x	3-R	66 m²	· 16 m²
2 x	5-R	99 m²	· 24 m²

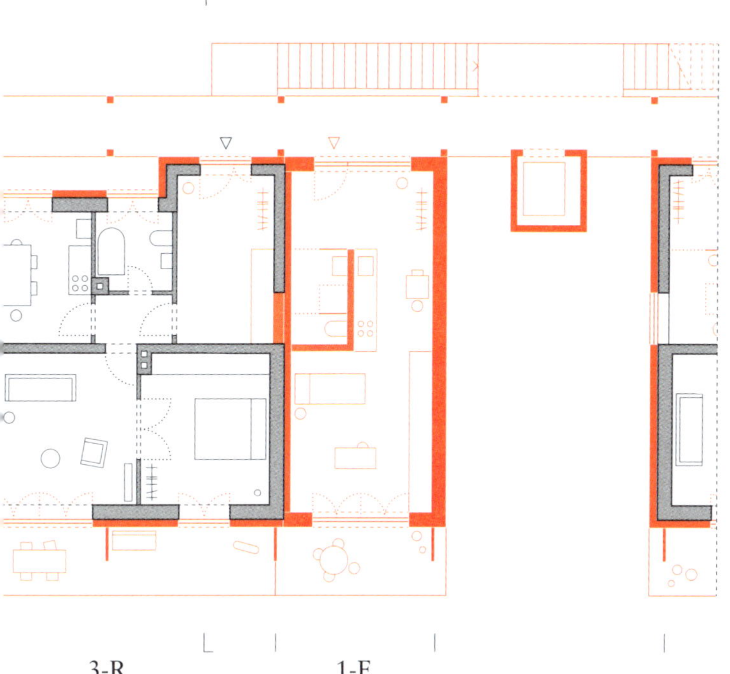

3-R
66 m² · 16 m²
1-2 P

1-E
33 m² · 8 m²
Atelier, 1 P

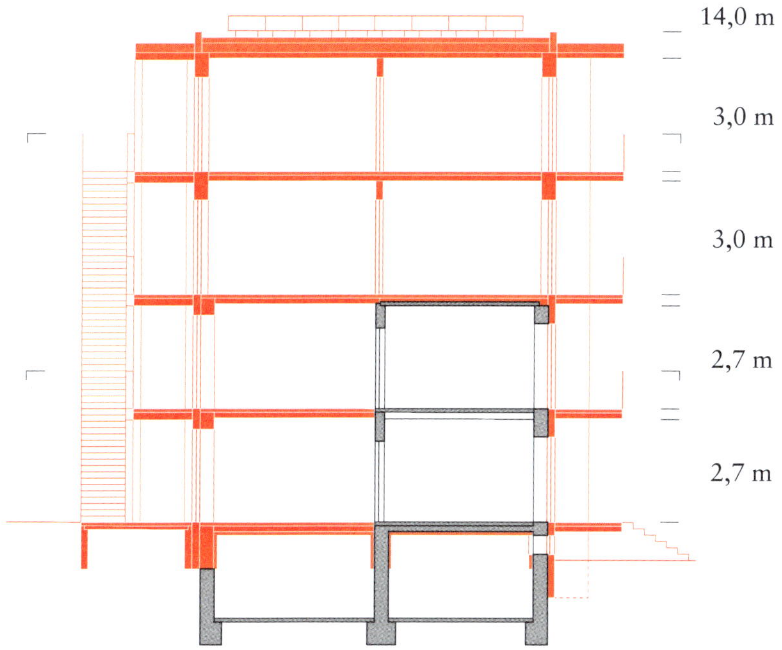

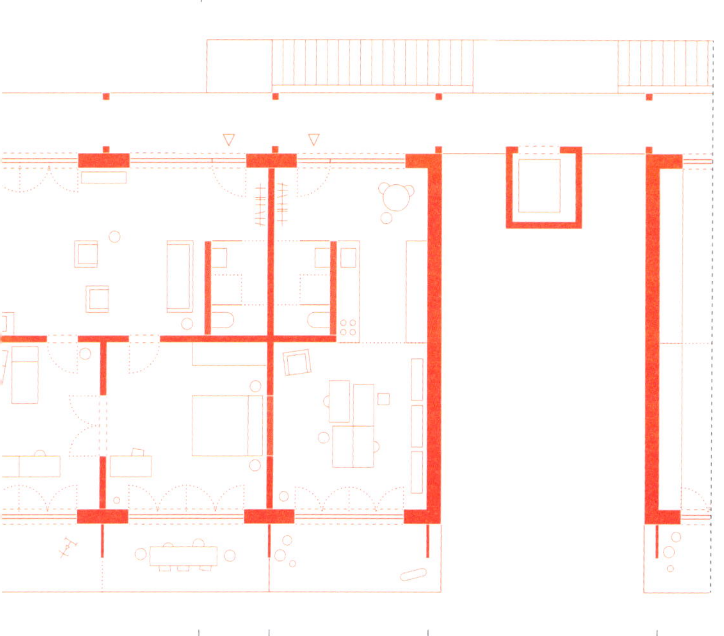

m²
, 5-7 P

1-E
36 m² · 8 m²
Pluseinheit

+ 2 Geschoße, je

2 x	1-E	36 m²	· 8 m²
2 x	2-E	76 m²	· 16 m²
2 x	3-E	112 m²	· 24 m²
1 x	4-E	152 m²	· 32 m²

Typ D vor · während der Transformation

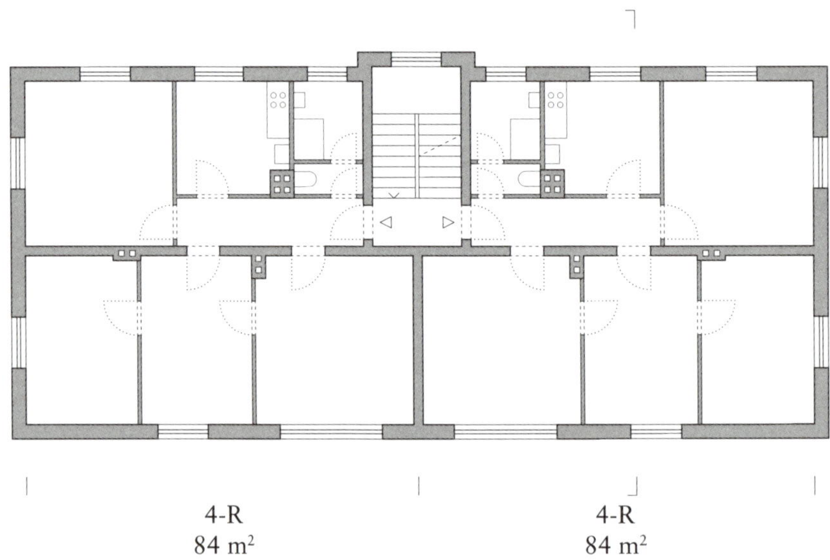

4-R
84 m²

4-R
84 m²

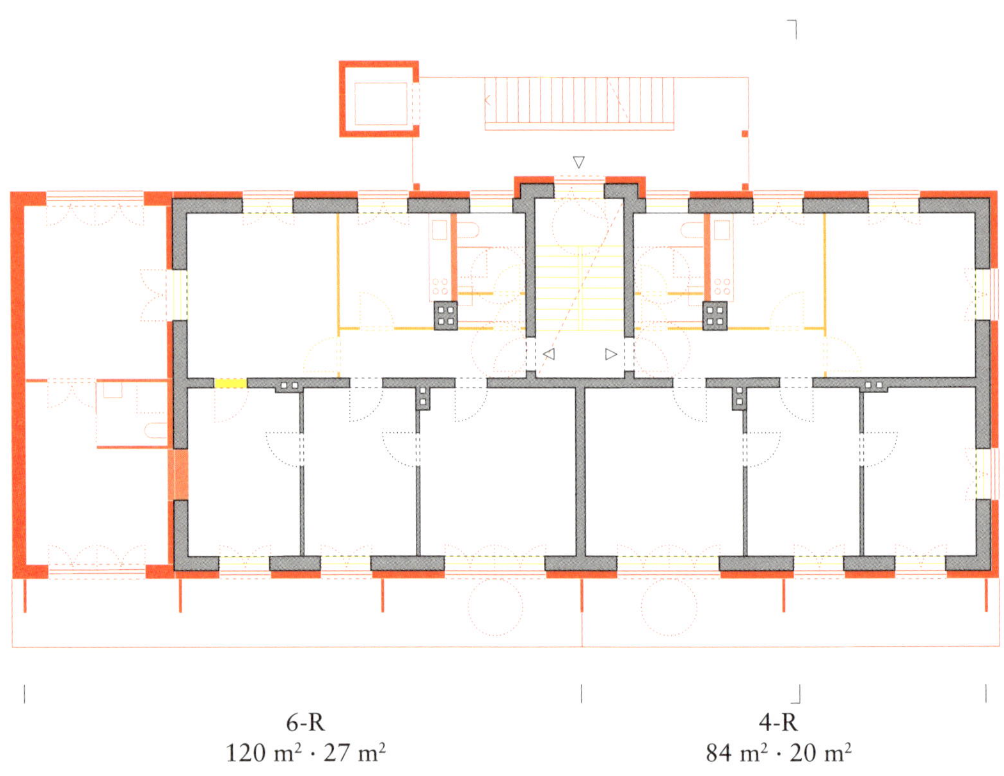

6-R
120 m² · 27 m²

4-R
84 m² · 20 m²

1:200

2 Geschoße, je

2 x 4-R 84 m²

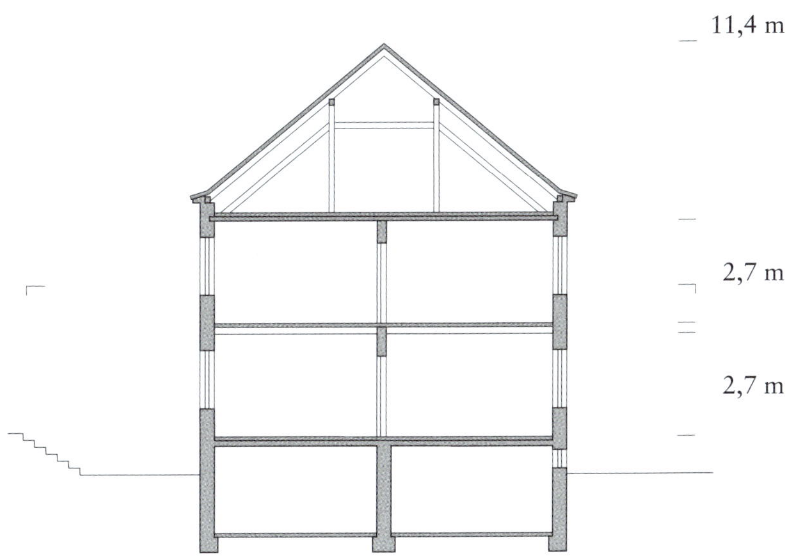

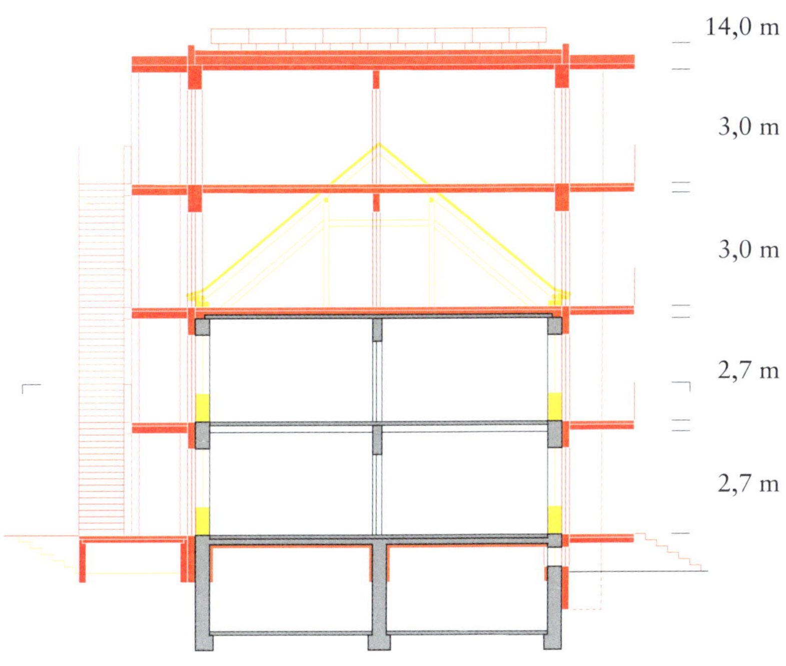

5 Gebäude, je
4 + 2 Wohnungen
340 + 540 m² Nutzfläche
9 + 15 Personen ø

Typ D infolge der Transformation, Aufstockung

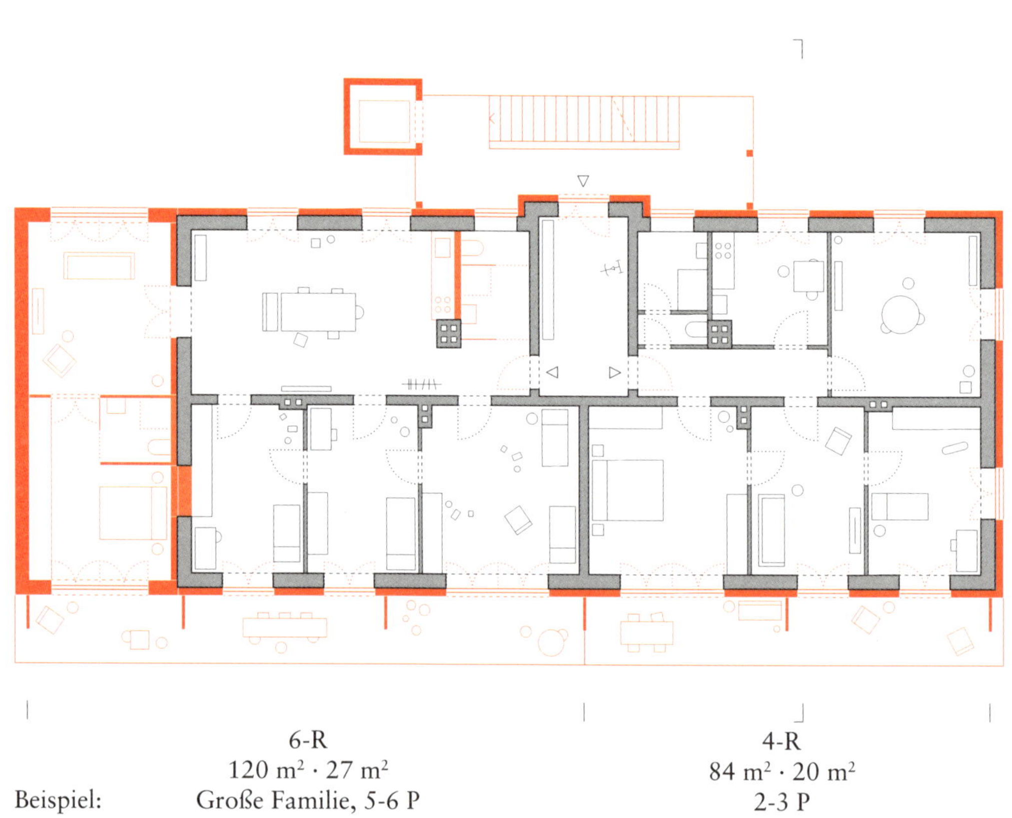

	6-R	4-R
	120 m² · 27 m²	84 m² · 20 m²
Beispiel:	Große Familie, 5-6 P	2-3 P

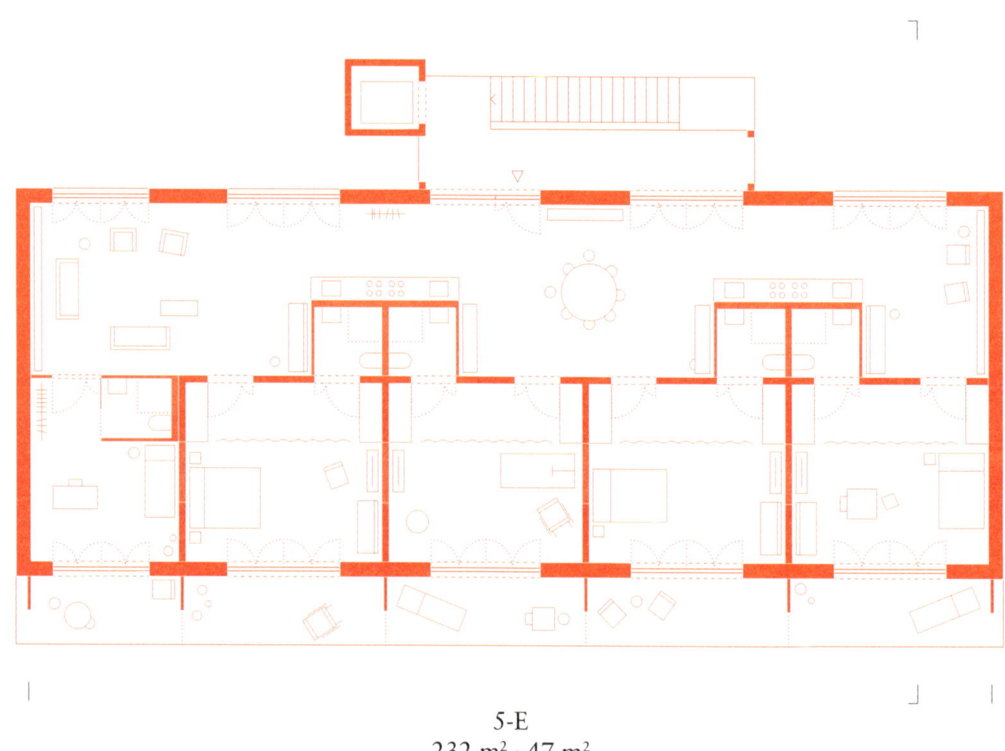

5-E
232 m² · 47 m²
Beispiel: Betreute WG, Pfleger*in und 4-7 P

1:200

2 Geschoße, je

1 x 4-R 84 m² · 20 m²
1 x 6-R 120 m² · 27 m²

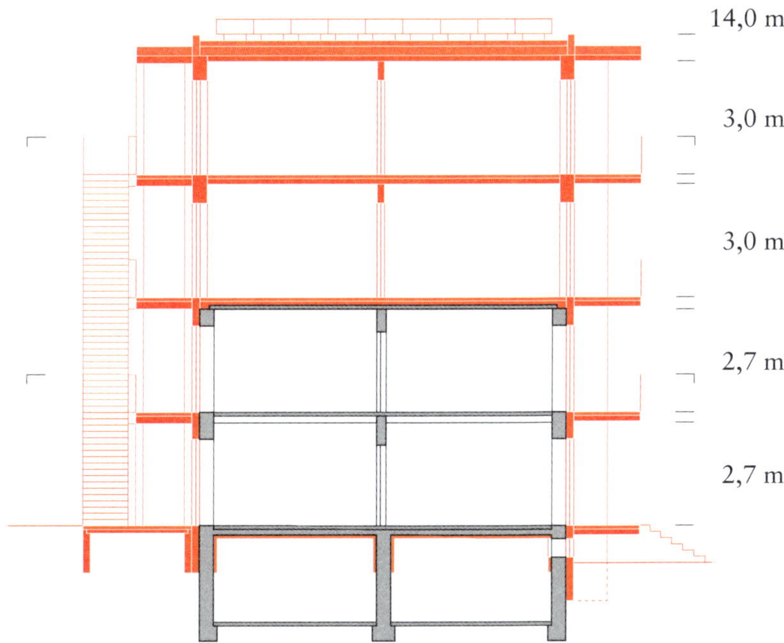

+ 2 Geschoße, je

1 x 5-E 232 m² · 47 m²

^ Vor der Transformation

∨ Infolge der Transformation

^ Aufstockung

∨ Erweiterung

Vertikal- und Horizontalschnitte

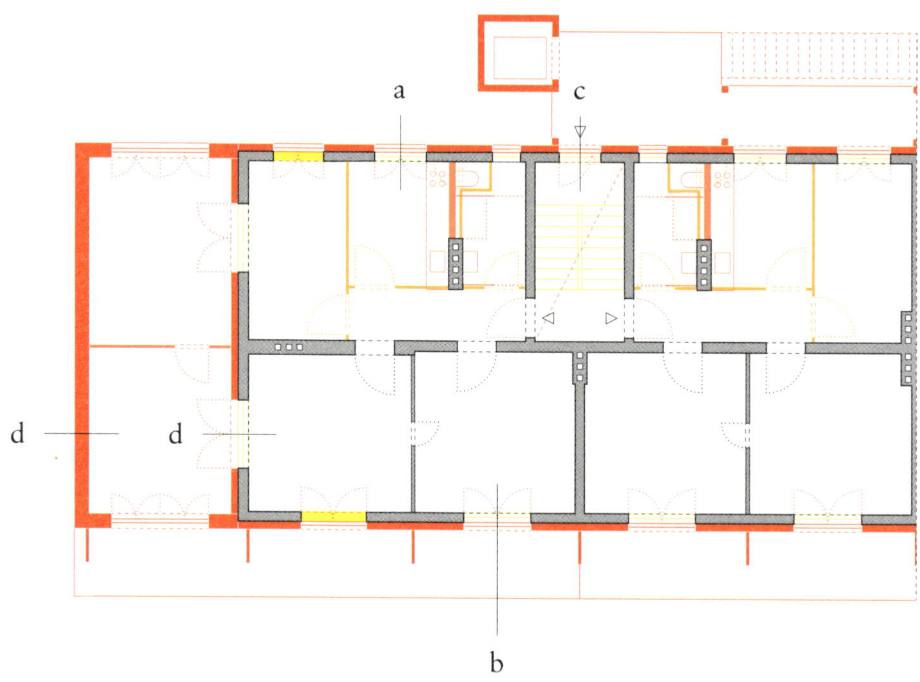

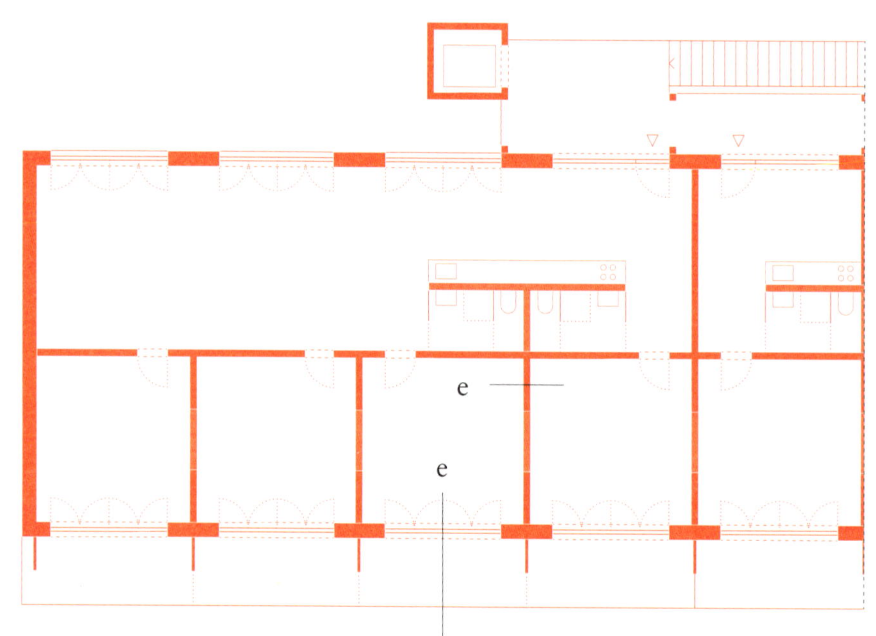

a Fassade
b Loggia
c Laubengang
d Erweiterung
e Aufstockung

Holz
Ziegel
Beton bewehrt
Beton unbewehrt
Dämmung weich
Dämmung hart
Schüttung
Putz

1:200

Detail, Ziegel und Holz
Konstruktion und Vorfertigung

Vorgefertigte Holzelemente
Seriell vorgefertigte, selbsttragende Holzrahmenelemente mit ökologischer Dämmung und bodentiefen Fenstern dämmen die bestehenden Außenwände und ersetzen dort Fenster und Parapete. Mit Brettsperrholzplatten als Seitenwand- und Deckenelemente bilden sie vorgefertigte Loggien, die gleichzeitig die Außenwände dämmen. In den Erweiterungen und Aufstockungen werden Holzrahmenelemente als Außenwände und Brettsperrholzplatten für Trennwände, Dach und vorgefertigte Bäder eingesetzt. Die Vorfertigung im Werk erhöht durch optimale Arbeitsbedingungen die Ausführungsqualität, reduziert die Bauzeit, minimiert Lärm- und Staubbelastung auf der Baustelle und begünstigt die Wiederverwendung.

Nachwachsende Rohstoffe
Holz speichert Kohlendioxid, das erst bei Verbrennung oder Verrottung wieder freigesetzt wird, und kann in nachhaltig bewirtschafteten Wäldern nachwachsen. Die Rahmenbauweise benötigt weniger Holz als die Massivbauweise und ist somit vergleichsweise ressourcenschonend. Holzoberflächen bleiben unbehandelt und vermeiden so jene Umweltbelastungen, die bei Oberflächenbehandlungen durch deren Produktion und im Zuge der Bewitterung durch deren Freisetzung in die Umwelt entstehen. Die Dämmung besteht aus nachwachsenden Rohstoffen wie Stroh, Flachs, Hanf, Wolle oder Zellulose. Holzrahmen- und Brettsperrholzwände werden auf der Rauminnenseite bei Bedarf mit Vorbauten versehen, um schallschutz- und brandschutztechnische Anforderungen zu erfüllen. Holz bleibt so weit wie technisch möglich sichtbar, um die Bauweise klar ersichtlich zu machen.

Notwendige nicht nachwachsende Rohstoffe
Die bestehende Decke über dem obersten Geschoß wurde als Dippelbaumdecke errichtet und wird durch Aufbeton zu einer Holz-Beton-Verbunddecke für die Aufstockungen darüber ertüchtigt. Bestehende, nicht barrierefreie Treppenläufe und Podeste werden durch Brettsperrholzdecken ersetzt, bisherige Stiegenhäuser dienen so als gemeinsamer Vorraum zwischen Laubengang und Wohnung. Die Laubengänge werden aus Brandschutzgründen in CO_2-reduziertem, rezykliertem Stahlbeton vorgesehen und ebenfalls vorgefertigt. Umweltbelastungen durch die Herstellung von Beton und Stahl werden so auf ein unbedingt notwendiges Minimum reduziert.

Optionale Verbesserungen in Wohnungen
In bestehenden Wohnungen werden auf Wunsch der Bewohner*innen Vorbauten an Wänden und Decken errichtet, um den Schallschutz zu verbessern. Optional werden Vorraum, Bad und WC barrierefrei erneuert und Küche und Zimmer zu einer Wohnküche verbunden.

Erneuerbare Energie
Bestehende Anschlüsse an Fernwärme, die eine noch größtenteils fossile, aber effiziente Wärmequelle darstellt, werden weiter genutzt. Die gedämmte Gebäudehülle ermöglicht, bestehende Hochtemperatur- durch energieeffizientere Niedrigtemperaturheizsysteme zu ersetzen. Dafür werden Heizrohre im Putz bestehender Ziegelwände sowie im Estrich von Aufstockungen und Erweiterungen verlegt. PV-Elemente aus umweltschonender, fairer Produktion auf den Dächern erzeugen den benötigten Strom, auch zur Warmwassererzeugung in E-Boilern.

Holzschutz und Identifikation
Loggien verfügen über Seitenwände aus Brettsperrholz, die windgeschützte Nischen bilden und zurückversetzt sind, um das Holz vor Witterung zu schützen. Loggien und Laubengänge beschatten bei steiler Sonneneinstrahlung die Fassade. Außen liegende Lamellenraffstores bieten zusätzlichen Sonnenschutz. Unbehandelte Holzfassaden schützen die darunterliegenden Konstruktionen und bestehen aus hinterlüfteten Holzlatten, die durch Luftzug trocknen, einzeln ausgetauscht werden können und die Konstruktion langlebiger machen. Durch Sonne und Witterung vergrauen sie und bieten so natürlichen Holzschutz. Dieses sich langsam verändernde, aber wiedererkennbare Erscheinungsbild stärkt die Identifikation mit den Wohngebäuden.

Fassade

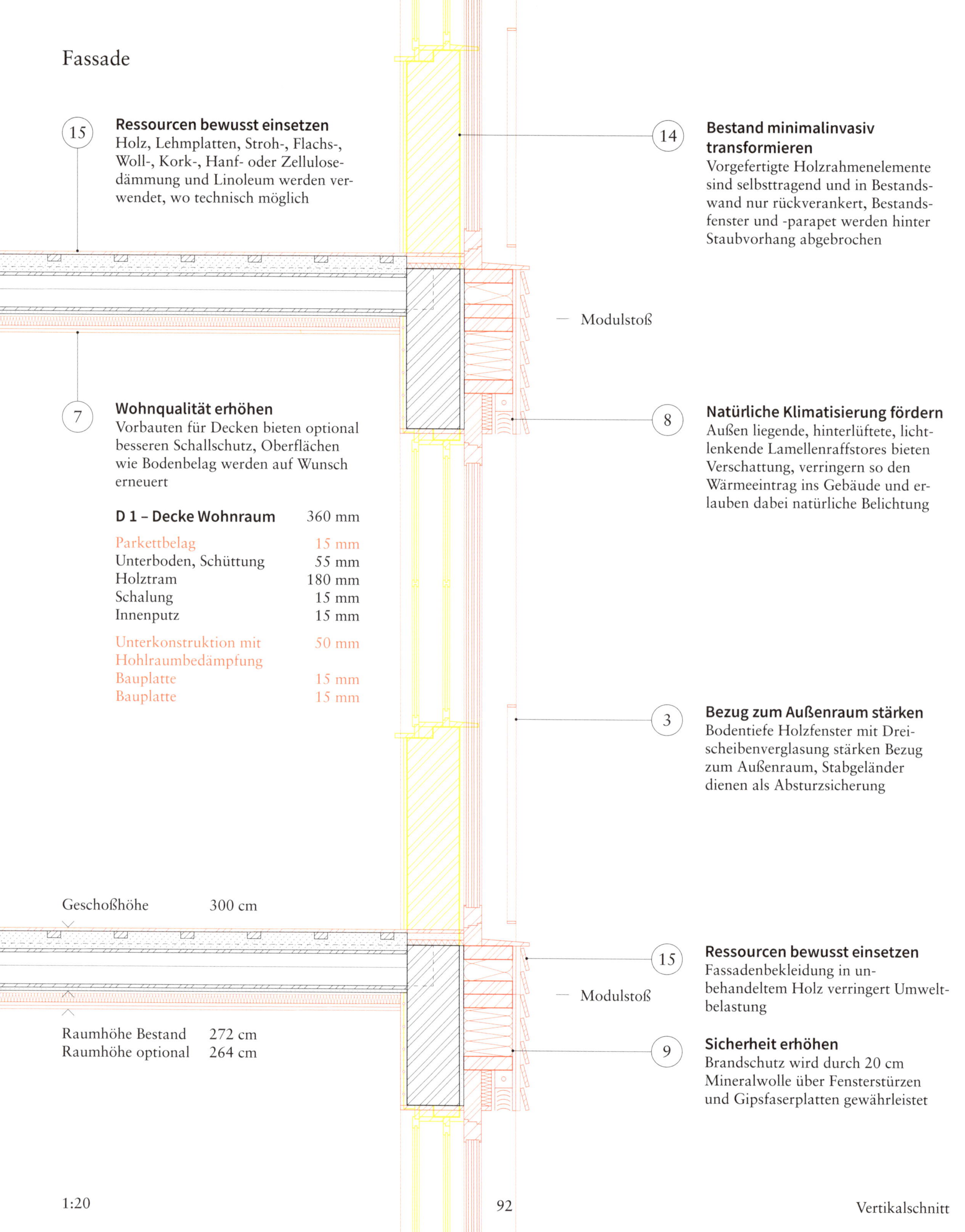

15
Ressourcen bewusst einsetzen
Holz, Lehmplatten, Stroh-, Flachs-, Woll-, Kork-, Hanf- oder Zellulosedämmung und Linoleum werden verwendet, wo technisch möglich
14
Bestand minimalinvasiv transformieren
Vorgefertigte Holzrahmenelemente sind selbsttragend und in Bestandswand nur rückverankert, Bestandsfenster und -parapet werden hinter Staubvorhang abgebrochen
— Modulstoß
7
Wohnqualität erhöhen
Vorbauten für Decken bieten optional besseren Schallschutz, Oberflächen wie Bodenbelag werden auf Wunsch erneuert
8
Natürliche Klimatisierung fördern
Außen liegende, hinterlüftete, lichtlenkende Lamellenraffstores bieten Verschattung, verringern so den Wärmeeintrag ins Gebäude und erlauben dabei natürliche Belichtung
D 1 – Decke Wohnraum 360 mm
Parkettbelag 15 mm
Unterboden, Schüttung 55 mm
Holztram 180 mm
Schalung 15 mm
Innenputz 15 mm
Unterkonstruktion mit Hohlraumbedämpfung 50 mm
Bauplatte 15 mm
Bauplatte 15 mm
3
Bezug zum Außenraum stärken
Bodentiefe Holzfenster mit Dreischeibenverglasung stärken Bezug zum Außenraum, Stabgeländer dienen als Absturzsicherung
Geschoßhöhe 300 cm
15
Ressourcen bewusst einsetzen
Fassadenbekleidung in unbehandeltem Holz verringert Umweltbelastung
— Modulstoß
Raumhöhe Bestand 272 cm
Raumhöhe optional 264 cm
9
Sicherheit erhöhen
Brandschutz wird durch 20 cm Mineralwolle über Fensterstürzen und Gipsfaserplatten gewährleistet
1:20
Vertikalschnitt

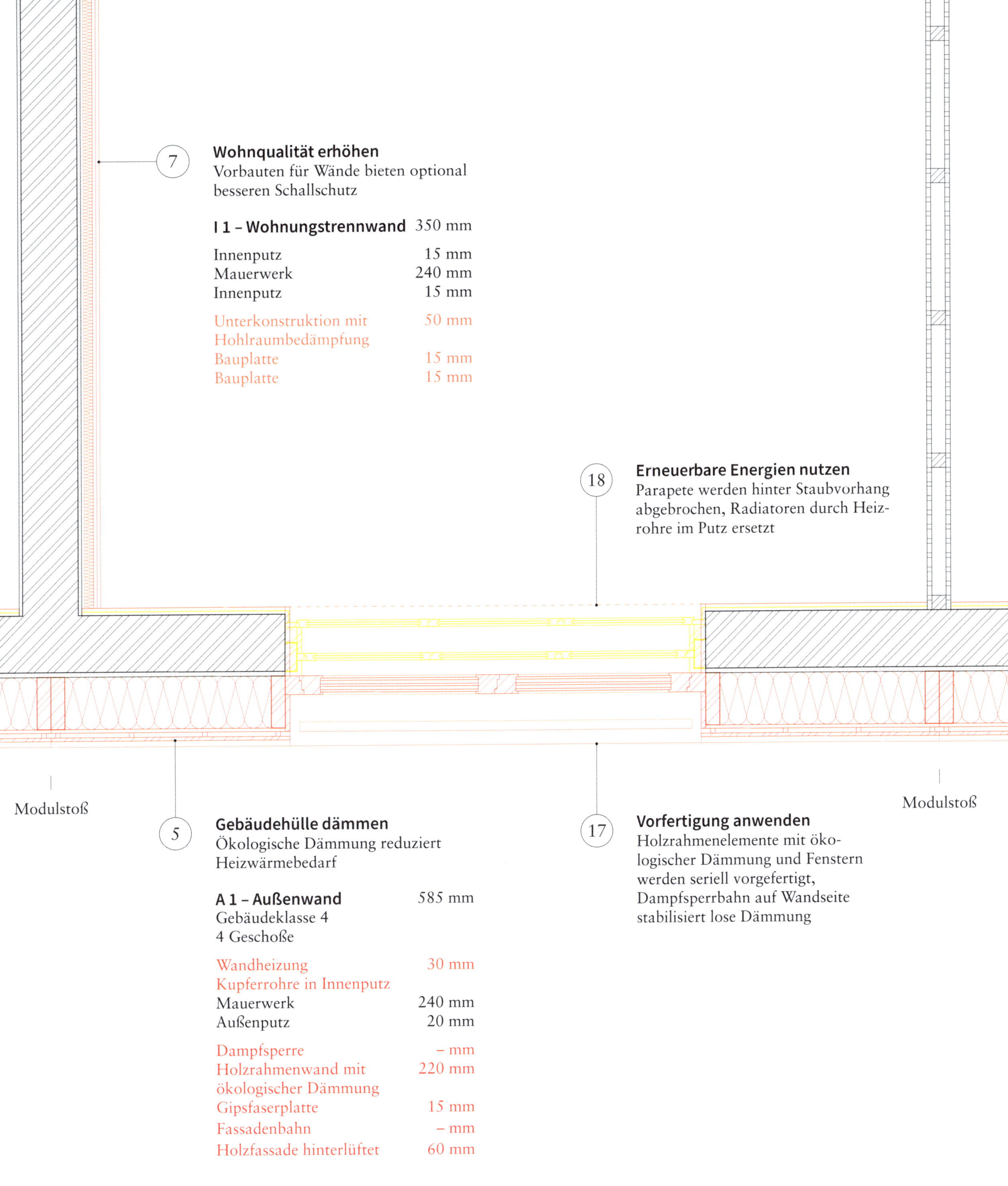

Horizontalschnitt

Loggia

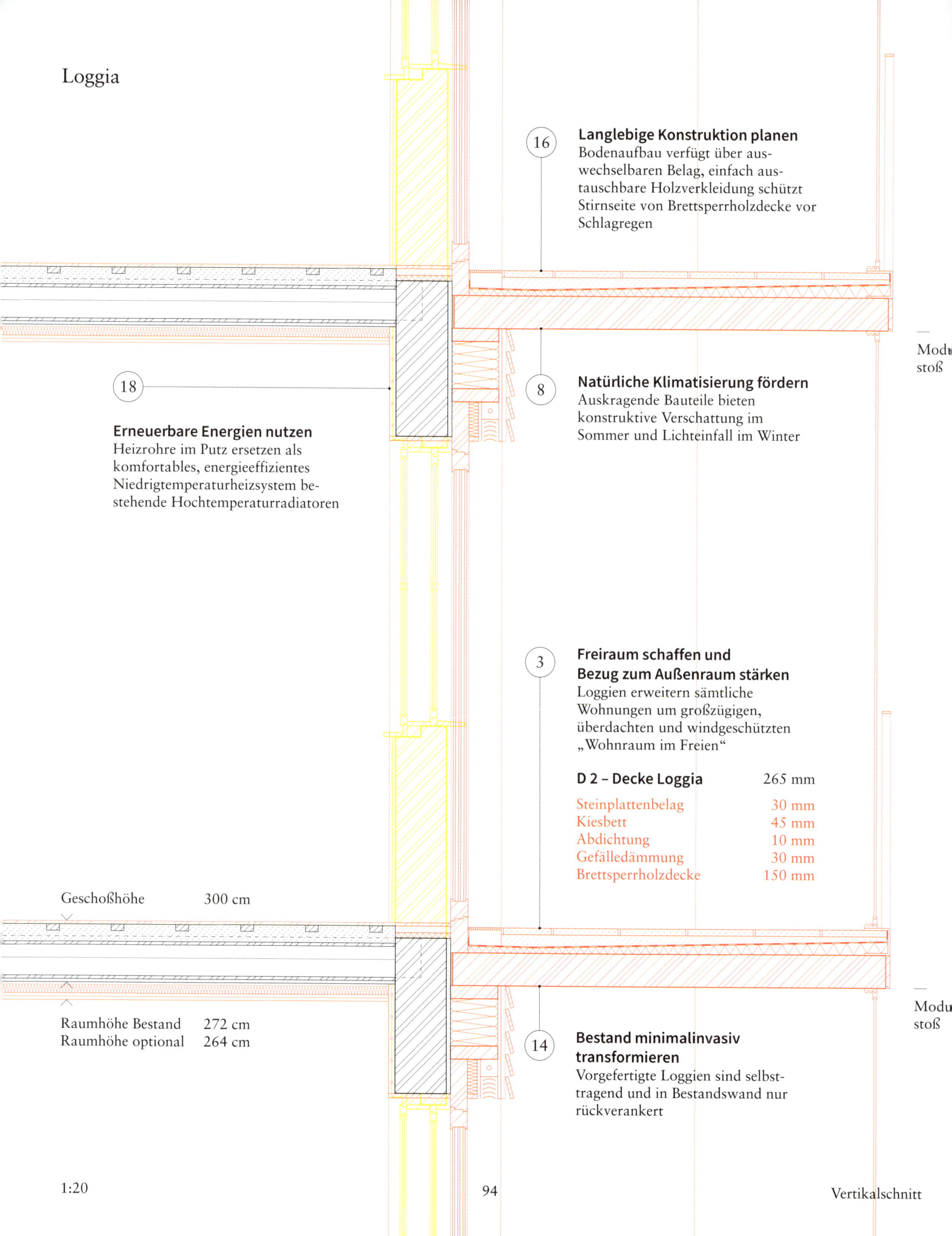
16
Langlebige Konstruktion planen
Bodenaufbau verfügt über auswechselbaren Belag, einfach austauschbare Holzverkleidung schützt Stirnseite von Brettsperrholzdecke vor Schlagregen
Modulstoß
18
Erneuerbare Energien nutzen
Heizrohre im Putz ersetzen als komfortables, energieeffizientes Niedrigtemperaturheizsystem bestehende Hochtemperaturradiatoren
8
Natürliche Klimatisierung fördern
Auskragende Bauteile bieten konstruktive Verschattung im Sommer und Lichteinfall im Winter
3
Freiraum schaffen und Bezug zum Außenraum stärken
Loggien erweitern sämtliche Wohnungen um großzügigen, überdachten und windgeschützten „Wohnraum im Freien“
D 2 – Decke Loggia 265 mm
Steinplattenbelag 30 mm
Kiesbett 45 mm
Abdichtung 10 mm
Gefälledämmung 30 mm
Brettsperrholzdecke 150 mm
Geschoßhöhe 300 cm
Raumhöhe Bestand 272 cm
Raumhöhe optional 264 cm
Modulstoß
14
Bestand minimalinvasiv transformieren
Vorgefertigte Loggien sind selbsttragend und in Bestandswand nur rückverankert
1:20

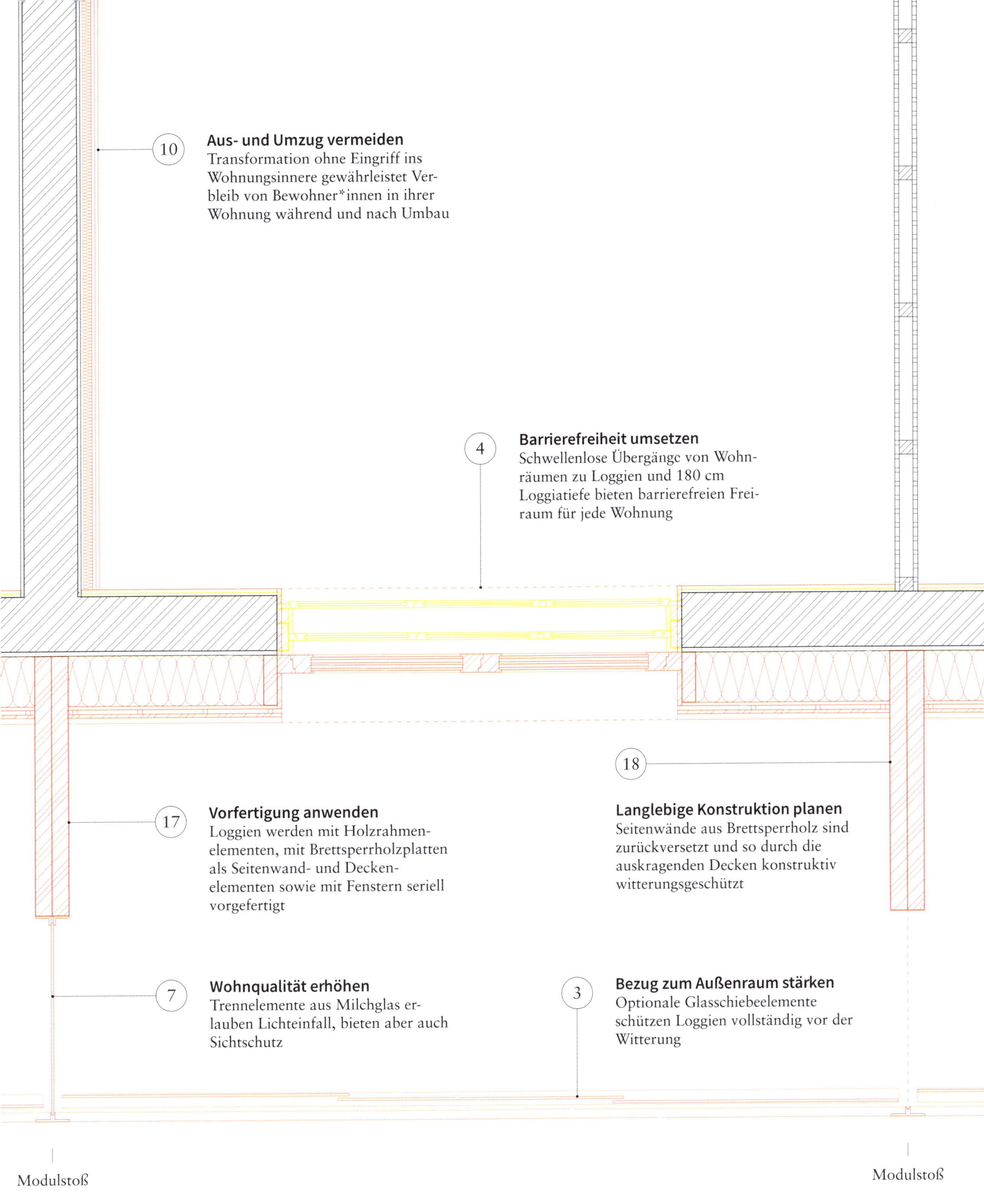

Horizontalschnitt

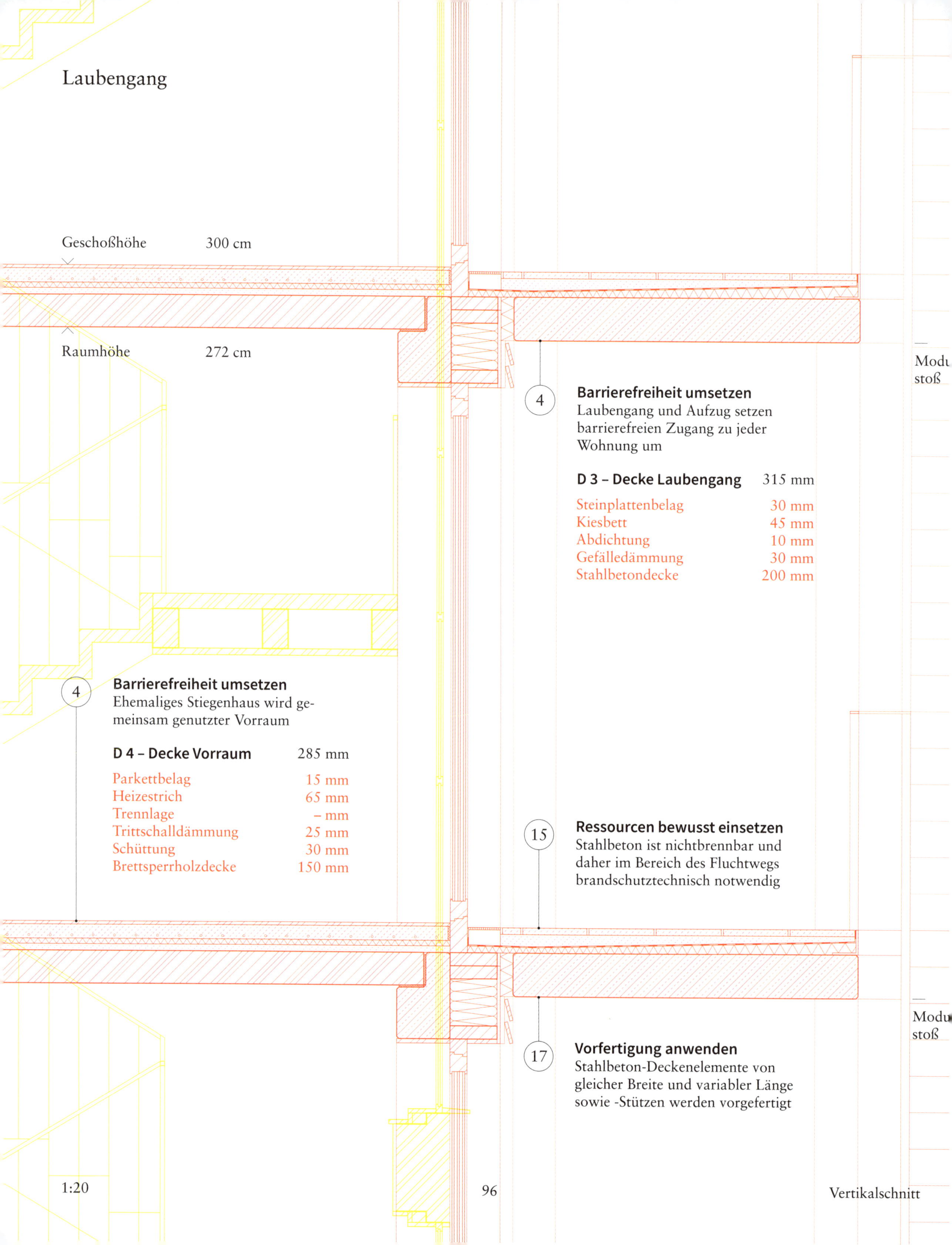

Laubengang

Geschoßhöhe 300 cm

Raumhöhe 272 cm

Barrierefreiheit umsetzen
Laubengang und Aufzug setzen barrierefreien Zugang zu jeder Wohnung um

D 3 – Decke Laubengang	315 mm
Steinplattenbelag	30 mm
Kiesbett	45 mm
Abdichtung	10 mm
Gefälledämmung	30 mm
Stahlbetondecke	200 mm

Barrierefreiheit umsetzen
Ehemaliges Stiegenhaus wird gemeinsam genutzter Vorraum

D 4 – Decke Vorraum	285 mm
Parkettbelag	15 mm
Heizestrich	65 mm
Trennlage	– mm
Trittschalldämmung	25 mm
Schüttung	30 mm
Brettsperrholzdecke	150 mm

Ressourcen bewusst einsetzen
Stahlbeton ist nichtbrennbar und daher im Bereich des Fluchtwegs brandschutztechnisch notwendig

Vorfertigung anwenden
Stahlbeton-Deckenelemente von gleicher Breite und variabler Länge sowie -Stützen werden vorgefertigt

1:20

Vertikalschnitt

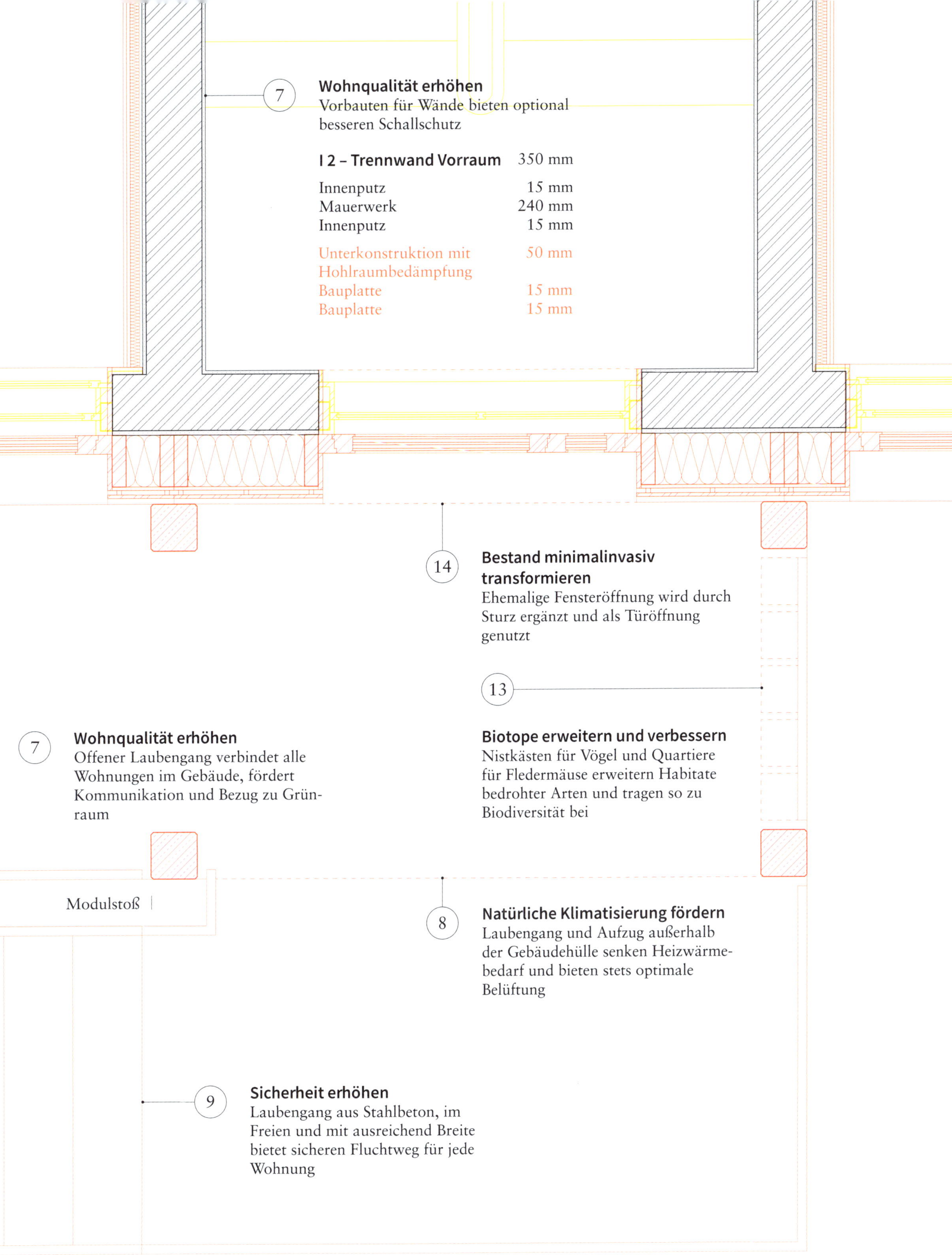
7
Wohnqualität erhöhen
Vorbauten für Wände bieten optional besseren Schallschutz
I 2 – Trennwand Vorraum 350 mm
Innenputz 15 mm
Mauerwerk 240 mm
Innenputz 15 mm
Unterkonstruktion mit Hohlraumbedämpfung 50 mm
Bauplatte 15 mm
Bauplatte 15 mm
14
Bestand minimalinvasiv transformieren
Ehemalige Fensteröffnung wird durch Sturz ergänzt und als Türöffnung genutzt
13
Biotope erweitern und verbessern
Nistkästen für Vögel und Quartiere für Fledermäuse erweitern Habitate bedrohter Arten und tragen so zu Biodiversität bei
7
Wohnqualität erhöhen
Offener Laubengang verbindet alle Wohnungen im Gebäude, fördert Kommunikation und Bezug zu Grünraum
Modulstoß
8
Natürliche Klimatisierung fördern
Laubengang und Aufzug außerhalb der Gebäudehülle senken Heizwärmebedarf und bieten stets optimale Belüftung
9
Sicherheit erhöhen
Laubengang aus Stahlbeton, im Freien und mit ausreichend Breite bietet sicheren Fluchtweg für jede Wohnung

Erweiterung

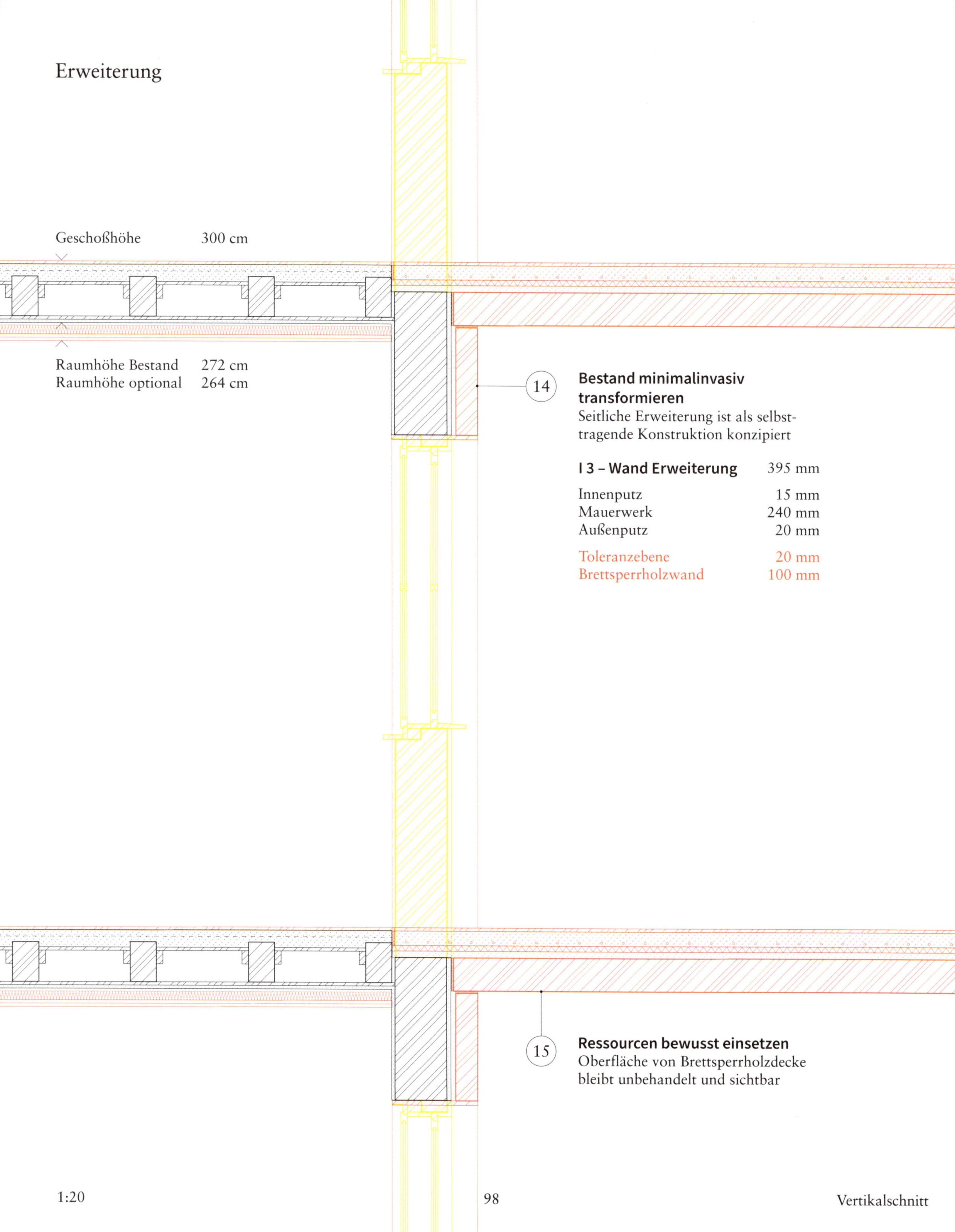

Bestand minimalinvasiv transformieren
Seitliche Erweiterung ist als selbsttragende Konstruktion konzipiert

I 3 – Wand Erweiterung	395 mm
Innenputz	15 mm
Mauerwerk	240 mm
Außenputz	20 mm
Toleranzebene	20 mm
Brettsperrholzwand	100 mm

Ressourcen bewusst einsetzen
Oberfläche von Brettsperrholzdecke bleibt unbehandelt und sichtbar

1:20

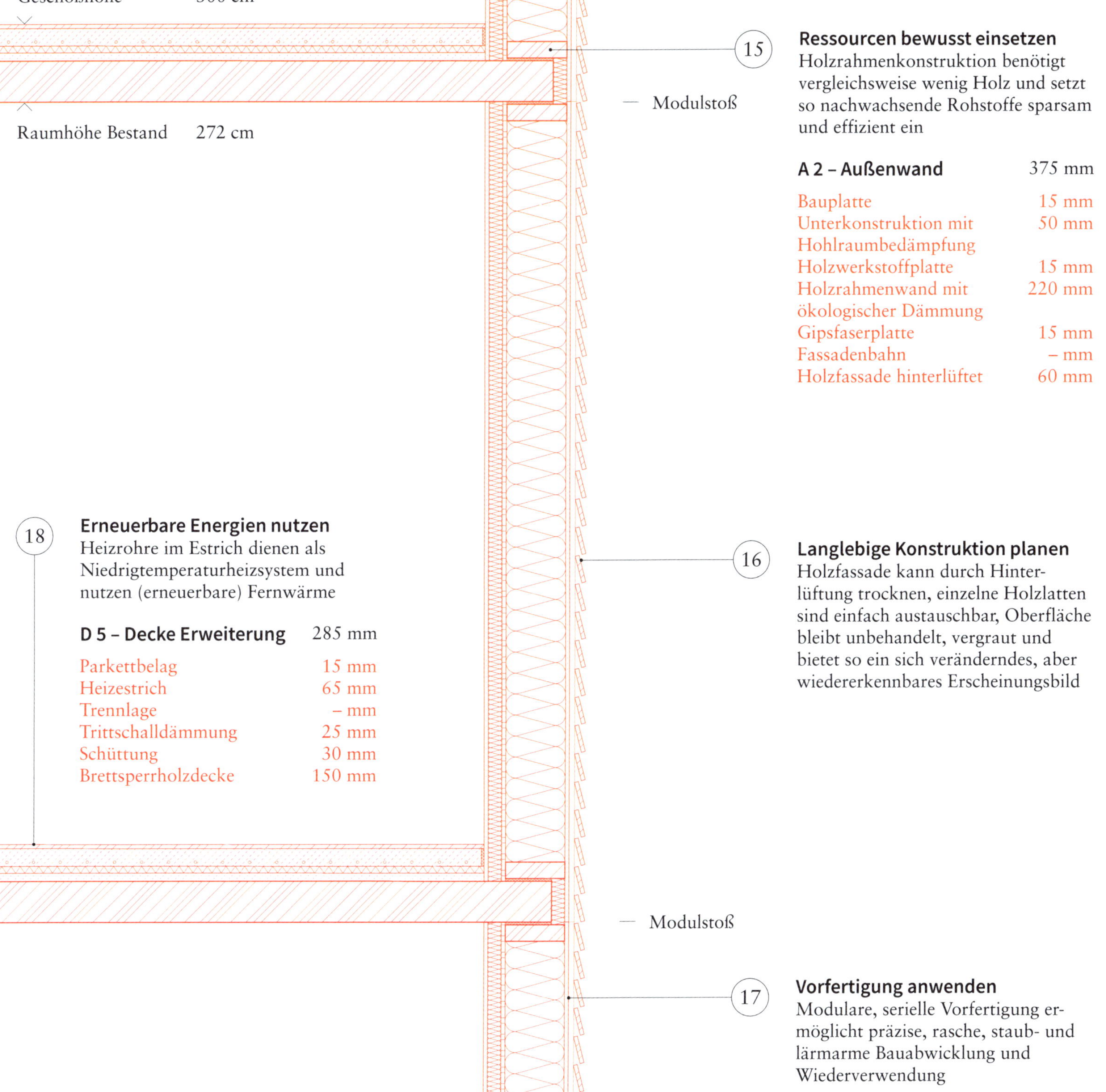

Ressourcen bewusst einsetzen
Holzrahmenkonstruktion benötigt vergleichsweise wenig Holz und setzt so nachwachsende Rohstoffe sparsam und effizient ein

A 2 – Außenwand	375 mm
Bauplatte	15 mm
Unterkonstruktion mit Hohlraumbedämpfung	50 mm
Holzwerkstoffplatte	15 mm
Holzrahmenwand mit ökologischer Dämmung	220 mm
Gipsfaserplatte	15 mm
Fassadenbahn	– mm
Holzfassade hinterlüftet	60 mm

Erneuerbare Energien nutzen
Heizrohre im Estrich dienen als Niedrigtemperaturheizsystem und nutzen (erneuerbare) Fernwärme

D 5 – Decke Erweiterung	285 mm
Parkettbelag	15 mm
Heizestrich	65 mm
Trennlage	– mm
Trittschalldämmung	25 mm
Schüttung	30 mm
Brettsperrholzdecke	150 mm

Langlebige Konstruktion planen
Holzfassade kann durch Hinterlüftung trocknen, einzelne Holzlatten sind einfach austauschbar, Oberfläche bleibt unbehandelt, vergraut und bietet so ein sich veränderndes, aber wiedererkennbares Erscheinungsbild

Vorfertigung anwenden
Modulare, serielle Vorfertigung ermöglicht präzise, rasche, staub- und lärmarme Bauabwicklung und Wiederverwendung

Vertikalschnitt

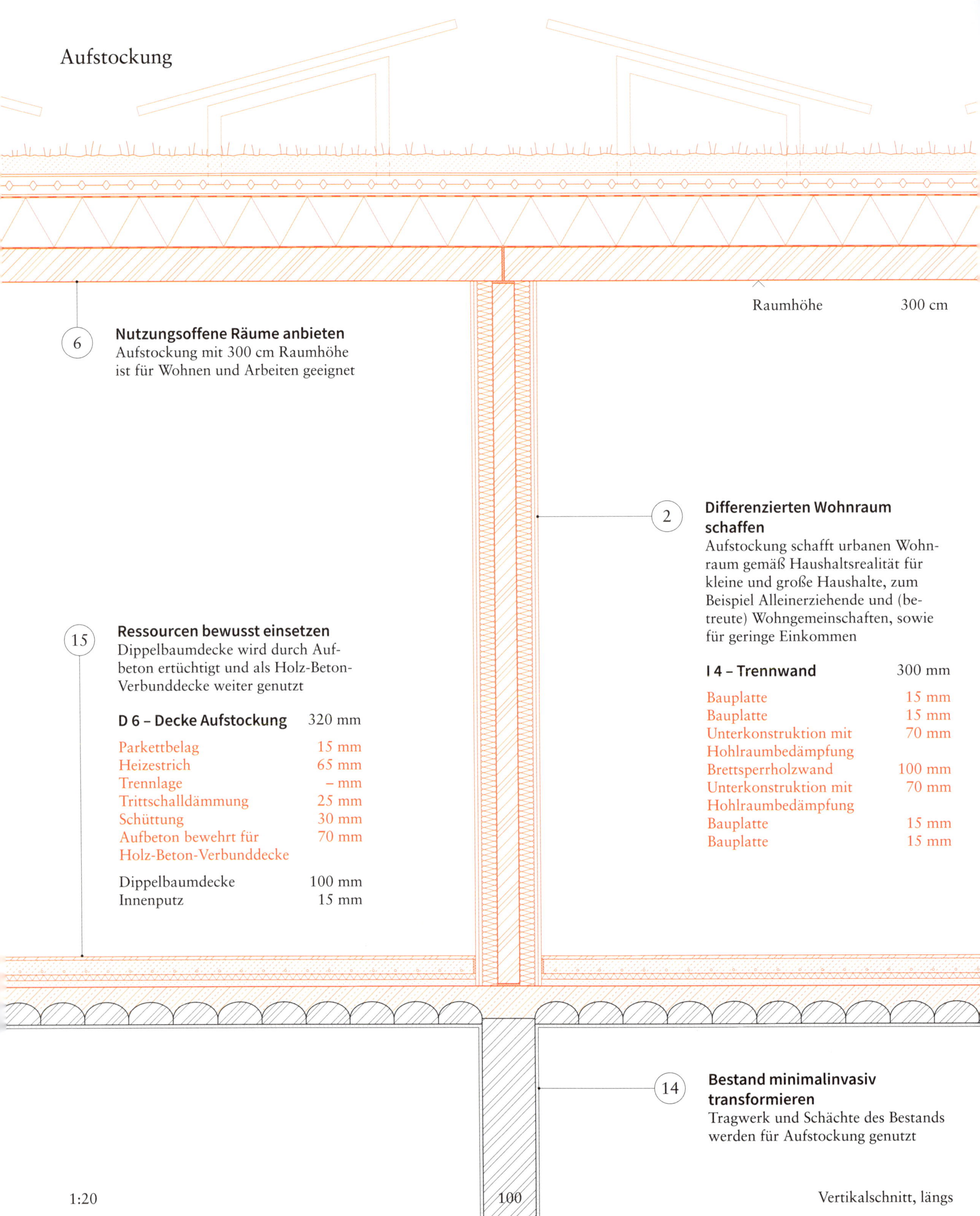

1:20

Vertikalschnitt, längs

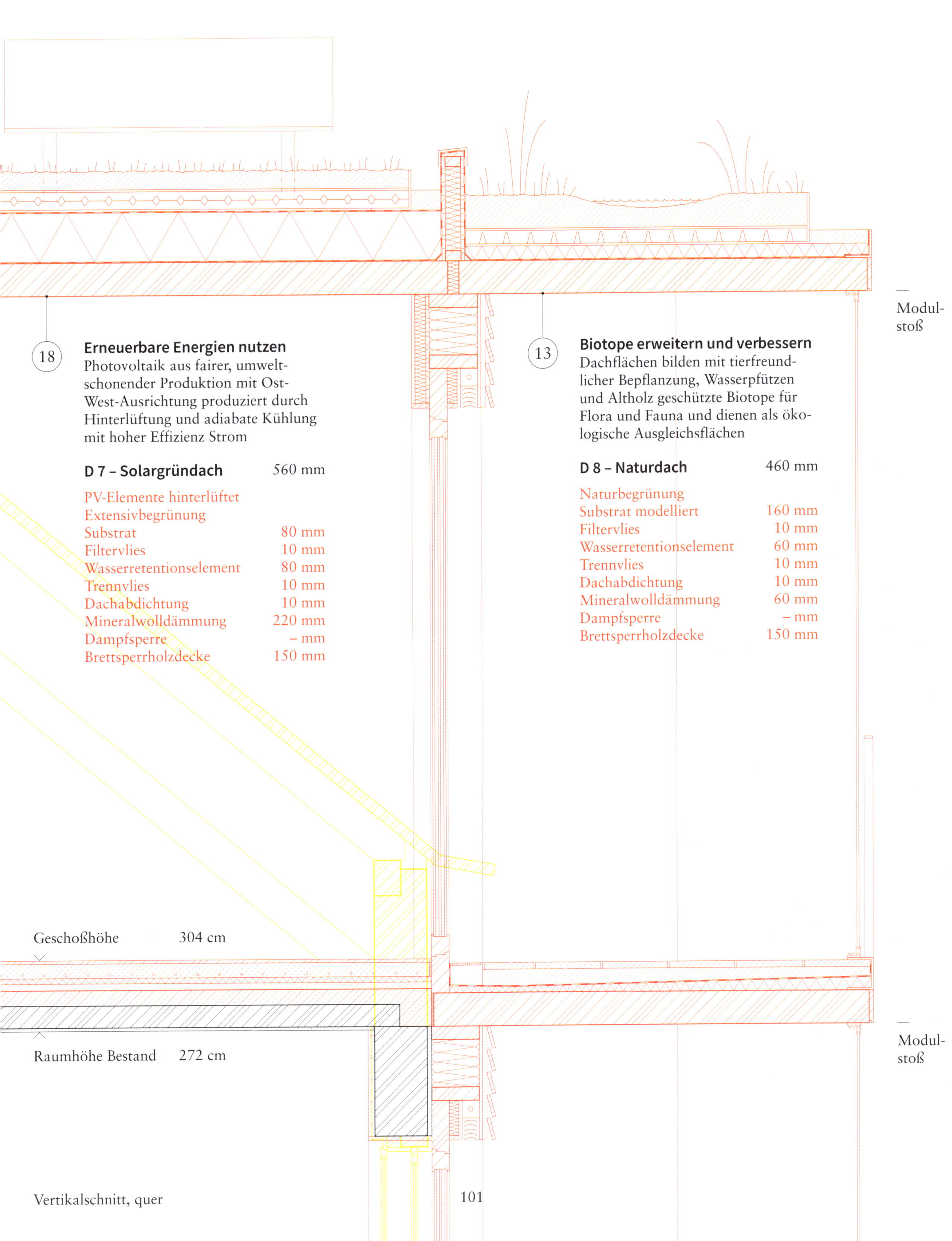

Vertikalschnitt, quer

Stahlbeton-Fertigteilbauweise
Fallbeispiel Wien

Überblick
Auseinandersetzung
Wissensvermittlung
Territorium Wien
Siedlung Siebenbürgerstraße
Gebäude, Typen A bis D
Detail, Stahlbeton und Holz

Überblick
Bauweise und Fallbeispiel

Stahlbeton-Fertigteilbauweise der 1960er- und 1970er-Jahre

Fertigbauteile aus Stahlbeton sind vor allem für die zweite Hälfte des 20. Jahrhunderts charakteristisch. In Österreich wurden sie insbesondere in den 1960er- und 1970er-Jahren eingesetzt. Die Stahlbetonplatten werden in Fabriken vorgefertigt und dienen in differenzierter Ausführung als Außen- und Innenwände sowie als Decken, die entlang der Kanten kraftschlüssig miteinander verbunden werden. Je nach Konstruktionssystem sind längs oder quer gerichtete Wände tragend oder beide – wie im Fallbeispiel in Wien. Fenster und Türen sind in ihrer Größe und Position auf die tragende Funktion der Wände abgestimmt und werden im Zuge der Vorfertigung ausgespart. Die Anordnung der Stahlbewehrung in den Betonplatten macht es sehr aufwendig, Fensteröffnungen in tragenden Außenwand-Fertigteilen nachträglich zu vergrößern. Durch tragende Innenwand-Fertigteile wird die nachträgliche Raumzusammenlegung äußerst schwierig. Meist werden zwei bis vier Wohnungen über ein Stiegenhaus erschlossen, das Erdgeschoß liegt oft ein halbes Geschoß über dem angrenzenden Geländeniveau.

Fallbeispiel Wien: Wohnhausanlage Siebenbürgerstraße

Die Stahlbeton-Fertigteilbauweise wurde in Wien vielfach angewandt. So errichtete die Montagebau Wien GmbH in den 1960er- und 1970er-Jahren Siedlungen mit insgesamt etwa 18.000 Wohnungen. Die 1962 bis 1964 errichtete Wohnhausanlage Siebenbürgerstraße war die erste dieser Anlagen und eignet sich sehr gut als Fallbeispiel:

- Der kommunale Wiener Wohnbau ist geschichtswissenschaftlich dargestellt und somit in Bezug auf Inklusion im Wohnbau analysierbar.
- Das Fallbeispiel ist als Anlage der Montagebau Wien GmbH für weitere Wohnhausanlagen mit einer großen Anzahl Wohnungen repräsentativ.
- Die Anlage umfasst mehrere Gebäudetypen und bietet so differenzierte Anwendungsfälle.
- Die Gebäudetypen sind in originalen Plänen umfassend dargestellt und dadurch rekonstruierbar.

Die ökosoziale Transformation der Wohnhausanlage Siebenbürgerstraße steht exemplarisch für die konkrete Anwendung der Maßnahmen auf die Stahlbeton-Fertigteilbauweise und damit für eine Vielzahl von Wohnhausanlagen in Wien, in Österreich und in vergleichbaren Regionen.

Abb. 7, 8 – Wohnhausanlage Siebenbürgerstraße, Wien, 2023.

Die Gemeinde Wien ist bestrebt, vor allem im Norden und Süden unserer Stadt, nach den neuesten Erkenntnissen der Städteplanung neue Wohngebiete zu schaffen und für alle gesunde und gute Wohnungen bereitzustellen. Es werden Wohnungen für morgen gebaut.

WOHNUNGEN FÜR MORGEN

Eine Studie über lebensgerechte Familienwohnungen auf Grund von Wohnerfahrung und Wohnforschung

OSKAR UND PETER PAYER

WOHNHAUSANLAGE DER GEMEINDE WIEN — ARCHITEKTEN OSKAR UND PETER PAYER

Wir brauchen Sonne in unserer Wohnung

Wir Architekten sind bestrebt den Aufenthaltsräumen einer Wohnung soviel als möglich Sonne zu geben. Wir stellen daher das Haus entweder in jene Lage, daß die Wohn- und Schlafräume Südsonne bekommen oder wir geben den Schlafräumen Ostsonne und den Wohnräumen Westsonne.

GEBAUT VON DER MONTAGEBAU [illegible]EN · SYSTEM CAMUS

WAS DIE AUTOREN WOLLEN

Im Laufe der letzten Jahre wurden sowohl die durchschnittliche Wohnungsgröße als auch die Wohnungsqualität ständig verbessert. Insbesondere wurde der soziale Wohnhausbau der Gemeinde Wien durch die überragende Qualität der Montagebauten zum Vorbild des gesamten Wohnbaues in Österreich.

Nun dürfen wir ja nicht stehenbleiben, denn mit der fortwährenden Steigerung des Lebensstandards und der zunehmenden Freizeit ist auch eine weitere Steigerung des Raumstandards und Ausstattungsstandards erforderlich.

Unsere Studie soll nun Anregungen geben und verschiedene Wege aufzeigen, die zur erwünschten und optimalen Form führen können, der

„WOHNUNGEN FÜR MORGEN"

Im besonderen wollen wir uns den lebensgerechten Familienwohnungen für zwei bis sechs Personen im mehrgeschossigen Wohnhaus widmen.

Auseinandersetzung
Inklusion im kommunalen Wohnbau

Kommunaler Wohnbau in Wien

Die Wohnhausanlage Siebenbürgerstraße gehört seit ihrer Errichtung zum kommunalen Bestand der Stadt Wien von rund 220.000 Wohnungen. [1] Davon wurden über 60.000 im Roten Wien – der Zeit der sozialdemokratischen Stadtregierung zwischen 1920 und 1934 – sowie mehr als 150.000 Wohnungen nach 1945 errichtet. [2] Rund ein Viertel der Wiener Bevölkerung lebt heute darin. [3] Diese kommunalen Wohnhausanlagen sind Beispiele für grundsätzlich inklusiven Wohnbau.

Wohnbau im Wohlfahrtsstaat der Nachkriegszeit

Nach dem Ende des Zweiten Weltkriegs arbeiteten die Sozialdemokratische Partei (SPÖ, bis 1991 Sozialistische Partei Österreichs) und die aus der Christlichsozialen Partei hervorgegangene Österreichische Volkspartei (ÖVP) an der Errichtung eines Wohlfahrtsstaats. Vor diesem Hintergrund diente der soziale Wohnbau zunächst der Linderung von Wohnungsknappheit unmittelbar nach dem Krieg. Noch zu Beginn der 1950er-Jahre fehlten in Wien bei einer Bevölkerung von rund 1,6 Millionen Menschen circa 60.000 Wohnungen. [4] Außerdem sollte der soziale Wohnbau zum Wirtschaftswachstum beitragen, da er Arbeitsplätze im Baugewerbe schuf und die relativ geringe Miethöhe individuelle Kaufkraft steigerte und so den Konsum erhöhte. [5]

Siedlungen in peripheren Gebieten

Die sozialdemokratische Wiener Stadtregierung begann zunächst, im Krieg zerstörte Gebäude in innerstädtischen Bereichen durch kommunale Wohngebäude zu ersetzen. Infolge steigender Grundstückspreise in innerstädtischen Arealen wurden ab den 1960er-Jahren Siedlungen vermehrt in peripheren Gebieten im Süden und Osten Wiens neu errichtet. Dies entsprach auch dem zu dieser Zeit vom Wiener Gemeinderat beschlossenen „Städtebaulichen Grundkonzept von Wien", das im Vergleich zum Bestand geringere bauliche Dichte für vormals dicht bebaute Gebiete und höhere Dichte für zuvor locker bebaute Gebiete vorsah. [6]

Einsatz von Stahlbeton-Fertigteilen

Aufgrund steigender Lohnkosten Ende der 1950er-Jahre veranlasste die Stadt Wien 1961 die Gründung der Montagebau Wien GmbH, die infolge eines Wettbewerbs nach Entwürfen der Architekten Oskar Payer und Peter Payer Stahlbeton-Fertigteile für Wohngebäude produzieren sollte. [7] Die Bauweise sollte in verhältnismäßig kurzer Zeit und bei geringen Kosten die Errichtung vieler hochwertiger Wohnungen ermöglichen. Die Montagebau Wien GmbH produzierte Fertigteile auf Basis des französischen Camus-Systems, die in den 1960er- und 1970er-Jahren bei circa 18.000 Wohnungen in Wien Anwendung fanden. [8]

Wohnraum als „Anrecht"

Die erwarteten positiven Effekte des kommunalen Wohnbaus – hochwertiger Wohnraum, höherer Lebensstandard, höhere Kaufkraft und soziale Stabilität – sollten möglichst vielen Menschen zugutekommen. Deshalb setzte die Gemeinde Wien die Einkommenshöchstgrenze für den Erhalt einer Wohnung großzügig an. Die umfassende Bereitstellung kommunaler Wohnungen ermöglichte außerdem, dass ein vergleichsweise hoher Anteil der Bevölkerung diese positiven Effekte tatsächlich in Anspruch nehmen konnte. Der kommunale Wohnbau der Nachkriegszeit in Wien basierte somit grundsätzlich auf Inklusion. Vermutlich konnte Wohnraum in Wien weder zuvor noch danach jemals in so hohem Ausmaß als „Anrecht" und weniger als Privileg verstanden werden. [9]

Großzügige Grünflächen

Die ersten Wohnungen der Montagebau Wien GmbH entstanden von 1962 bis 1964 in der Siebenbürgerstraße – in unmittelbarer Nähe zu deren erstem Fertigteilwerk in einem locker bebauten Gebiet im 22. Wiener Gemeindebezirk. Die Zeilengebäude der Siedlung wurden parallel oder im rechten Winkel zueinander angeordnet. Die Ausrichtung der Wohngebäude und deren Abstände zueinander waren für optimale natürliche Belichtung konzipiert. Durch die frei stehenden Gebäude sollte der Eindruck eines großzügigen, ununterbrochenen Grünraums entstehen.

Abb. 9, 10 – Seiten aus „Wohnungen für morgen", Publikation von Oskar Payer und Peter Payer, 1969.

Erholung, Kinderbetreuung, Konsum

Der kommunale Wohnbau der 1960er- und 1970er- Jahre war vor allem auf Kernfamilien ausgerichtet. Grünflächen wurden mit Fußwegen, Sitzgelegenheiten und Spielplätzen ausgestattet und sollten gemeinsam mit Kindergärten in der Anlage die Kinderbetreuung gewährleisten und zur Erholung der Eltern dienen. Soziale Aktivität war vor allem innerhalb der Kernfamilie und innerhalb der Wohnung gedacht, gemeinschaftliche Einrichtungen für alle Altersgruppen fehlten. Das Einkaufszentrum als zentrales Gebäude der Wohnhausanlage versinnbildlichte die Entstehung einer Konsumgesellschaft.

Fehlende Barrierefreiheit

Die Gebäude in der Siebenbürgerstraße erhielten ausschließlich entweder vier oder neun Geschoße. Das sollte die Effizienz erhöhen, da gemäß Wiener Bauordnung damals für Gebäude mit bis zu vier Geschoßen keine Aufzüge vorgeschrieben waren und Gebäude mit mehr als neun Geschoßen als Hochhäuser galten und somit zusätzliche Anforderungen zu erfüllen hatten. [10] Demnach verfügten nur neungeschoßige Gebäude über Aufzüge, deren Haltestellen aber im Halbgeschoß lagen. Zudem wurde das Erdgeschoß in allen Gebäuden ein halbes Geschoß über dem angrenzenden Geländeniveau errichtet. Somit war in der gesamten Wohnhausanlage keine Wohnung barrierefrei zugänglich. Die fehlende Barrierefreiheit schränkte den inklusiven Charakter der Wohnhausanlage ein.

Wohnungen für Kernfamilien

Die Wohnungen der Montagebau Wien GmbH waren mit Wohnzimmer, Schlafzimmer, Küche, Bad, WC, Loggia, meist auch mit Kinderzimmer ausgestattet und somit für Kernfamilien konzipiert. Vorausgesetzt wurde dabei ein Familienmodell, in dem die Frau den Haushalt versah und die Kinder in der Wohnung betreute, während der Mann einer Erwerbsarbeit außerhalb der Wohnung nachging. In begleitenden Publikationen erläuterten die Architekten unter dem Leitsatz „Wir müssen der Frau im Haushalt helfen“, dass Haushaltsarbeit und Kinderbetreuung in den Wohnungen möglichst effizient und zufriedenstellend möglich sein sollten. [11] Ihre Gestaltung umfasste daher eine fortschrittliche Einrichtung der Küche, pflegeleichte Oberflächen, großzügige Einbaumöbel und Sichtbeziehungen zum im Wohnzimmer spielenden Kind. Die zugrunde liegende Rollenverteilung zwischen Frau und Mann wurde dabei nicht hinterfragt. Publikationen der Architekten beinhalteten auch Darstellungen möglicher Möblierung und Ausstattung der Wohnungen sowie Hinweise zu Wohnen und Haushaltsführung. Sie vermittelten so Vorstellungen eines bürgerlichen Lebens in den 1960er- und 1970er-Jahren. Dieser Fokus auf Kernfamilien und die fehlende Berücksichtigung eines größeren Spektrums von Haushaltsformen schränkten die gleichberechtigte Teilhabe am Leben in der Wohnhausanlage weiter ein.

Abb. 11–14 – Seiten aus „Überlegungen zur Gestaltung der ersten Montagebau-Wohnungen für die Gemeinde Wien“, Publikation von Oskar Payer und Peter Payer, 1963.

DER BEQUEME ESSPLATZ im großen Wohnraum liegt neben der Küche und ist für die Hausfrau besonders leicht erreichbar. Außerdem kann dieser Platz auch für die Kinder zum Lernen und Spielen benützt werden. Der Platz ermöglicht leichte Beobachtung durch die Mutter, auch während der notwendigen Küchenarbeit. – Die Musterräume wurden mit SW-Möbeln und alle Einrichtungsgegenstände aus den Einrichtungshäusern PAYER-DECOR gestaltet.

DIE KÜCHE als Herz der Wohnung ermöglicht der Hausfrau auch während der notwendigen Küchenarbeit im Kontakt mit der Familie zu sein. Die Hausfrau hat durch die überlegte Anordnung der Einrichtung eine rationelle Werkstätte. Zwischen dem Herd und der Abwasch ist der Arbeitsplatz vorgesehen, und zwar in Form eines rostfreien Kombinationstisches.

DIE KINDER sind immer im Blickfeld der Mutter. Durch die Verbindung der Küche mit dem Wohnraum und Anordnung des Eßplatzes mit Hilfe einer Glaswand bleibt die Hausfrau wieder mitten in ihrer Familie. Nicht wie ein Aschenbrödel in einer kleinen Küche eingesperrt, sondern bei ihren Lieben ist wieder unsere Mutti. – Die Musterräume wurden mit SW-Möbeln und alle Einrichtungsgegenstände aus den Einrichtungshäusern PAYER-DECOR vom Verfasser gestaltet.

DER GROSSE WOHNRAUM wurde bewußt so groß gestaltet, daß sowohl der Eßplatz als auch eine große Sitzgruppe untergebracht werden kann. Hier der Blick von der Sitzgruppe zum Eßplatz. Endlich ein Wohnraum, der sowohl die gesunde Südsonne als auch die großzügige Belichtung von Norden erhält und groß genug ist, das Familienleben besonders zu pflegen. – Die Musterräume wurden mit SW-Möbeln und alle Einrichtungsgegenstände aus den Einrichtungshäusern PAYER-DECOR vom Verfasser gestaltet.

Musterwohnung und Gemeinschaftsraum

Gemeinschaftsraum als Café
Die Wohnung neben der Musterwohnung dient als Gemeinschaftsraum und ist als konsumzwangfreies Café ein informeller Treffpunkt in der Wohnhausanlage

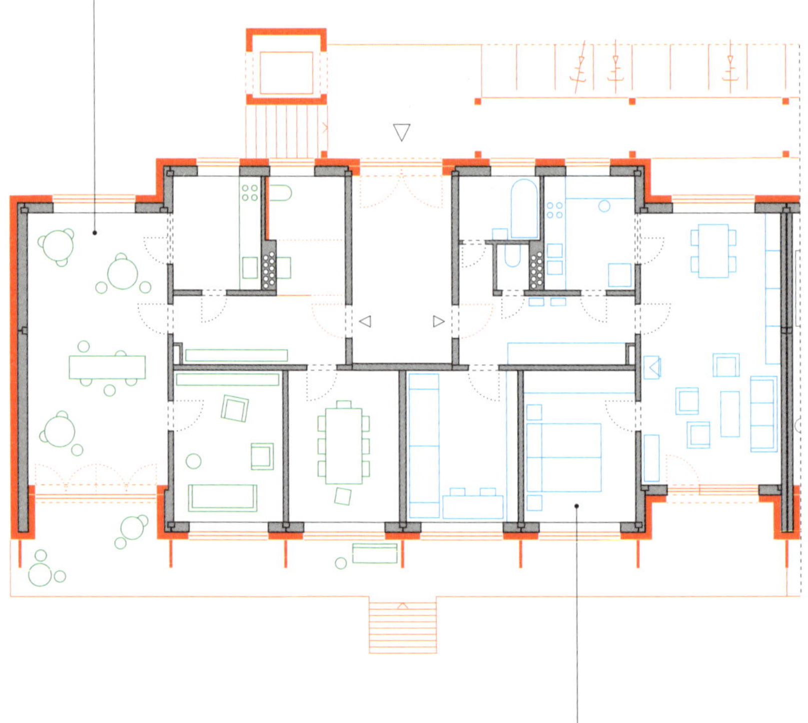

Musterwohnung
Als Beispiel für die Stahlbeton-Fertigteilbauweise in Wien vermittelt die Musterwohnung Bautechnik-, Wohnbau- und Wohngeschichte

1:200

Wissensvermittlung
Bautechnik- und Wohnbaugeschichte

Chance für Wissensvermittlung
Die Stahlbeton-Fertigteilbauweise der 1960er- und 1970er-Jahre ist ebenso wie der kommunale Wohnbau jener Zeit in Wien in der Geschichte der Bautechnik, des Wohnbaus und des Wohnens bedeutsam. Die Auseinandersetzung damit im Rahmen der ökosozialen Transformation bietet die Chance, dieses Wissen zu erfassen und zu vermitteln.

Fordismus in der Bautechnik
Stahlbeton, also Beton mit eingelegtem Stahl, verfügt durch die Zugfestigkeit von Stahl und die Druckfestigkeit von Beton über sehr hohe Tragfestigkeit. Beton entsteht durch die Vermengung von Wasser mit Zuschlagstoffen wie Kies und Zement – einem gebrannten, gemahlenen Bindemittel, das aus kalk-, tonmineral- und eisenoxidhaltigen Rohstoffen gewonnen wird. Beton war bereits in der Antike bekannt, geriet dann in Vergessenheit und wurde im 19. Jahrhundert wieder entwickelt, nun erstmals im Verbund mit Stahl. Die industrielle Produktion von Zement und Stahl seit dem 19. Jahrhundert ermöglichte den umfassenden Einsatz von Stahlbeton im 20. Jahrhundert. Die seit Beginn des 20. Jahrhunderts entwickelte Bauweise mit Stahlbeton-Fertigteilen wurde in den 1950er-Jahren erstmals großmaßstäblich eingesetzt. Sie wendet den Fordismus – den Ansatz, durch Rationalisierung (Arbeitsteilung und Fließarbeit) Produktionsvolumen und Qualität zu erhöhen sowie Kosten und Preise zu senken – auf ganze Bauteile wie Wände oder Decken an. Die Bauweise versinnbildlicht so die Industrialisierung der Bautechnik im 20. Jahrhundert.

Taylorismus im Wohnen
Parallel hierzu veränderte sich auch das Wohnen: Typische Wohnungen der arbeitenden Klasse des späten 19. Jahrhunderts in Wien umfassten eine Wohnküche und ein Zimmer. Sie wurden meist von einer ganzen (erweiterten) Familie bewohnt – ohne eine klare Zuordnung bestimmter Nutzungen oder Personen zu einzelnen Räumen. [12] Im Roten Wien der Zwischenkriegszeit sah das kommunale Wohnbauprogramm anfangs ebenfalls Wohnküchen vor. [13] Zeitgleich entwickelte die Architektin Margarete Schütte-Lihotzky neue Wohnungstypen – zunächst mit möglichst platzsparenden Kochnischen in Wohnküchen, dann mit separaten Küchen und stetig optimiertem Mobiliar. [14, 15] Sie war dabei vom Taylorismus beeinflusst – dem Bestreben, Arbeitsabläufe möglichst zeitsparend zu gestalten – sowie von zeitgenössischen Ansätzen für effiziente Haushaltsführung. Diese Küchen bedingten Wohnzimmer, die für den Verzehr von Speisen, nicht deren Zubereitung, und für Erholung gedacht waren.

Zuordnung von Nutzungen und Personen
Diese Entwicklung diente dem Wohnbau der Stadt Wien als Vorbild, sodass Wohnungen mit Kochnischen, später mit separaten Küchen entstanden. [16, 17] Dabei wurde vorausgesetzt, dass Frauen die unbezahlte Arbeit in Küche und Haushalt leisten würden – die erleichtert, aber nicht gänzlich abgenommen wird. [18] Wohnungen des Roten Wiens umfassten bald auch mehrere kleine Zimmer, die als Schlaf- und Kinderzimmer dienten, und waren für Kernfamilien konzipiert. [19] Damit hatte sich in Wohnungen der Zwischenkriegszeit gegenüber jenen des 19. Jahrhunderts mit der Einführung von Küche, Wohn-, Schlaf- und Kinderzimmer(n) eine klare Zuordnung von Nutzungen und Personen zu einzelnen Räumen herausgebildet. Der kommunale Wohnbau nach dem Zweiten Weltkrieg setzte diese Zuordnung fort und prägte durch die umfassende Bereitstellung von Wohnraum in Wien das Bild einer typischen Wohnung für die zweite Hälfte des 20. Jahrhunderts – und zum Teil bis heute.

Musterwohnung
Aufgrund dieses Kontexts wird in der Siebenbürgerstraße eine Wohnung – stellvertretend für alle von der Montagebau Wien GmbH errichteten – als öffentlich und barrierefrei zugängliche Musterwohnung projektiert. Diese Wohnung wird entsprechend historischen Publikationen wiederhergestellt und zeigt so den kommunalen Wohnbau in Stahlbeton-Fertigteilbauweise der 1960er und 1970er als bestimmte Periode in der Geschichte der Bautechnik, des Wohnbaus und des Wohnens.

Potenzial Stahlbeton-Fertigteilbauweise in Wien

Territorium Wien
Potenzial Bestand

Bedarf an 4.000 Wohnungen pro Jahr

Wien ist die fünftgrößte Stadt der EU und die größte Stadt Österreichs, gleichzeitig Bundeshauptstadt, Bundesland und Landeshauptstadt. [20] Wien hat etwa 1.982.000 Einwohner*innen, die in circa 959.000 Wohnungen in Haushalten mit durchschnittlich 2,07 Personen leben. [21, 22] Bis 2040 wird die Bevölkerung voraussichtlich um weitere 139.000 Personen anwachsen und dann circa 2.121.000 Einwohner*innen betragen. [23] So entsteht bei gleichbleibender durchschnittlicher Haushaltsgröße bis 2040 in Wien Bedarf an etwa 4.000 zusätzlichen Wohnungen pro Jahr oder etwa 68.000 Wohnungen insgesamt.

+ 5.600 Wohnungen ohne Neubau

Die Wohnhausanlage Siebenbürgerstraße umfasst im Bestand rund 1.910 Wohnungen. Projektierte Aufstockungen und Erweiterungen erhöhen diese Anzahl um etwa 600 auf circa 2.510 – eine Erhöhung um etwa den Faktor 1,3. Insgesamt hat die Montagebau Wien GmbH in den 1960er- und 1970er-Jahren Wohnhausanlagen mit etwa 18.000 Wohnungen in Wien errichtet, die einander in Bezug auf Siedlungsstruktur und Wohnungstypen sehr ähnlich sind. [24] Würden die Maßnahmen der ökosozialen Transformation in all diesen Wohnhausanlagen die Anzahl der Wohnungen um denselben Faktor erhöhen, könnten insgesamt etwa 5.630 neue Wohnungen entstehen. So würde mehr als der gesamte zusätzliche Wohnungsbedarf eines Jahres in Wien gedeckt, ohne dass neue Gebäude errichtet werden müssen.

Potenzial 1960er- und 1970er-Jahre

Aus dem Zeitraum 1961 bis 1980 existieren in Wien insgesamt circa 201.000 Wohnungen. [25] Viele dieser Wohngebäude wurden ebenfalls in Stahlbeton-Fertigteil- oder Ortbetonbauweise errichtet, sind hinsichtlich Siedlungs-, Gebäude- und Wohnungstypen sowie Konstruktion mit den Wohnhausanlagen der Montagebau Wien GmbH vergleichbar und eignen sich so ebenfalls für die ökosoziale Transformation. Das Potenzial für die Verbesserung und Erweiterung des Bestands ist somit riesig.

Situation und Entwicklung

2023	[a]
Bevölkerung	1.982.000 P
Personen pro Wohnung ø	2,07 P
Wohnungen	959.000 W
davon Bauperiode 1961–1980	201.000 W

2040	[b]
Bevölkerung	2.121.000 P
Wachstum gegenüber 2023	+ 139.000 P
Wohnungsbedarf	1.027.000 W
Zuwachs gegenüber 2023	+ 68.000 W
Zuwachs pro Jahr 2023–2040	+ 4.000 W

Potenzial Stahlbeton-Fertigteilbauweise

	Fallbeispiel	Vor der Transformation	Infolge der Transformation
1	Siebenbürgerstraße	1.910 W	2.510 W
	Dokumentierte, vergleichbare Siedlungen der 1960er- und 1970er-Jahre [c]		
2	Großfeldsiedlung	5.520 W	7.250 W
3	Hansson-Siedlung	4.280 W	5.620 W
4	Köppl-Hof	1.310 W	1.720 W
5	Bundesländerhof	1.090 W	1.430 W
6	Autokaderstraße	970 W	1.270 W
7	Huber-Hof	740 W	970 W
8	Kautsky-Hof	670 W	880 W
9	Effenberg-Hof	480 W	630 W
10	Pirquetgasse	380 W	500 W
11	Quadenstraße	370 W	490 W
12	Polgarstraße	140 W	180 W
13	Pogrelzstraße	130 W	170 W
	Wohnungen	17.990 W	23.620 W
	Zusätzliche Wohnungen ohne Neubau		+ 5.630 W

Gebäude und Mobilität

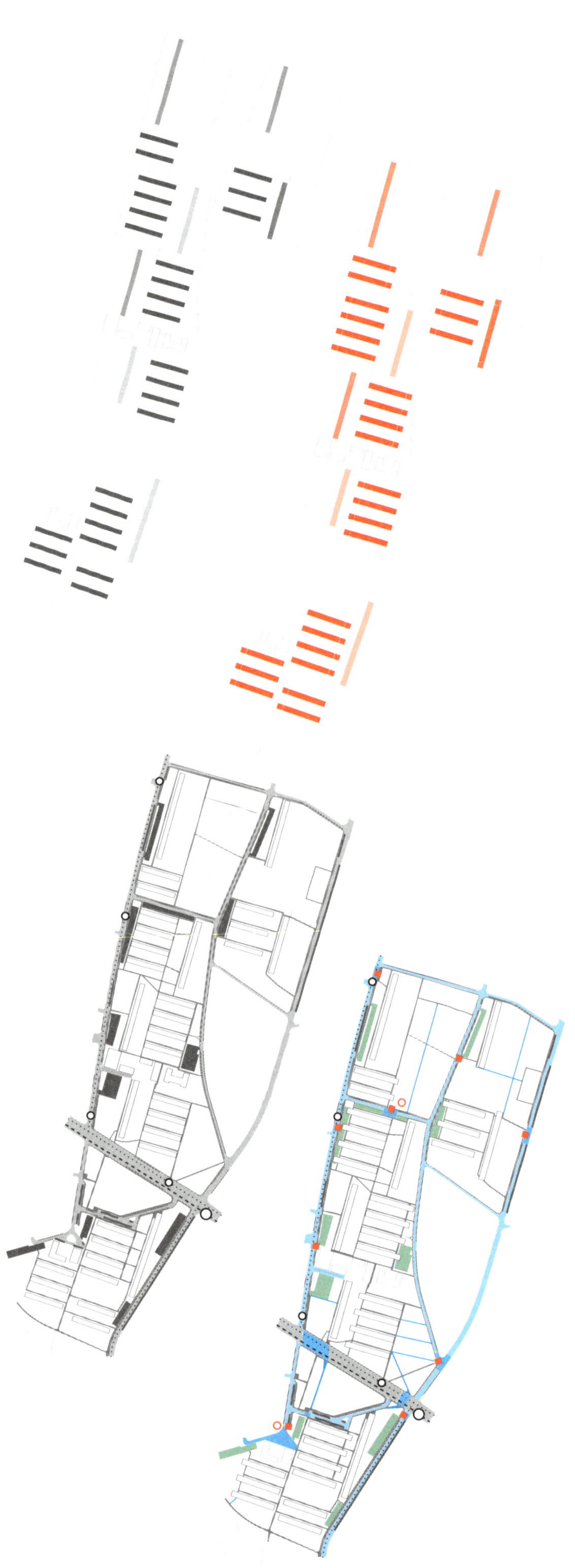

Gebäude

	Vor der Transformation			Infolge der Transformation	
Typ A	26	G		26	G
Typ B	1	G		1	G
Typ C	3	G		3	G
Typ D	3	G		3	G
Gebäude	33	G		33	G
Stiegenhäuser	155	S		100	S
Wohnungen	1.910	W	x 1,3	2.510	W
Personen [d]	4.350	P	x 1,2	5.390	P
GF	253.000	m^2		253.000	m^2
BF	33.000	m^2	x 1,4	46.000	m^2
BGF	177.000	m^2	x 1,3	237.000	m^2
GRZ	0,13		x 1,4	0,18	
GFZ	0,70		x 1,3	0,94	
NF	128.000	m^2	x 1,2	159.000	m^2
Davon					
Erweiterungen				8.000	m^2
Aufstockungen				23.000	m^2
Loggien	11.000	m^2		38.000	m^2

Mobilität

	Vor der Transformation			Infolge der Transformation	
Straßen					
Wohnstraßen					
Geh-, Radwege					
Davon neu					
Querungen barrierefrei				12	
Mit Mitfahrbank				9	
Mobilitätsstationen				2	
Haltestellen Tram	1			1	
Haltestellen Bus	4			4	
Autostellplätze	1.140	St.		930	St.
Davon versickerungsoffen				620	St.
Davon barrierefrei				200	St.
Stellplätze / W	0,6		x 0,7	0,4	
Radstellplätze				2.510	St.
Stellplätze / W				1,0	

Siedlung Siebenbürgerstraße
Aktivität, Ruhe, Gemeinschaft

Lage im Außenbezirk, Nähe zur Donau

Die Wohnhausanlage Siebenbürgerstraße liegt auf der linken Seite der Donau, in der Nähe der Alten Donau im 22. Wiener Gemeindebezirk, einem der äußeren Bezirke der Stadt – etwa 6 km östlich des Stephansplatzes im Zentrum Wiens. Die Anlage erstreckt sich von Norden nach Süden über eine Länge von etwa 1,2 km sowie von Osten nach Westen über eine Breite von etwa 200 m. Die Wohngebäude der Anlage sind parallel oder im rechten Winkel zueinander angeordnet und in der Tendenz nach Süden oder Osten ausgerichtet. Das Terrain weist keine Höhenveränderungen auf. In der Mitte der Anlage sowie am südlichen Ende befinden sich Einkaufszentren und Kindergärten, am nördlichen Ende eine Pfarre. Die stark befahrene Erzherzog-Karl-Straße teilt die Wohnhausanlage in einen größeren, nördlichen und einen kleineren, südlichen Bereich.

1.910 Wohnungen vor der Transformation

Gebäude und Grünflächen weisen eine Grundstücksfläche (GF, ohne öffentliche Verkehrsflächen) von circa 253.000 m² auf. Insgesamt 33 Wohngebäude ergeben auf etwa 33.000 m² bebauter Fläche (BF) eine Grundflächenzahl (GRZ = BF / GF) von circa 0,13. Die Wohngebäude verfügen ausschließlich über vier oder neun Geschoße mit etwa 177.000 m² Brutto-Grundfläche (BGF) und bedingen eine Geschoßflächenzahl (GFZ = BGF / GF) von circa 0,70. Zwei Grundrisstypen wurden mit je vier oder neun Geschoßen ausgeführt und ergeben so vier verschiedene Gebäudetypen (Typen A bis D). Die Gebäude bieten etwa 1.910 Wohnungen mit circa 128.000 m² Nutzfläche (NF). Bei aktuell durchschnittlich 29,5 m² Nutzfläche pro Person in kommunalen Wohnhausanlagen wohnen etwa 4.350 Bewohner*innen in der Siebenbürgerstraße. [26]

+ 600 nutzungsoffene Wohnungen

Erweiterungen und Aufstockungen der viergeschossigen Gebäude um je ein weiteres Geschoss erhöhen die Anzahl an Wohnungen um etwa 600 auf circa 2.510, die mit etwa 159.000 m² Nutzfläche Wohnraum für etwa 5.390 Bewohner*innen bieten. Brutto-Grundfläche und Geschoßflächenzahl steigen dabei auf etwa 237.000 m² und 0,94 an. Die nunmehr fünfgeschoßigen Gebäude erlauben noch die visuelle und akustische Beziehung zwischen Wohnungen und nahen Grünflächen, wichtig zum Beispiel für Kinder und Bezugspersonen. [27] Fünfgeschoßige Gebäude ermöglichen außerdem gemäß Brandschutzanforderungen noch den Einsatz von Holz. Da beides auf neungeschoßige Gebäude nicht zutrifft, erhalten diese keine Erweiterungen oder Aufstockungen. Die Erweiterungen betreffen die Obergeschosse und stehen im Erdgeschoss auf Stützen, um das bestehende Wegenetz der Wohnhausanlage zu erhalten. Leichtbauwandabschnitte erlauben die Zusammenlegung und Abtrennung von Räumen mit geringem Aufwand. Raumhöhen von 3 m machen die Aufstockungen für Wohnen und Arbeiten nutzbar. Je eine Wohnung pro Gebäude ist als „Pluseinheit“ für temporäre Nutzungen vorgesehen.

Größere Loggien, weniger Stiegenhäuser

Neue Loggien mit insgesamt etwa 38.000 m² ersetzen die bestehenden Loggien mit circa 11.000 m² und vergrößern so den Freiraum jeder Wohnung deutlich. Infolge der Transformation bieten 100 Stiegenhäuser und Laubengänge mit Aufzügen anstelle von bisher 155 Stiegenhäusern barrierefreie Erschließung für jede Wohnung. In den neungeschoßigen Gebäuden werden die Stiegenhäuser gemäß brandschutztechnischen Anforderungen zu Sicherheitsstiegenhäusern mit Druckbelüftung und Feuerwehraufzug ertüchtigt. Durch Erweiterung, Dämmung der Gebäudehülle, Loggien und Erschließung steigt die Grundflächenzahl auf 0,18. Die Transformation verursacht so kaum Bodenverbrauch, bietet aber deutliche Verbesserungen im Bestand und neuen Wohnraum.

Kühle Wohnstraßen

Die angrenzenden öffentlichen Verkehrsflächen mit Fahrbahn, Parkstreifen und Gehsteigen werden (mit Ausnahme der Erzherzog-Karl-Straße) als Wohnstraßen ausgewiesen. Motorisierter Individualverkehr darf dort nur zum Zu- und

Abfahren und in Schrittgeschwindigkeit fahren. Vor allem durch die zusätzlichen Wohnungen sinkt die Anzahl der Stellplätze pro Wohnung von 0,6 auf 0,4. Neue, barrierefreie Querungen an viel frequentierten Kreuzungen sowie bei Gemeinschaftsräumen erhöhen die Sicherheit beim Überqueren der Straßen. Mitfahrbänke fördern niederschwellige Fahrgemeinschaften. Bei jedem Hauseingang werden von Laubengängen überdachte Radstellplätze eingerichtet. Neu angelegte Alleen entlang der Wohnstraßen machen den Fuß- und Radverkehr zusätzlich attraktiv.

Emissionsarme Mobilität

Die Wohnhausanlage verfügt über ausgedehnte versiegelte Parkplatzflächen. Neu gesetzte Bäume vermeiden Hitzeinseln auf diesen Flächen und reduzieren die Anzahl an Parkplätzen. Gemäß dem Prinzip der Schwammstadt bleibt das Erdreich unter Bäumen und neuen Wegen durchlüftet, wasserhaltend und durchwurzelbar. In der Nähe von Hauseingängen werden barrierefreie Parkplätze vorgesehen. Durch Straßenbahn- und Bushaltestellen in Erzherzog-Karl- und Siebenbürgerstraße sowie eine nahe gelegene S-Bahn-Station ist die Wohnhausanlage mehrfach an das öffentliche Verkehrsnetz angebunden. Neue Mobilitätsstationen mit E-Auto- und E-Rad-Sharing ergänzen das emissionsarme Verkehrsangebot.

Allee als Treffpunkt, Gehölze zur Orientierung

Die seitlichen Erweiterungen der Obergeschosse stehen im Erdgeschoss auf Stützen, um die bestehenden Fußwege der Anlage zu erhalten. Diese erschließen die Siedlung bereits barrierefrei und werden nur auf größeren, nicht durchwegten Grünflächen durch neue Wege ergänzt. Vor jedem neuen Laubengang und Aufzug fördern verschiedene Charaktergehölze – besonders auffällige Baum- oder Strauchgewächse – die Identifikation mit dem „eigenen" Gebäude und geben Orientierung in der weitläufigen Wohnhausanlage. Die Pflanzung einer Allee entlang des zentralen, von Norden nach Süden verlaufenden Fußwegs stärkt ebenfalls die Orientierung, lädt zum Spazieren ein und dient als informeller Treffpunkt in der Siedlung.

Gesicherte und erweiterte Grünflächen

Bestehende Grünflächen mit Baumbestand speichern CO_2, kühlen, beschatten die Wohnhausanlage und gewährleisten geringere sommerliche Überwärmung als weniger begrünte Gebiete in Wien. [28] Bäume werden deshalb erhalten und durch klimaresiliente Jungbäume ergänzt, um diese positiven Effekte für die Zukunft zu sichern. In vergleichbaren kommunalen Wohnhausanlagen in Wien stellen die Grünflächen der Anlagen für Bewohner*innen außerdem das bedeutendste positive Charakteristikum dar. [29] Die Dachflächen sind für Menschen nicht zugänglich, werden biodivers bepflanzt, erzeugen Verdunstungskühle und bieten zusätzliche geschützte Lebensräume für Insekten, Vögel und Kleinlebewesen. Wasserretention auf dem Dach dient der Bewässerung der Gründächer. Hinterlüftete Photovoltaikelemente mit Ost-West-Ausrichtung produzieren effizient Strom für die Wohnhausanlage. Wildwiesen fördern die Biodiversität zusätzlich.

Raum für Aktivität, Gemeinschaft und Ruhe

Darüber hinaus haben Bewohner*innen Interesse an mehr Freizeitaktivitäten im Innen- und Außenraum. [30] Grünflächen bieten bisher zwar Spiel- und Sportplätze für Kinder und Jugendliche, sonst aber kaum Nutzungsmöglichkeiten. Die Plätze werden daher in differenzierte Gemeinschaftsgärten mit dazugehörigen Gemeinschaftsräumen im Erdgeschoss integriert. Die Gärten stehen allen Bewohner*innen offen, sind aber für jeweils eine Altersgruppe gedacht, um Nutzungskonflikten vorzubeugen. [31] Die Schaffung eines Gartens für jede Personengruppe in jeder Nachbarschaft soll zur intensiveren Nutzung von Grünflächen ermutigen. [32] Für die Gruppe der 10- bis 19-Jährigen werden mehrere Gemeinschaftsräume eingerichtet, um ihnen Ausweichmöglichkeiten zu bieten. [33] Gemeinschaftsgärten und -räume bieten durch sorgfältig abgestimmte Partizipation auch die Möglichkeit, das eigene Wohnumfeld mitzugestalten. Alle Bewohner*innen gewinnen so ergänzend zu ihren Wohnungen hochwertigen Raum für Aktivität, Gemeinschaft und Ruhe. Dies schafft auch in der Nutzung der Wohnungen Entlastung.

Grünflächen und Gemeinschaftsgärten

Biotope und Bäume

	Vor der Transformation			Infolge der Transformation	
Bäume	720	B	x 2,3	1.650	B
Charaktergehölze				100	C
Solargründächer				47.000	m²
Wildwiesen				48.000	m²

Altersgruppen in Wien [e]

Kinder	0–9 J	10	%
Schüler*innen	10–19 J	9	%
Jugendliche	20–29 J	15	%
Junge Erwachsene	30–39 J	15	%
Erwachsene	40–59 J	28	%
Junge Senior*innen	60–79 J	17	%
Senior*innen	80 + J	6	%

Gemeinschaftsgärten und -räume

	Infolge der Transformation		
Spielgarten und -raum	0–9 J	10	%
Sport-, Plaudergarten und Lerncafé	10–19 J	10	%
Fitnessparcours und -raum	20–29 J	15	%
Ruhegarten und Arbeitsraum	30–39 J	15	%
Wildwiese und Sauna	40–59 J	30	%
Gemeinschaftsbeete und Werkstatt	60–79 J	15	%
Blumengarten und Café	80 + J	5	%
Gartenfläche		171.000	m²
Gemeinschaftsgärten		78	
Gemeinschaftsräume		8	

Vor der Transformation
+
Langlebige Konstruktion
Gebäude aus intakten Stahlbeton-Fertigteilen bieten hochwertigen Wohnraum
−
Barrierefreiheit ausbaubar
Gebäude sind nicht barrierefrei, größere Grünflächen zum Teil nicht barrierefrei zugänglich
−
Gemeinschaftsgärten und -räume nicht vorhanden
Grünflächen bieten außer Spiel- und Sportplätzen kaum konkrete Nutzungsmöglichkeiten
−
Versiegelte Flächen
Flächenversiegelung begünstigt Hitzeentwicklung, verhindert Regenwassernutzung und verringert Lebensraum für Flora und Fauna
1:2.000

Für emissionsreichen Verkehr gestaltet
Straßen mit Autovorrang und Vielzahl an Parkplätzen fördern emissionsreichen Verkehr
Emissionsarmer Verkehr ausbaubar
Radstellplatz-, E-Auto- und E-Rad-Sharing-Infrastruktur sind ausbaubar
Grünflächen und Baumbestand
Großzügige Grünflächen mit altem Baumbestand unterstützen bereits die Klimaresilienz
Gebäude, Typen A bis D
Buslinie mit Haltestelle
Haltestelle Tram

Während der Transformation
1
Keine Gebäude abreißen oder neu bauen!
Erhalt von Gebäuden vermeidet weitere Emissionen und Bauschutt
4
Barrierefreiheit umsetzen
Wege werden auf größeren Grünflächen ergänzt, neue Stiegenhäuser, Laubengänge und Aufzüge bieten barrierefreien Zugang zu Wohnungen
11
Gemeinschaftsgärten und -räume bieten
Gemeinschaftsgärten und -räume bieten Raum für Aktivität und Entlastung in der Nutzung der Wohnung
13
Biotope erweitern und verbessern
Alleen entlang von Wohnstraßen attraktivieren Fuß- und Radverkehr durch Beschattung und Verdunstungskühlung, ihr Erdreich ist durchlüftet, wasserhaltend und durchwurzelbar
1:2.000

19
Emissionsreichen Verkehr eindämmen
Fahrbahnen werden zu Wohnstraßen, die von motorisiertem Individualverkehr nur in Schrittgeschwindigkeit für Zu- und Abfahren befahren werden
20
Emissionsarmen Verkehr fördern
Mobilitätsstationen mit E-Auto- und E-Rad-Sharing ergänzen das öffentliche Verkehrsangebot
12
Baumbestand erhalten und vermehren
Ausgewachsene Bäume zu erhalten und Jungbäume klimaresilienter Arten zu setzen sichert den Baumbestand und seine Effekte langfristig
Errichtung
Abbruch
Bestand
Wohnstraße
Mobilitätsstation

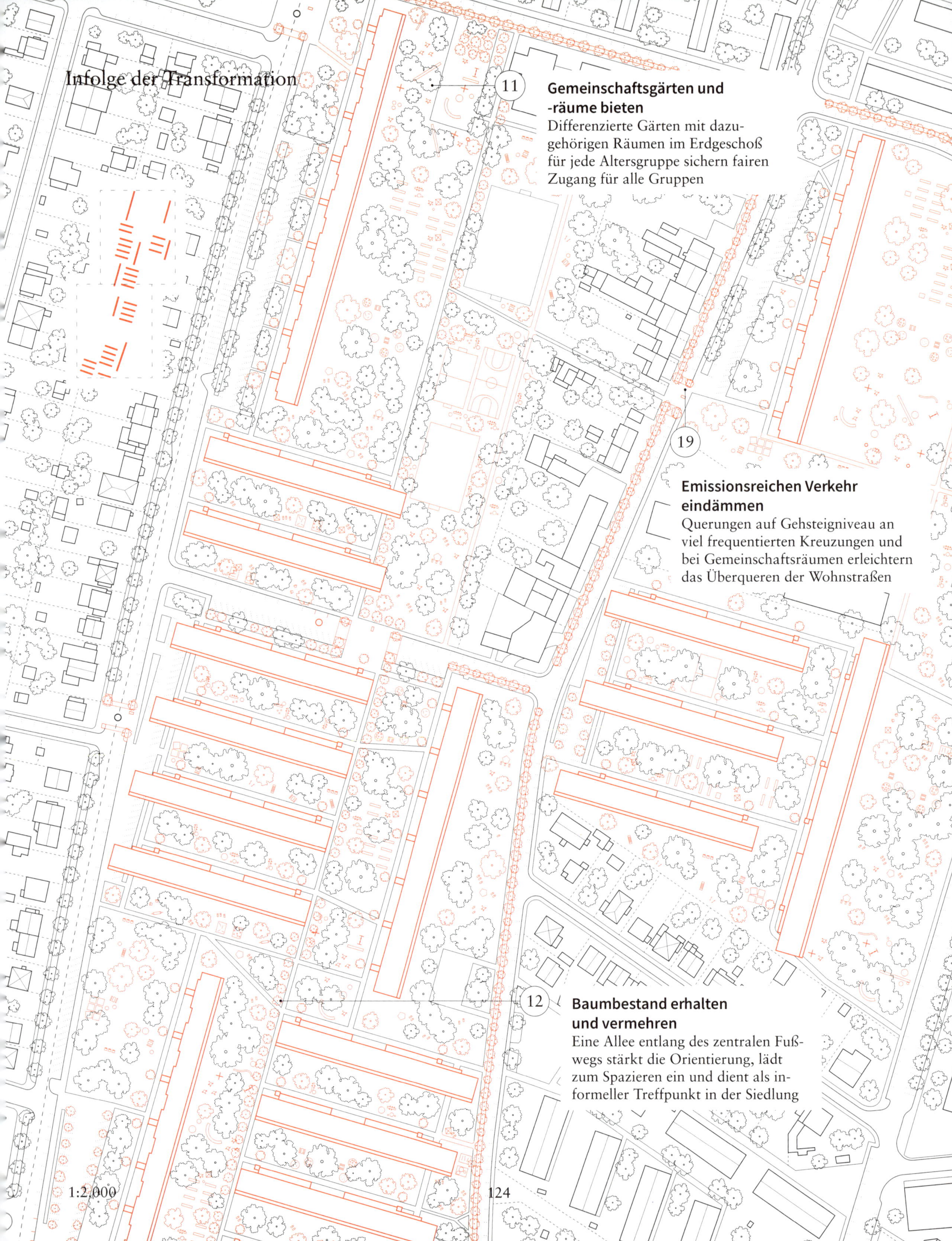
Infolge der Transformation
11
Gemeinschaftsgärten und -räume bieten
Differenzierte Gärten mit dazugehörigen Räumen im Erdgeschoß für jede Altersgruppe sichern fairen Zugang für alle Gruppen
19
Emissionsreichen Verkehr eindämmen
Querungen auf Gehsteigniveau an viel frequentierten Kreuzungen und bei Gemeinschaftsräumen erleichtern das Überqueren der Wohnstraßen
12
Baumbestand erhalten und vermehren
Eine Allee entlang des zentralen Fußwegs stärkt die Orientierung, lädt zum Spazieren ein und dient als informeller Treffpunkt in der Siedlung
1:2.000

19
Emissionsreichen Verkehr eindämmen
Parkplätze werden durch neu gesetzte Bäume verschattet, versickerungsoffen gestaltet und durch barrierefreie Parkplätze ergänzt
13
Biotope erweitern und verbessern
Auf Dachflächen entstehen unzugängliche, geschützte Biotope mit insekten- und vogelfreundlicher Bepflanzung als ökologische Ausgleichsflächen
20
Emissionsarmen Verkehr fördern
Mitfahrbänke fördern niederschwellige Fahrgemeinschaften
13
Biotope erweitern und verbessern
Naturbelassene Wildwiesen fördern die Biodiversität in der Siedlung
Errichtung
Wohnstraße
Mobilitätsstation

Infolge der Transformation

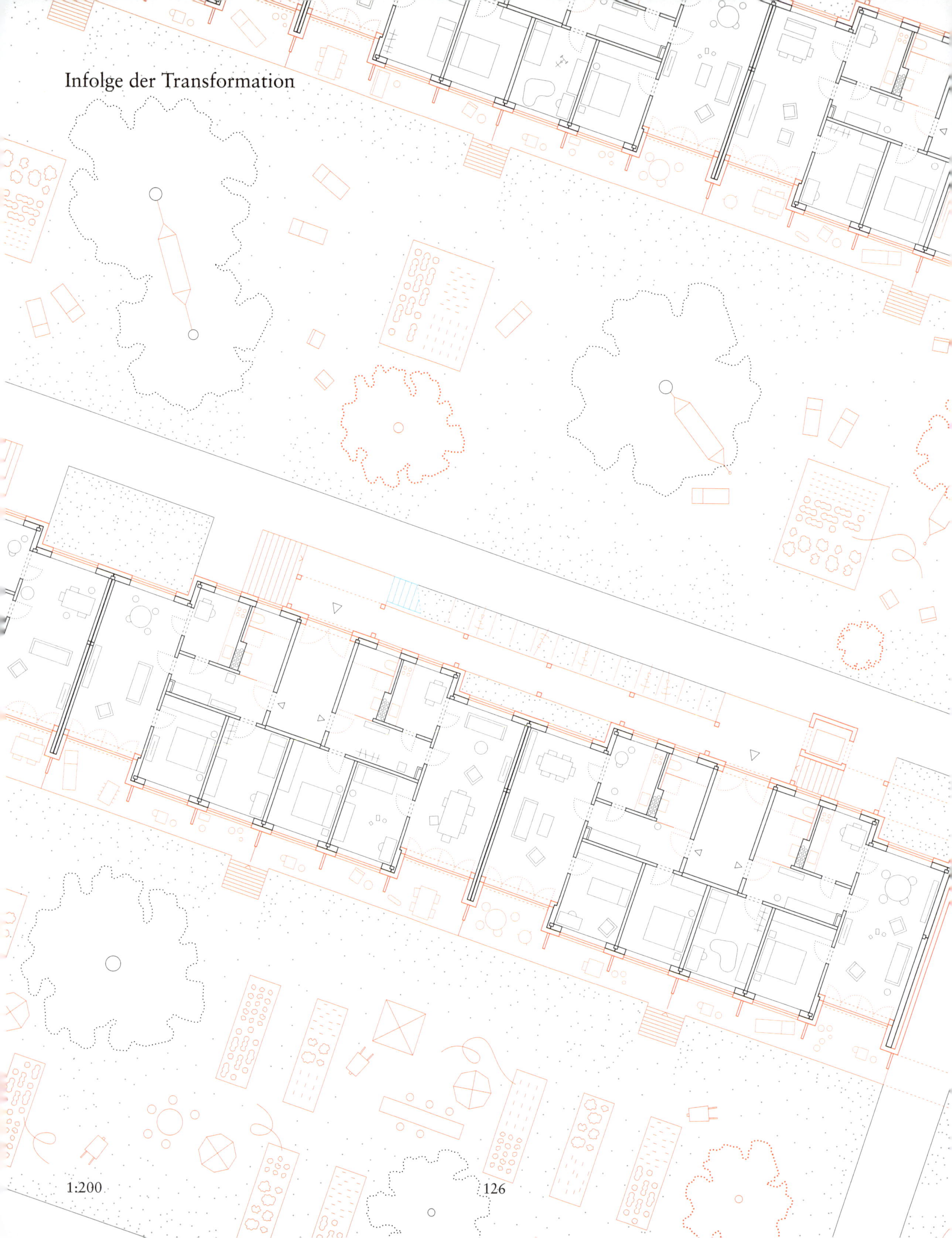

1:200

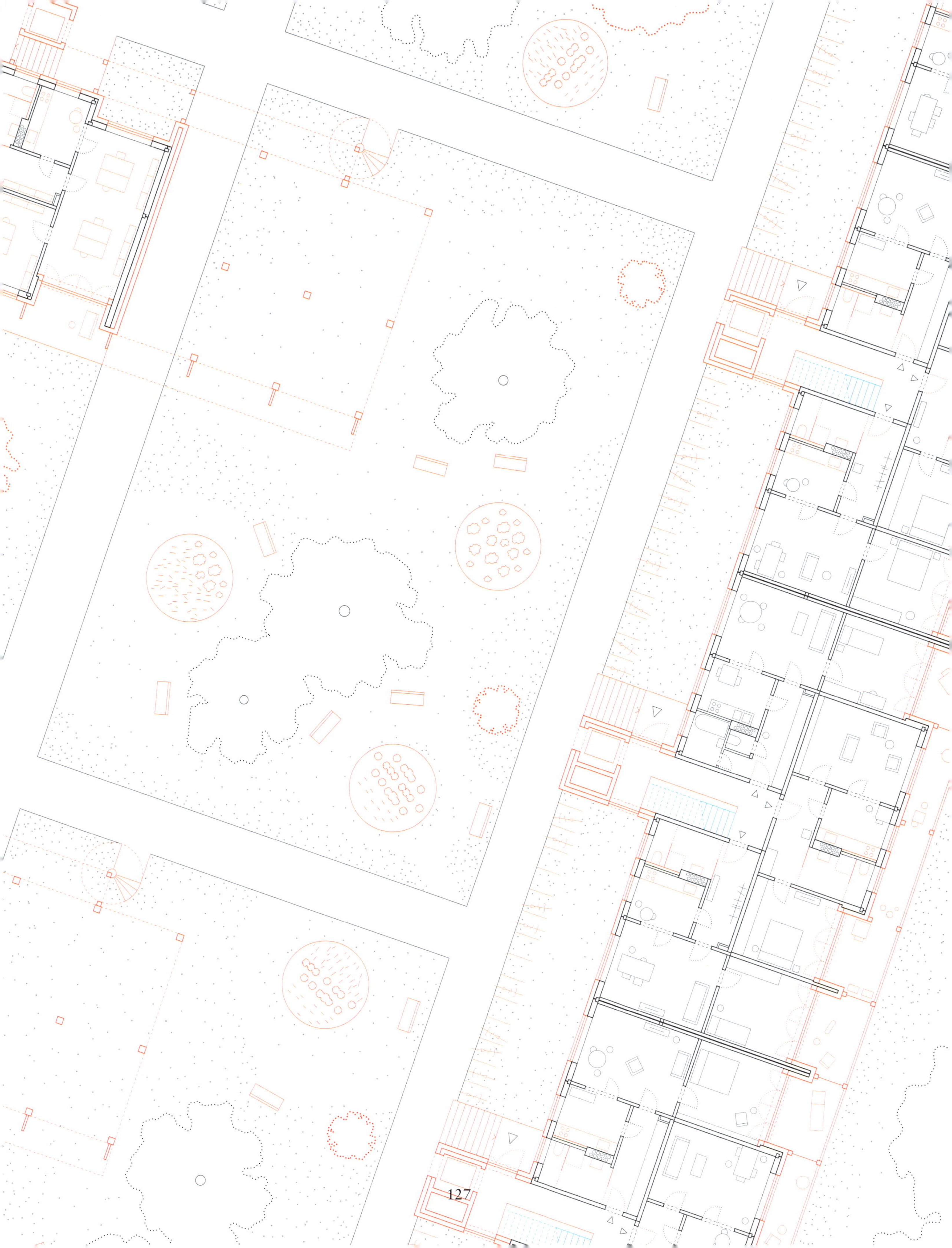

Vor der Transformation

Haushalte in Wien [f]

1 Person	45 %
2 Personen	28 %
3 Personen	13 %
4 Personen	9 %
5 + Personen	5 %

5 %
9 %
13 %
45 %
28 %

Wohnungsverteilung

	Vor der Transformation	
2-R	666 W	35 %
3-R	1.246 W	65 %
Wohnungen	1.912 W	100 %

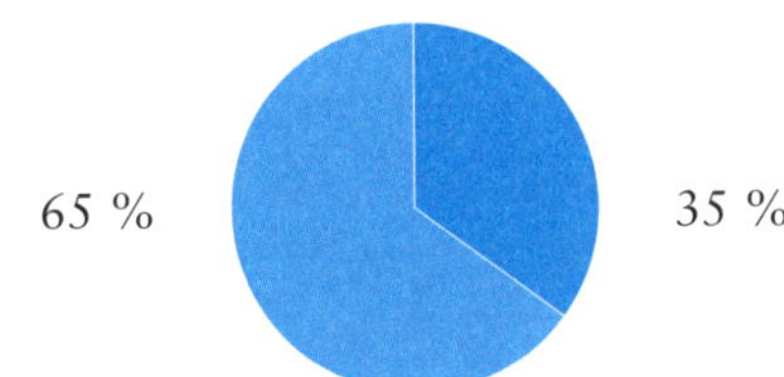

Gebäude

Typ A	832 W	43 %
Typ B	72 W	4 %
Typ C	414 W	22 %
Typ D	594 W	31 %
Wohnungen	1.912 W	100 %

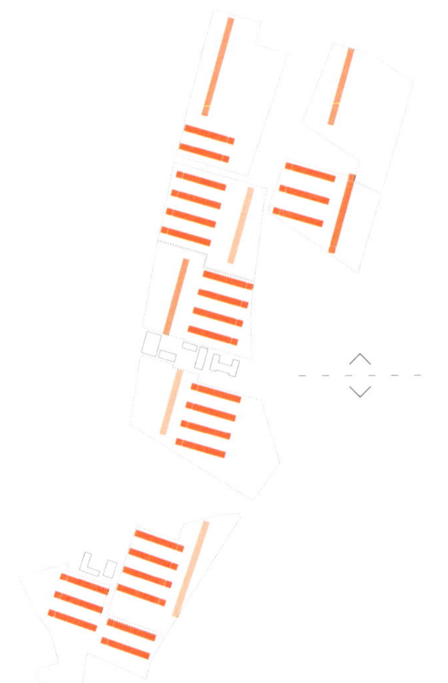

Gebäude
Typen A bis D

Bestand
Vor der Transformation

Gebäude, Typen A bis D
Differenziertes Wohnen und Arbeiten

Zwei Wohnungstypen

Die Wohnhausanlage Siebenbürgerstraße umfasst zwei Wohnungstypen: Je Stiegenhaus und Geschoss sind stets zwei 3-Raum-Wohnungen oder drei 2-Raum-Wohnungen ausgeführt. Beide Wohnungstypen bieten hochwertigen Wohnraum: Sämtliche 3-Raum-Wohnungen und die meisten 2-Raum-Wohnungen verfügen über beidseitige Orientierung, je eine Loggia und ein bis zwei separat begehbare Zimmer. Die Ausführung dieser Wohnungstypen mit jeweils vier oder neun Geschossen ergibt die Gebäudetypen A bis D.

65 % 3-Raum-Wohnungen im Bestand

Publikationen der Architekten Oskar Payer und Peter Payer zeigen, dass separat begehbare Räume als „Schlafzimmer" für zwei Personen oder als „Kinderzimmer" für bis zu zwei Kinder und der größte Raum als „Wohnzimmer" für gemeinsame Aktivitäten gedacht waren. [34] Mit 65 % 3-Raum-Wohnungen wurde die Mehrzahl der Wohnungen in der Anlage für Haushalte mit drei oder mehr Personen konzipiert. In Wien beträgt der Anteil solcher oder größerer Wohnungen mit vier oder mehr Räumen inklusive Küche (über 4 m²) knapp 40 % und ist somit niedriger als in der Wohnhausanlage. [35]

73 % 1- und 2-Personen-Haushalte in Wien

Dabei zählen circa 27 % der Haushalte in der Stadt drei oder mehr Personen; in 73 % leben nur eine oder zwei Personen. [36] Diese Haushaltsrealität spiegelt der bestehende Wiener Wohnraum weder in der Wohnhausanlage Siebenbürgerstraße noch insgesamt vollständig wider. Die Unterbelegung von Wohnungen erhöht zwar die Wohnqualität, verursacht aber höheren Wohnraumbedarf in Wien, höhere Emissionen pro Person – und höhere Wohnkosten pro Person. Für Haushalte mit geringem Einkommen stellt das auch eine Belastung dar. Mit dem 2012 eingeführten und seit 2019 im geförderten Wohnbau verpflichtenden SMART-Wohnbauprogramm fördert die Stadt Wien daher die Errichtung besonders kompakter und damit kostengünstiger Wohnungen. [37] Wohnraum, der zu aktuellen Wohnformen und Haushaltsgrößen passt, soll vor allem einkommensschwachen Haushalten zugutekommen und damit Inklusion stärken.

Einheiten – Zimmer und Loggia

Durch Aufstockungen und Erweiterungen entstehen Wohnungstypen, die bisher in der Wohnhausanlage fehlen. Diese neuen Wohnungen sind nutzungsoffen konzipiert und basieren auf „Einheiten" – geräumigen, separat begehbaren Zimmern für individuellen Rückzug von ein bis zwei Personen mit großzügiger Loggia, die den Wohnraum erweitert. Darüber hinaus bestehen die Wohnungen auf der Seite des Laubengangs aus einem Raum für gemeinsame Aktivitäten sowie Küche und Bad. Ihre Größe orientiert sich am SMART-Wohnbauprogramm und entspricht damit dem Angebot im geförderten Wohnbau der Stadt Wien.

Großzügige und kompakte Wohnungen

Wohnungen mit einer Einheit und 34 m² oder 38 m² bieten besonders kompakten und somit kostengünstigen Wohnraum für ein oder zwei Personen. Durch die Geräumigkeit von Zimmer und Loggia verfügen sie aber auch über eine gewisse Großzügigkeit. Wohnungen mit zwei Einheiten und 54 m² bis 77 m² sind ebenfalls kompakt, aber für zwei bis vier Personen gedacht und ermöglichen zum Beispiel auch Alleinerziehenden mit Kindern individuellen Rückzug. Wohnungen mit mehreren Einheiten sind für größere Haushalte wie Familien oder Wohngemeinschaften konzipiert. Durch Einheiten erlauben sie gemeinschaftliches Wohnen verschiedener Altersgruppen und auch betreutes Wohnen mit Pflege. Die Bereitstellung von 1 % der Wohnungen als besonders kostengünstige „Solidaritätswohnungen" soll Inklusion zusätzlich fördern.

Arbeiten in und nahe der eigenen Wohnung

Die Aufstockungen und Erweiterungen adressieren außerdem eine sich verändernde Arbeitsrealität. Diese ist geprägt von einem zunehmenden Anteil des Dienstleistungssektors an der gesamten Wertschöpfung, einem steigenden Anteil Selbstständiger unter Erwerbstätigen sowie einer wachsenden Zahl von Ein-Personen-Unternehmen. Infolge der Ausweitung von Homeoffice in der Covid-19-Pandemie erwarten Arbeitnehmer*innen und Arbeitgeber*innen außerdem auch zukünftig die Möglichkeit, an bestimmten Tagen zu Hause arbeiten zu können. Diese Entwicklungen begünstigen das Arbeiten in der eigenen Wohnung oder in unmittelbarer Nähe.

Wohnen, Arbeiten, temporäre Nutzungen

Die Räume in den Aufstockungen verfügen über 3 m Höhe und eignen sich so in besonderem Maße auch für Arbeitsplätze oder als Ateliers für Wohnen und Arbeiten. In den Erweiterungen ist die Raumhöhe durch bestehende Geschosse zwar auf 2,50 m begrenzt, durch offene Grundrisse lassen sich aber ebenfalls Arbeitsplätze einrichten. Leichtbauwandabschnitte in den Aufstockungen und Erweiterungen erleichtern die Zusammenlegung und Abtrennung von Räumen und Wohnungen. In jedem Gebäude ist für die temporäre Nutzung je eine kompakte Wohnung als „Pluseinheit" vorgesehen, die Bewohner*innen zum Beispiel für Arbeit, Kinderspiel oder Gäste nutzen können.

„Wohnraum im Freien"

Alle neuen Wohnungen sind beidseitig belichtet und belüftet. Bodentiefe Fenster erhöhen den natürlichen Lichteinfall, gewähren Zugang zu den Loggien und stärken so den Bezug zu den Grünflächen. Die Breite der Fenster und die Position der Türen sind so gewählt, dass links und rechts davon Wandabschnitte mit 0,60 m Breite bleiben, damit Standardmöbel wie Kleiderschränke Platz finden. In den bestehenden Wohnungen wird das Stahlbeton-Fertigteil mit Fenster und Tür zur Loggia durch ein neues Fertigteil ersetzt. Dieses ermöglicht wesentlich großzügigere bodentiefe Fenster, um den Bezug zu Loggia und Grünflächen zusätzlich zu fördern. Bestehende Loggien werden außerdem durch deutlich größere ersetzt, die nun Freiraum vor Wohn-, Schlaf- und Kinderzimmern bieten. Die Loggien erweitern so bestehende und neue Wohnungen um überdachten und windgeschützten „Wohnraum im Freien" und beschatten im Sommer die Fassade.

Barrierefreier Zugang

Die nun fünfgeschossigen Wohngebäude erhalten durch Laubengänge und Aufzüge barrierefreien Zugang zu allen Wohnungen. Ehemalige Stiegenhäuser dienen dabei als gemeinsame Vorräume. Die neungeschossigen Wohngebäude gelten mit Fluchtniveaus von mehr als 22 m über angrenzendem Gelände heute als Hochhäuser. Bestehende Stiegenhäuser werden daher zu barrierefreien Sicherheitsstiegenhäusern mit Druckbelüftung und Feuerwehraufzug ertüchtigt. Die Stahlbeton-Fertigteil-Treppenläufe werden dabei in neuen Laubengängen und Sicherheitsstiegenhäusern wieder verwendet. Um den Höhenunterschied von einem Halbgeschoß zwischen Erdgeschoss und angrenzendem Gelände barrierefrei überwinden zu können, erhalten sämtliche Aufzüge auf Geländeniveau eine zusätzliche Haltestelle, deren Zugang sich auf der allen weiteren Zugängen gegenüberliegenden Seite befindet.

Kein Umziehen oder Ausziehen

Auf Wunsch von Bewohner*innen wird auch das Innere bestehender Wohnungen barrierefrei gestaltet. Dazu werden Vorraum, Bad und WC umgebaut. Anbauten werden selbsttragend umgesetzt, Aufstockungen nutzen bestehende Schächte und Tragwerk. Das Innere von Bestandswohnungen kann auf Wunsch der Bewohner*innen also unverändert bleiben. Das heißt, dass diese während der Transformation weder umziehen noch ausziehen müssen. Auch infolge der Transformation können Bewohner*innen in ihren Wohnungen weiterhin wohnen.

Sichtbarkeit

Die ökosoziale Transformation ist durch ihr wiedererkennbares Erscheinungsbild klar als (gesellschafts-)politisches Projekt erkennbar. Vor allem durch Loggien, Laubengänge und Holzfassaden erscheinen Bestand, Erweiterungen und Aufstockungen dabei als Gesamtheit. Loggien und Laubengänge tragen auch dazu bei, die Trennung zwischen Innen- und Außenraum abzubauen, Wohnen sichtbarer zu machen und so der Individualität der Bewohner*innen Ausdruck zu verleihen.

Infolge der Transformation

Wohnungsverteilung

		Vor der Transformation			Infolge der Transformation	
	2-R	666 W	35 %		666 W	27 %
	1-E				386 W	15 %
	3-R	1.246 W	65 %		1.246 W	50 %
	2-E				126 W	5 %
	3-E				26 W	1 %
	3+-E				52 W	2 %
	5-E				4 W	0,2 %
	Wohnungen	1.912 W	100 %	x 1,3	2.506 W	100 %
	Davon					
	Pluseinheiten				33 W	1 %
	Solidaritätswohnungen				25 W	1 %

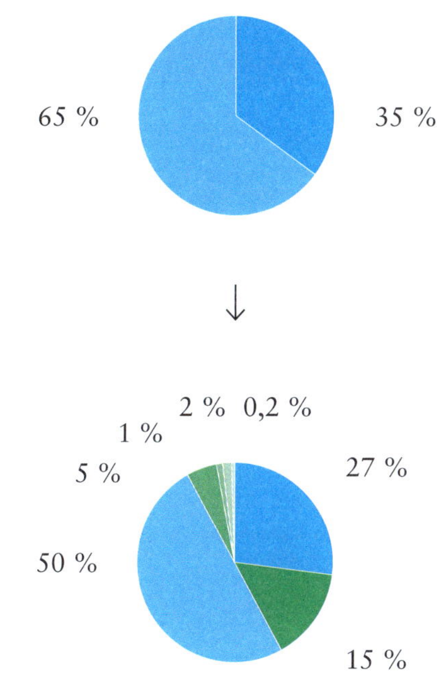

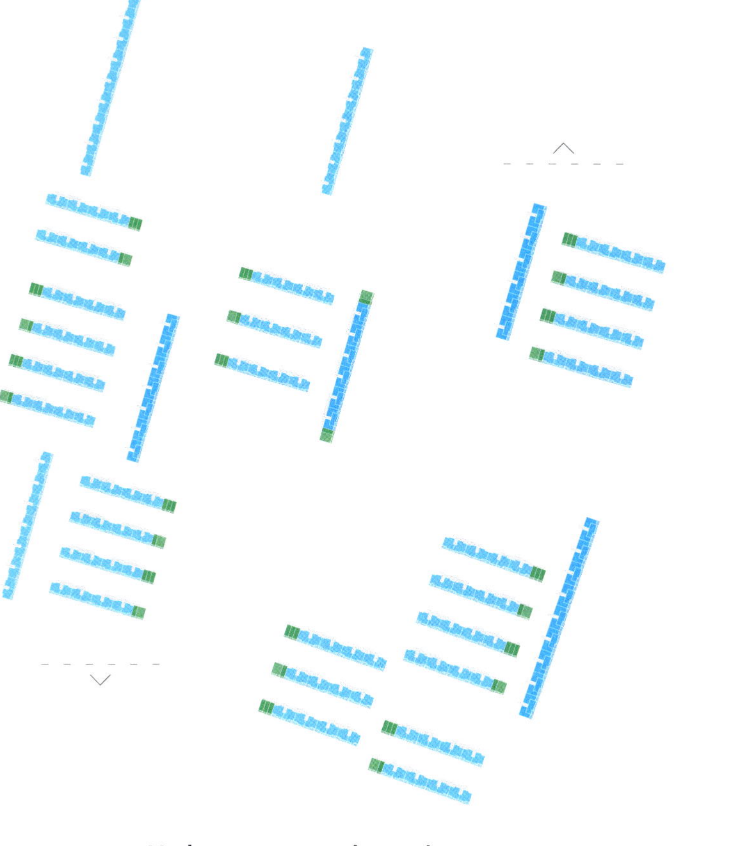

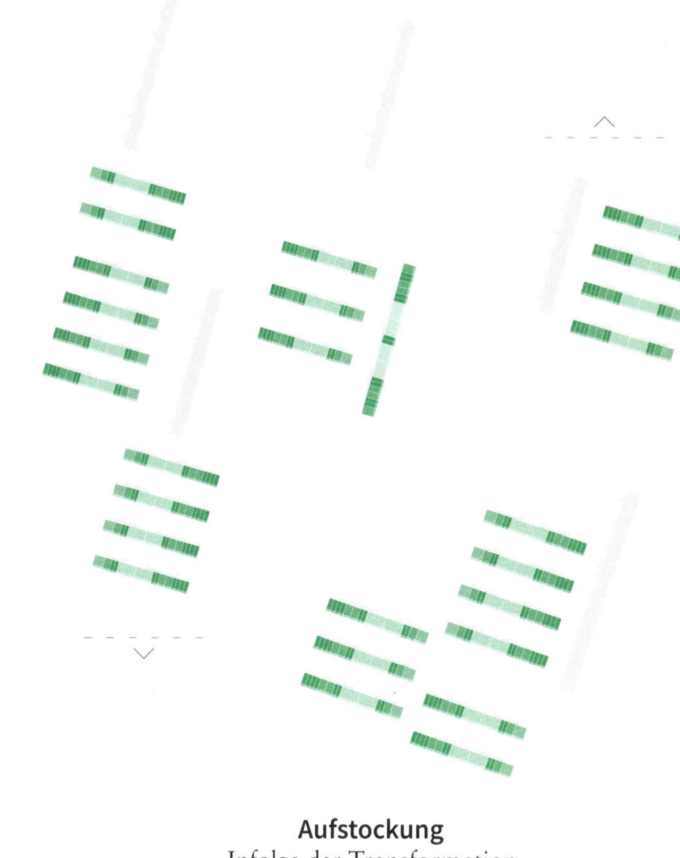

→ **Verbesserung und Erweiterung**
Infolge der Transformation

\+ **Aufstockung**
Infolge der Transformation

Differenzierung Wohnungstypen

Bestand Vor der Transformation	**Verbesserung und Erweiterung** Infolge der Transformation	**Aufstockung** Infolge der Transformation

Typ A
26 Gebäude

 →  + 

4 Geschoße

8 x	3-R	73 m^2 ·	6 m^2

4 Geschoße

1 x	1-E	34 m^2 ·	6 m^2
1 x	2-E	70 m^2 ·	12 m^2
8 x	3-R	73 m^2 ·	19 m^2

+ 1 Geschoß

6 x	1-E	34 m^2 ·	6 m^2
3 x	2-E	54 m^2 ·	9 m^2
1 x	2-E	70 m^2 ·	12 m^2
1 x	3-E	89 m^2 ·	15 m^2
2 x	3^+-E	146 m^2 ·	24 m^2

Typ B
1 Gebäude

 →  +

4 Geschoße

18 x	2-R	56 m^2 ·	6 m^2

4 Geschoße

2 x	1-E	38 m^2 ·	6 m^2
18 x	2-R	56 m^2 ·	10 m^2
2 x	2-E	77 m^2 ·	12 m^2

+ 1 Geschoß

10 x	1-E	38 m^2 ·	6 m^2
4 x	2-E	60 m^2 ·	9 m^2
2 x	2-E	77 m^2 ·	12 m^2
4 x	5-E	160 m^2 ·	24 m^2

Typ C
3 Gebäude

 → 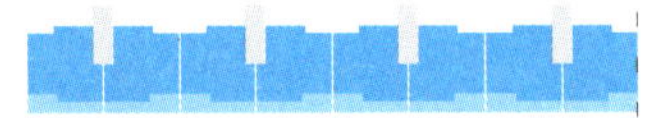

9 Geschoße

14 x	3-R	73 m^2 ·	6 m^2

9 Geschoße

14 x	3-R	73 m^2 ·	19 m^2

Typ D
3 Gebäude

 → 

9 Geschoße

21 x	2-R	56 m^2 ·	6 m^2

9 Geschoße

21 x	2-R	56 m^2 ·	10 m^2

m^2 · m^2 Nutzfläche · Loggia
-R -Raum-Wohnung
-E -Einheiten-Wohnung

Transformation Wohnungstypen

4 Wohnungstypen
Vor der Transformation

13 Wohnungstypen
Infolge der Transformation

3-R, 73 m^2 · 6 m^2 → 3-R, 73 m^2 · 19 m^2 + 1-E, 34 m^2 · 6 m^2 + 2-E, 54 m^2 · 9 m^2 + 2-E, 70 m^2 · 12 m^2 + 3-E, 89 m^2 · 15 m^2 + 3^+-E, 146 m^2 · 24 m^2

2-R, 56 m^2 · 6 m^2 → 2-R, 56 m^2 · 10 m^2 + 1-E, 38 m^2 · 6 m^2 + 2-E, 60 m^2 · 9 m^2 + 2-E, 77 m^2 · 12 m^2 + 5-E, 160 m^2 · 24 m^2

3-R, 73 m^2 · 6 m^2 → 3-R, 73 m^2 · 19 m^2

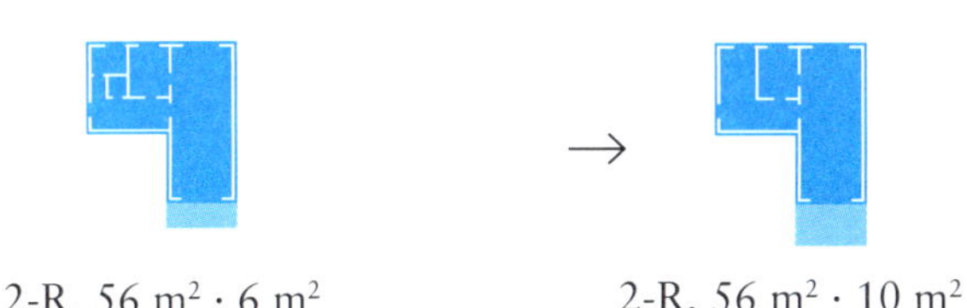

2-R, 56 m^2 · 6 m^2 → 2-R, 56 m^2 · 10 m^2

Typ A vor der Transformation

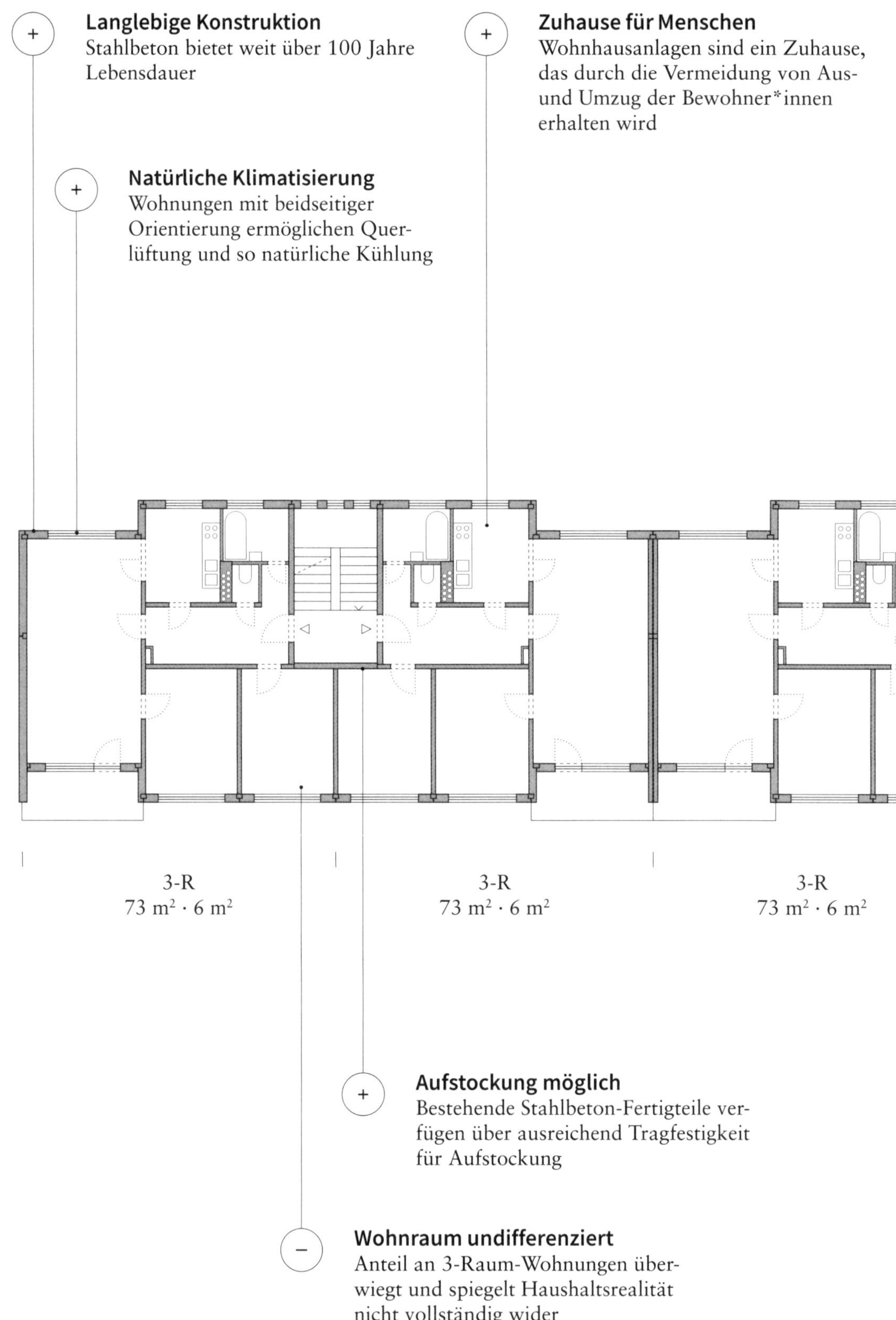

1:200

4 Geschoße, je

8 x 3-R 73 m² · 6 m²

Gebäudehülle nicht gedämmt
Fassade, Dach, Keller und Fenster verursachen hohe Wärmeverluste und somit hohen Heizwärmebedarf

Nutzung fossiler Energie
Dezentrale Gasthermen stellen Warmwasser und teilweise auch Heizwärme für Hochtemperaturheizsystem mit Radiatoren bereit

Wohnungen nicht barrierefrei
WCs und Vorräume vor den Bädern bieten zu wenig Raum zum Manövrieren im Rollstuhl

Zugang nicht barrierefrei
Stiegenhaus hat keinen Aufzug, Position der Wohnungstür lässt zu wenig Raum für barrierefreie Bewegung

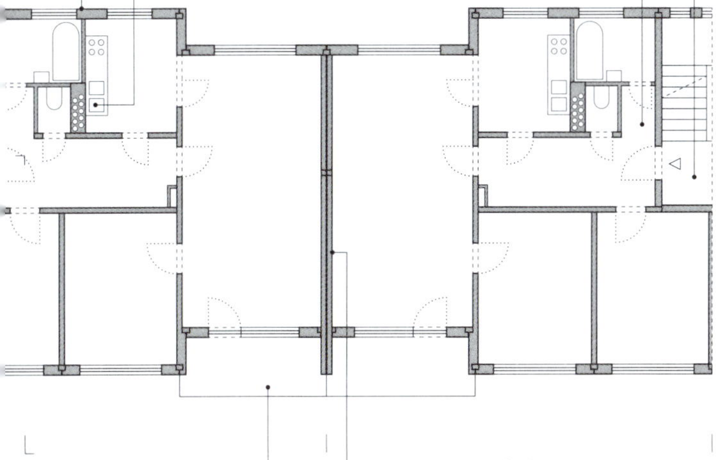

13,0 m

2,5 m

2,5 m

2,5 m

2,5 m

3-R
73 m² · 6 m²

3-R
73 m² · 6 m²

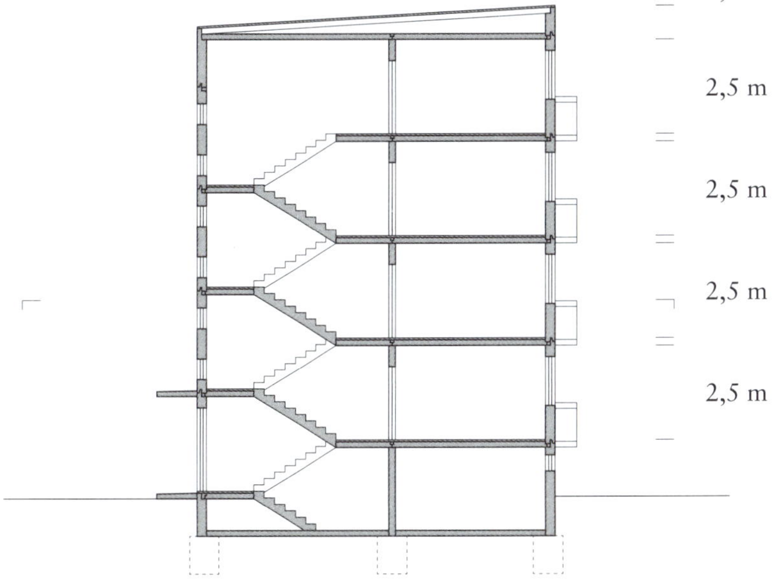

Schallschutz kaum vorhanden
Wohnungstrennwände und Geschoßdecken dämmen Luftschall und Körperschall kaum

Freiraum und Bezug zum Außenraum ausbaufähig
Loggia ist durch Tür und Fenster mit Parapet mit Innenraum verbunden, Außenraumbezug somit ausbaufähig

Typ A während der Transformation

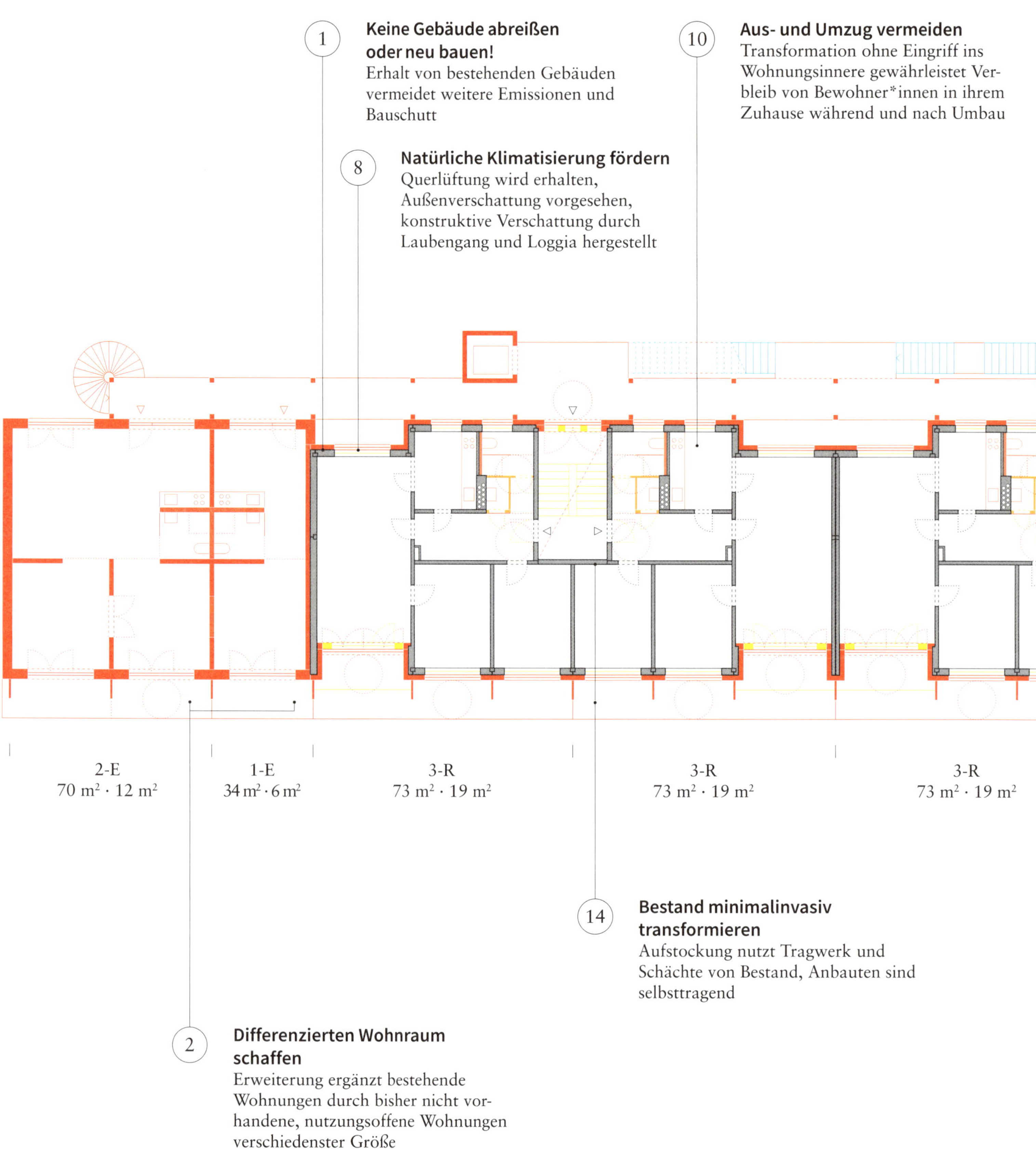

1:200

26 Gebäude, je
32 + 20 Wohnungen
2.340 + 1.140 m² Nutzfläche
79 + 39 Personen ø

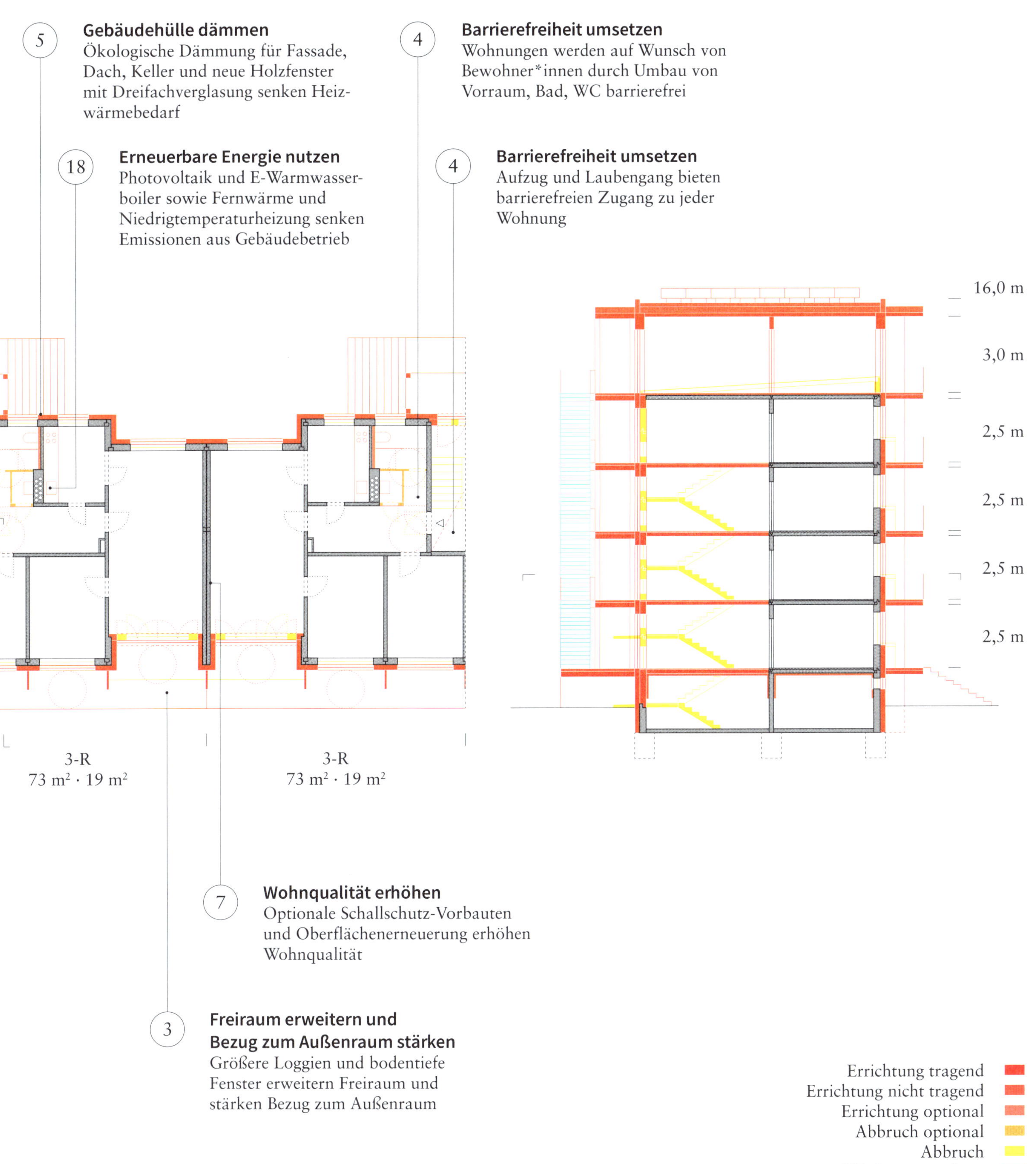

Typ A infolge der Transformation

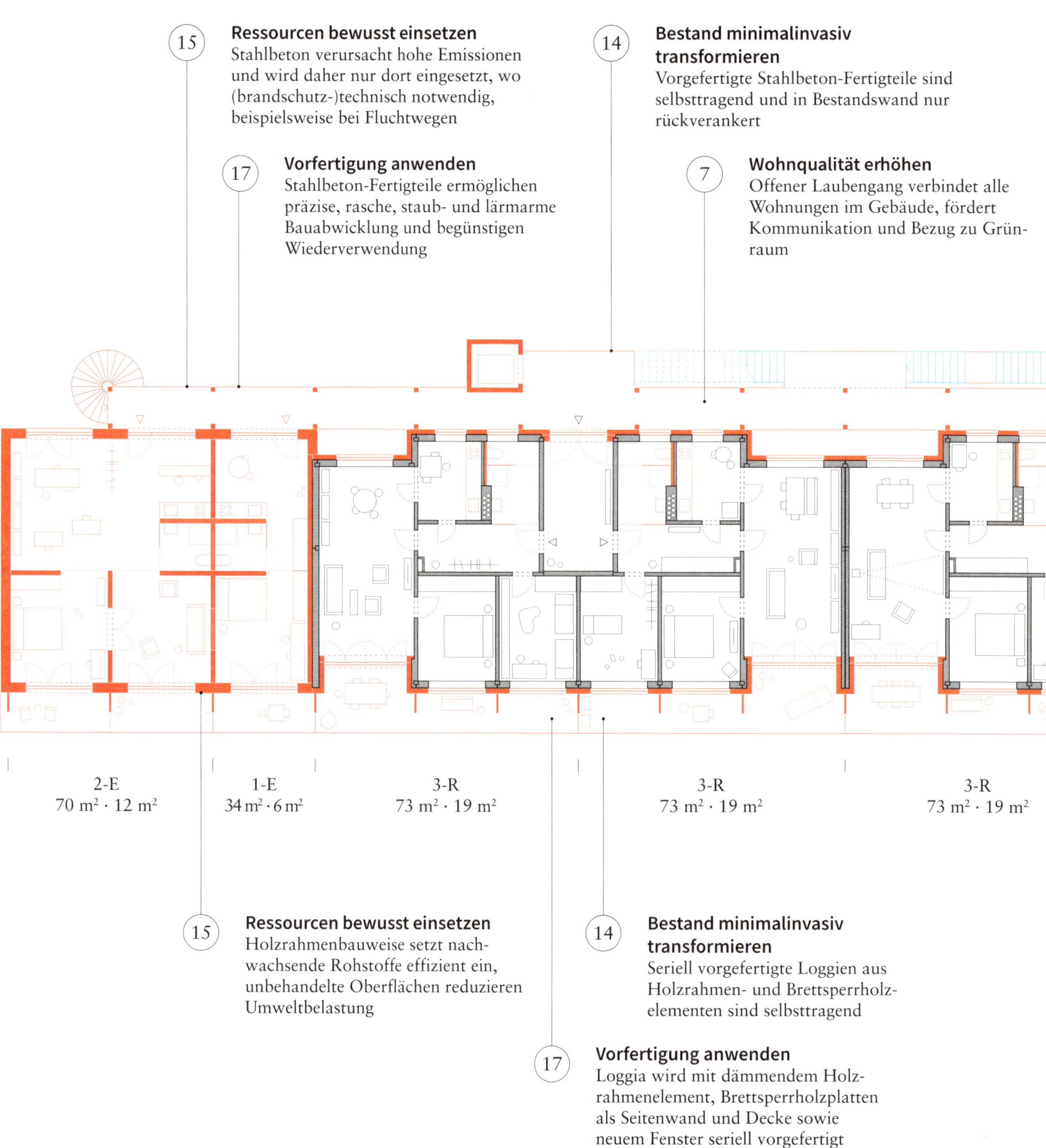

1:200

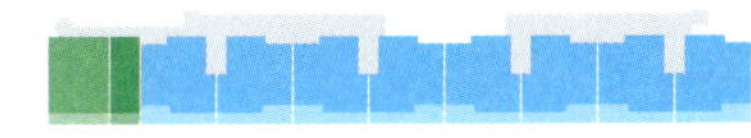

4 Geschoße, je

1 x	1-E	34 m²	· 6 m²	
1 x	2-E	70 m²	· 12 m²	
8 x	3-R	73 m²	· 19 m²	

Biotope erweitern und verbessern (13)
Dachflächen bieten geschützte Biotope für Flora und Fauna, speichern Regenwasser und kühlen durch Verdunstung

3-R
73 m² · 19 m²
3-R
73 m² · 19 m²

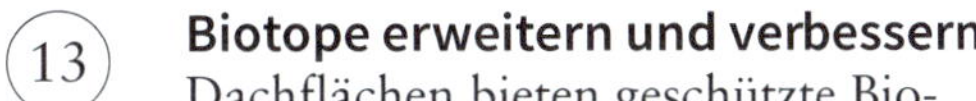

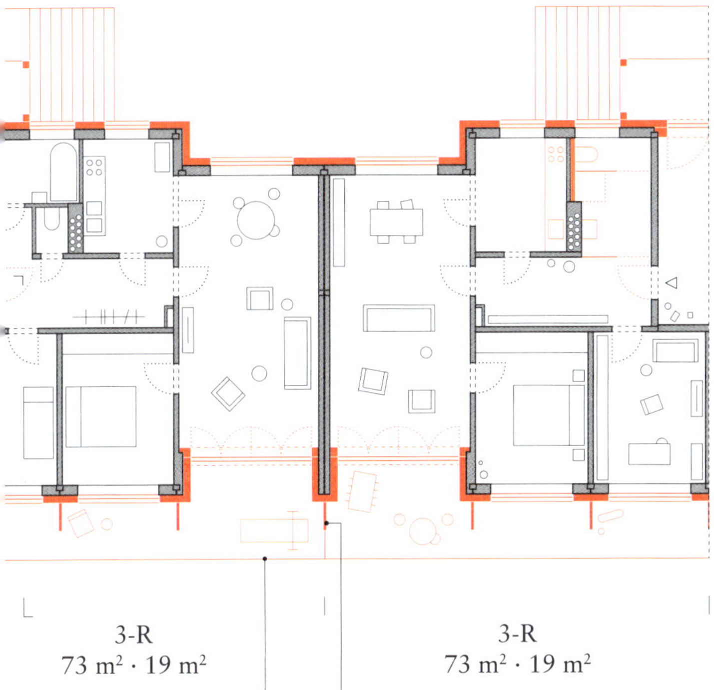

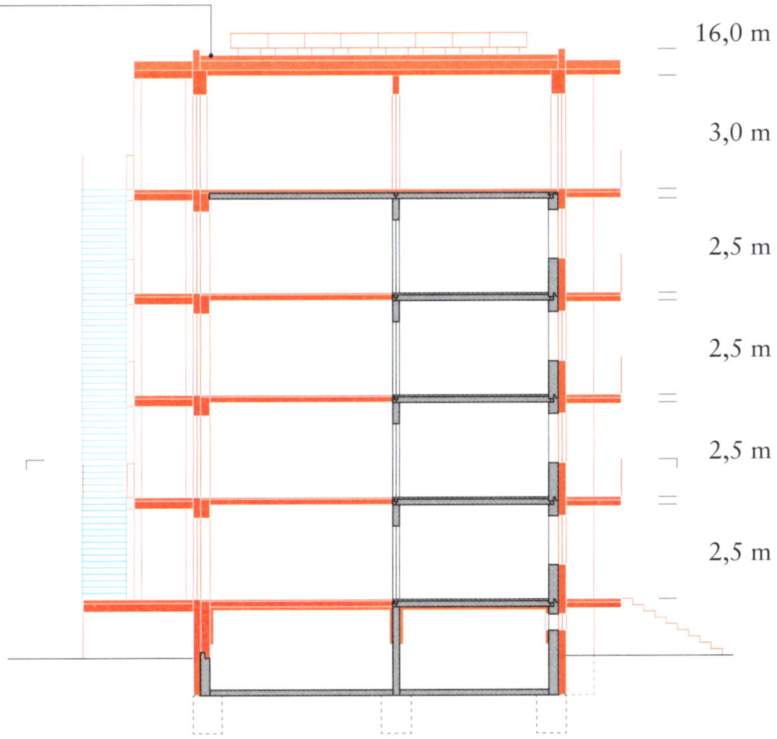

16,0 m
3,0 m
2,5 m
2,5 m
2,5 m
2,5 m

Langlebige Konstruktion planen (16)
Tragende Brettsperrholz-Seitenwände sind zurückversetzt und so vor Witterung geschützt

Natürliche Klimatisierung fördern (8)
Auskragende Brettsperrholzdecken von Loggien bietet konstruktive Verschattung bei Sommersonne und Lichteinfall bei Wintersonne

Errichtung tragend
Errichtung nicht tragend
Errichtung optional
Wiederverwendung
Bestand

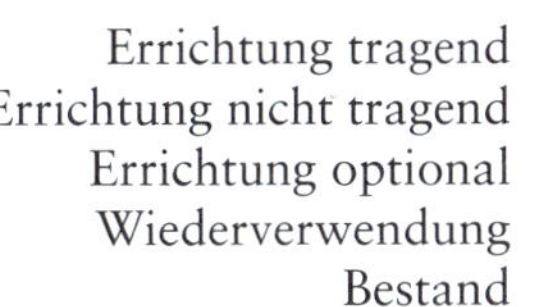

Typ A infolge der Transformation, Aufstockung

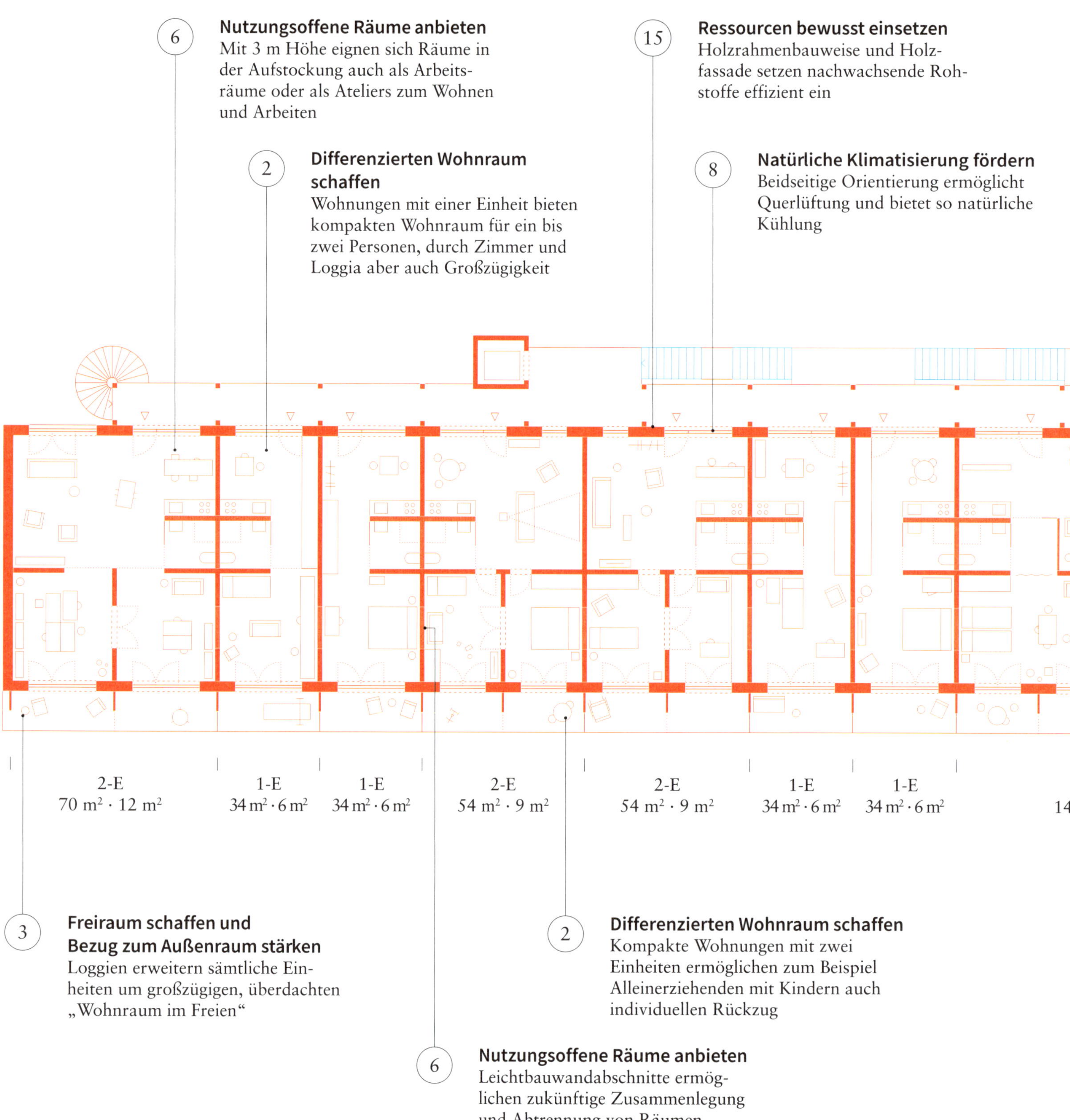

1:200

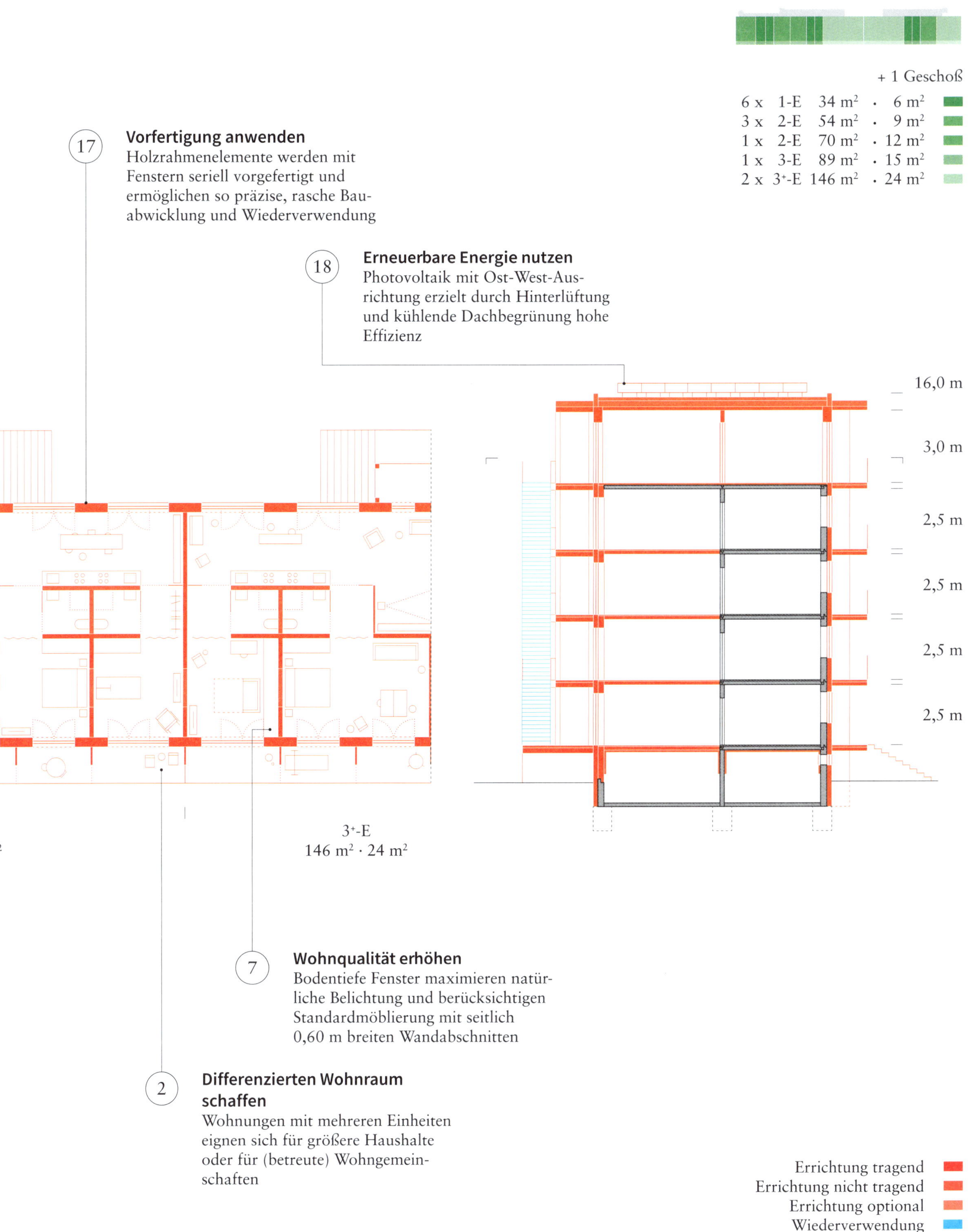

+ 1 Geschoß
6 x 1-E 34 m² · 6 m²
3 x 2-E 54 m² · 9 m²
1 x 2-E 70 m² · 12 m²
1 x 3-E 89 m² · 15 m²
2 x 3⁺-E 146 m² · 24 m²
17
Vorfertigung anwenden
Holzrahmenelemente werden mit Fenstern seriell vorgefertigt und ermöglichen so präzise, rasche Bauabwicklung und Wiederverwendung
18
Erneuerbare Energie nutzen
Photovoltaik mit Ost-West-Ausrichtung erzielt durch Hinterlüftung und kühlende Dachbegrünung hohe Effizienz
16,0 m
3,0 m
2,5 m
2,5 m
2,5 m
2,5 m
m²
3⁺-E
146 m² · 24 m²
7
Wohnqualität erhöhen
Bodentiefe Fenster maximieren natürliche Belichtung und berücksichtigen Standardmöblierung mit seitlich 0,60 m breiten Wandabschnitten
2
Differenzierten Wohnraum schaffen
Wohnungen mit mehreren Einheiten eignen sich für größere Haushalte oder für (betreute) Wohngemeinschaften
Errichtung tragend
Errichtung nicht tragend
Errichtung optional
Wiederverwendung
Bestand

Typ B vor · während der Transformation

2-R
56 m^2 · 6 m^2

2-R
56 m^2 · 6 m^2

2-R
56 m^2 · 6 m^2

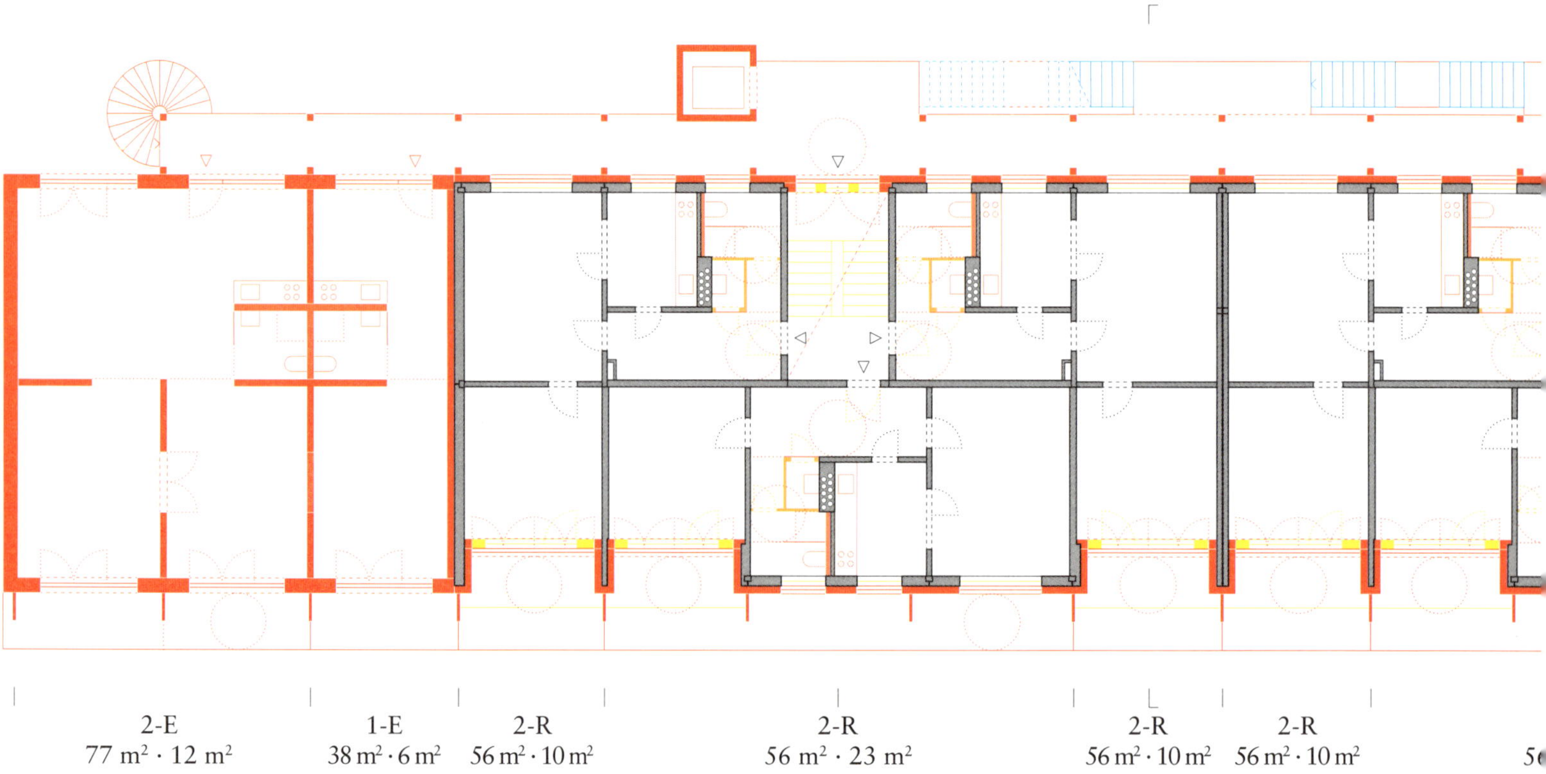

2-R
56 m^2 · 6 m^2

2-E
77 m^2 · 12 m^2

1-E
38 m^2 · 6 m^2

2-R
56 m^2 · 10 m^2

2-R
56 m^2 · 23 m^2

2-R
56 m^2 · 10 m^2

2-R
56 m^2 · 10 m^2

1:200

4 Geschoße, je

18 x 2-R 56 m² · 6 m²

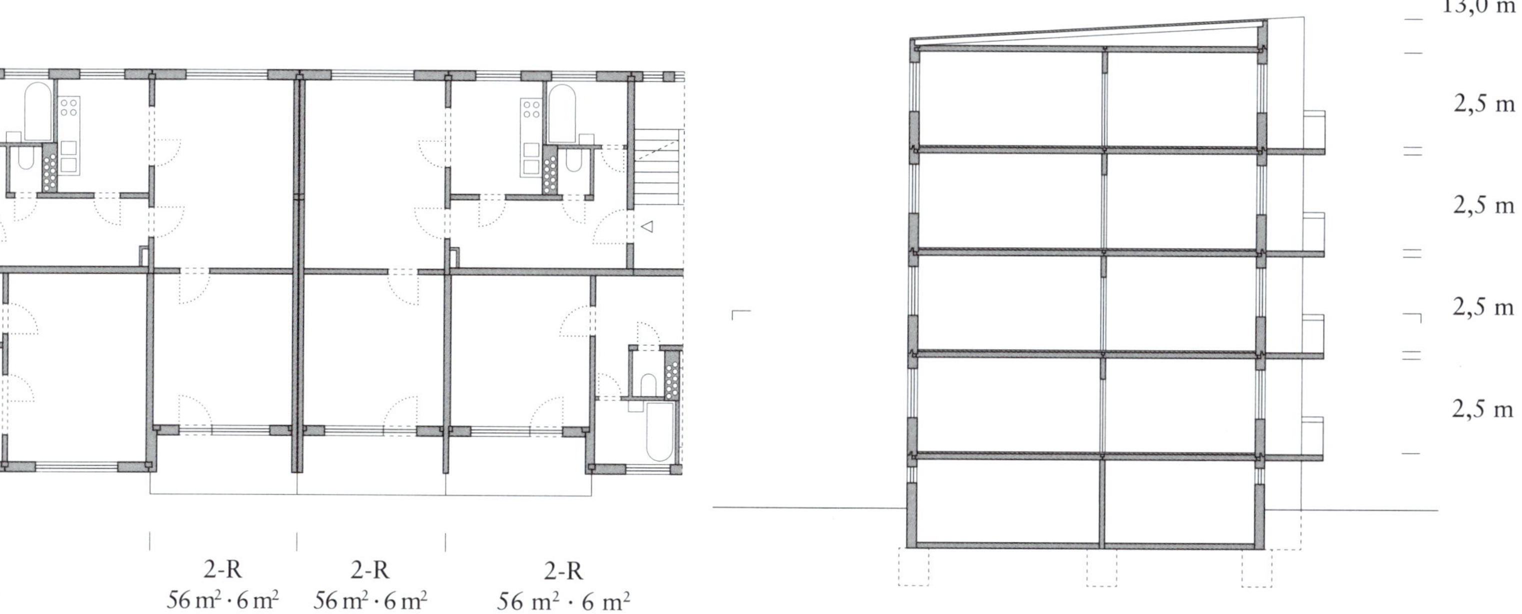

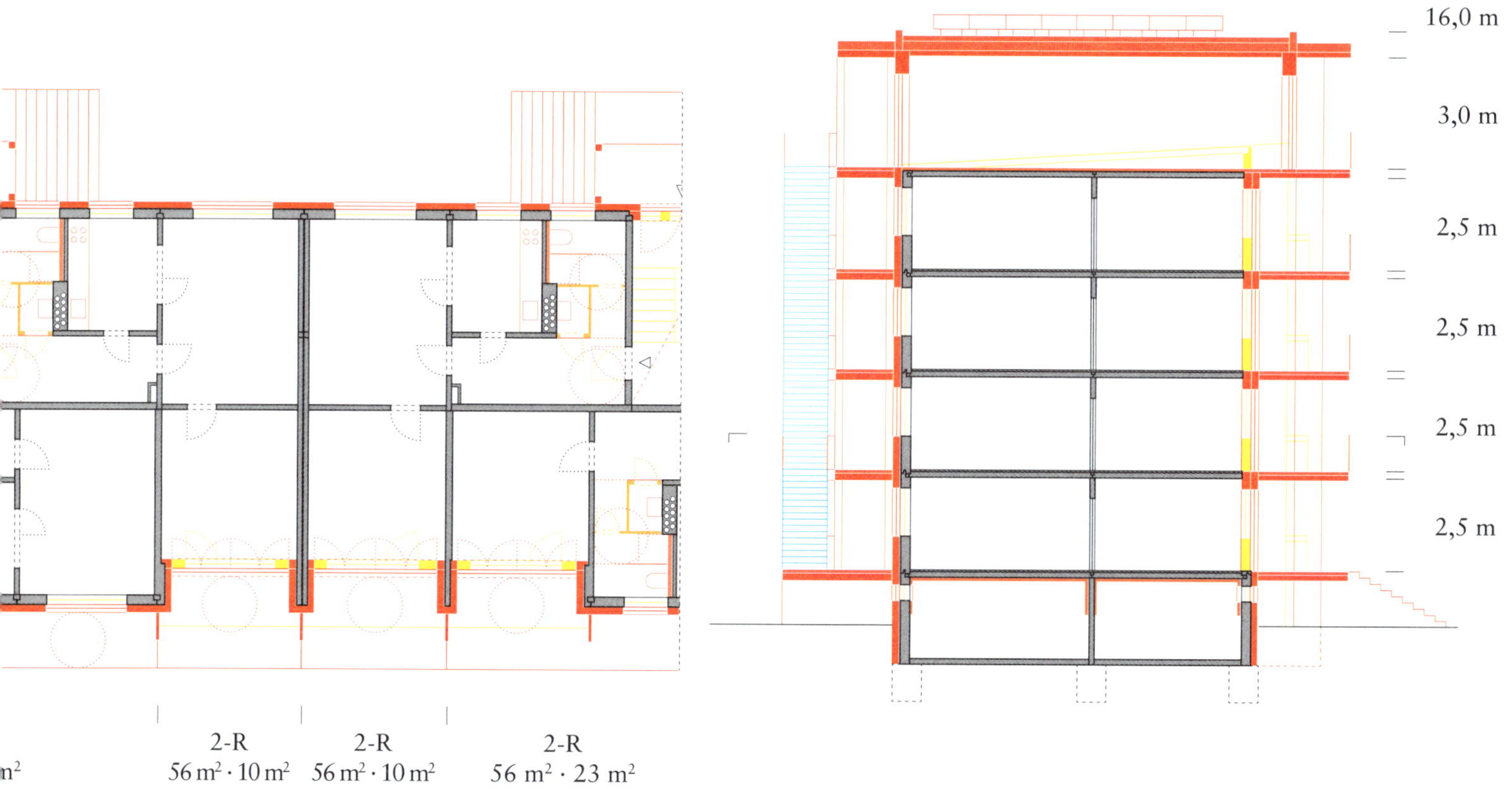

1 Gebäude
72 + 36 Wohnungen
4.030 + 1.880 m² Nutzfläche
137 + 64 Personen ø

Typ B infolge der Transformation, Aufstockung

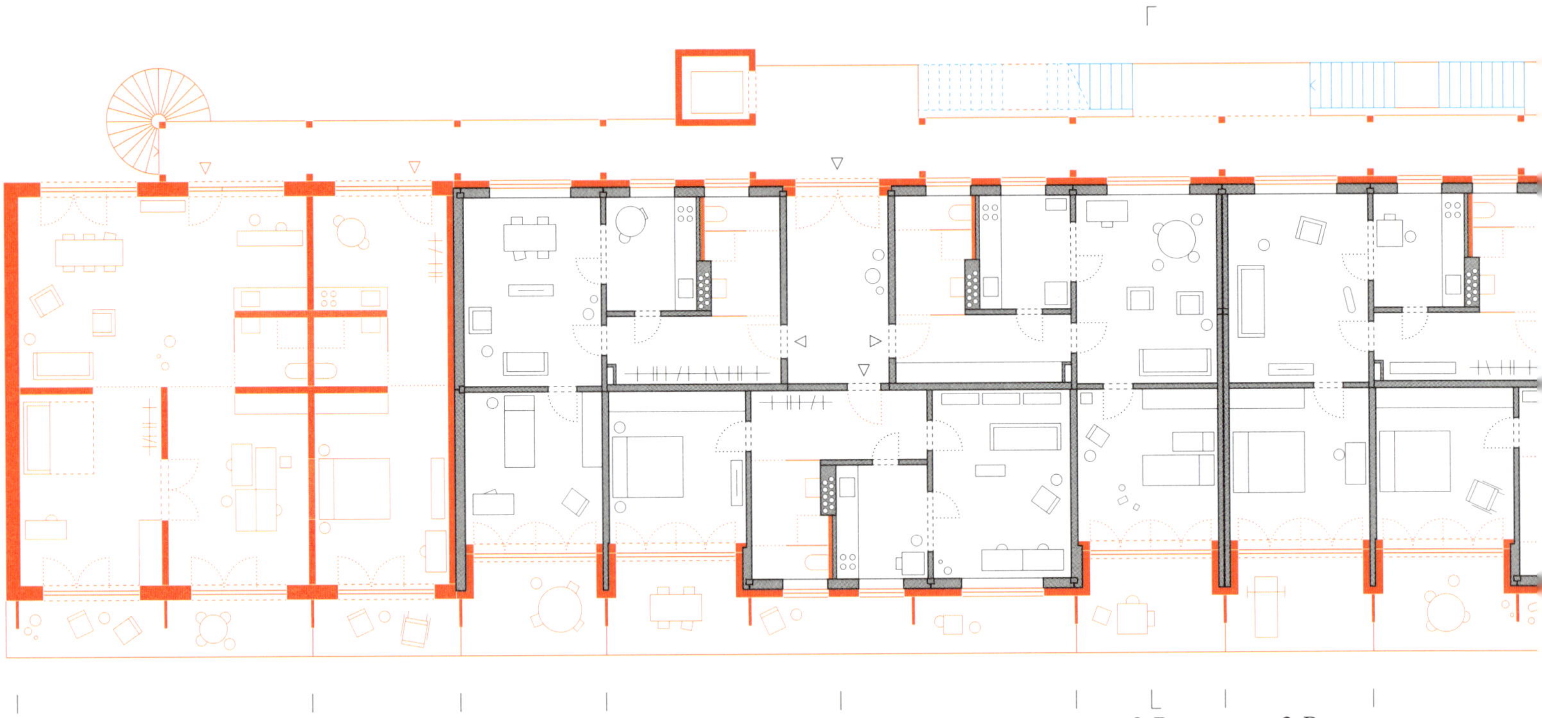

2-E	1-E	2-R	2-R	2-R	2-R	5
77 m² · 12 m²	38 m² · 6 m²	56 m² · 10 m²	56 m² · 23 m²	56 m² · 10 m²	56 m² · 10 m²	
Beispiel: Atelier, 4-6 P	Atelier, 1-2 P	1 P	1-2 P	1-2 P	1-2 P	

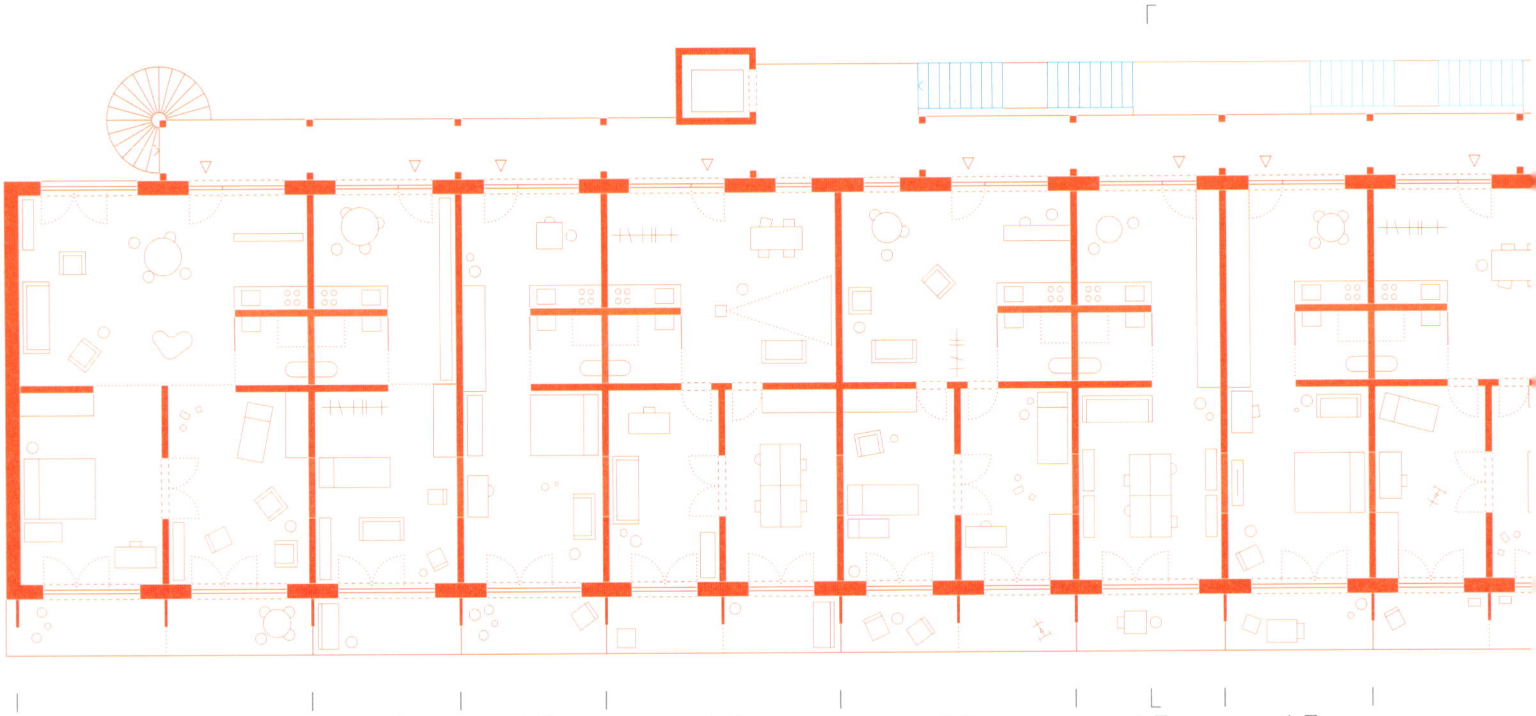

2-E	1-E	1-E	2-E	2-E	1-E	1-E	16
77 m² · 12 m²	38 m² · 6 m²	38 m² · 6 m²	60 m² · 9 m²	60 m² · 9 m²	38 m² · 6 m²	38 m² · 6 m²	
Beispiel: Familie, 3-4 P	Ateliers, je 1-2 P		Pluseinheit	Alleinerziehende*r, 3 P	Ateliers, je 1-4 P		Generat

1:200

4 Geschoße, je

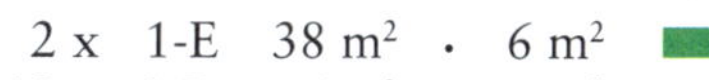

2 x	1-E	38 m²	·	6 m²
18 x	2-R	56 m²	·	10 m²
2 x	2-E	77 m²	·	12 m²

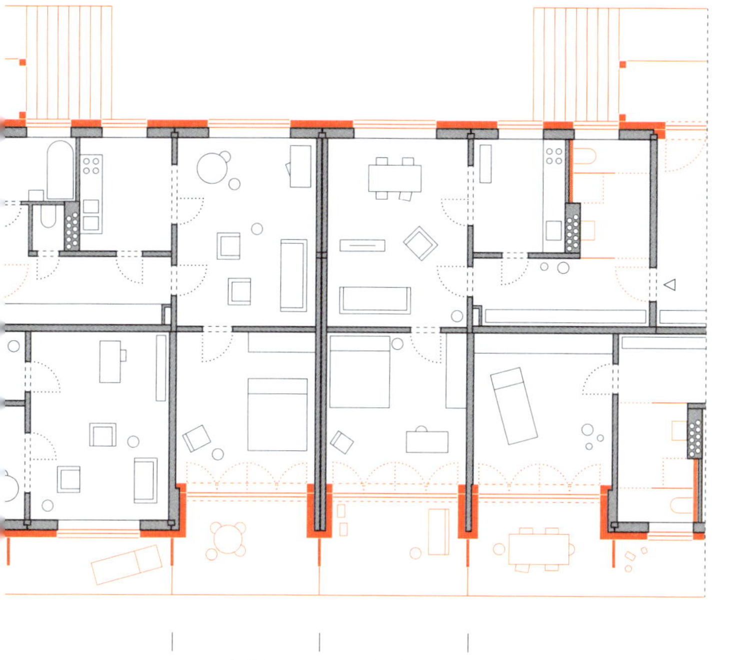

m²

2-R
56 m² · 10 m²
1-2 P

2-R
56 m² · 10 m²
1-2 P

2-R
56 m² · 23 m²
1 P

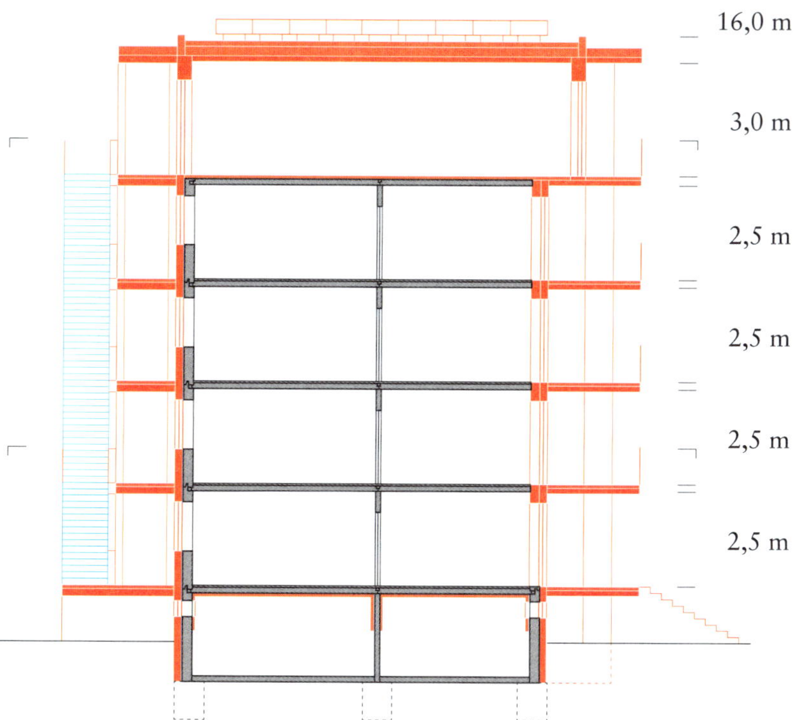

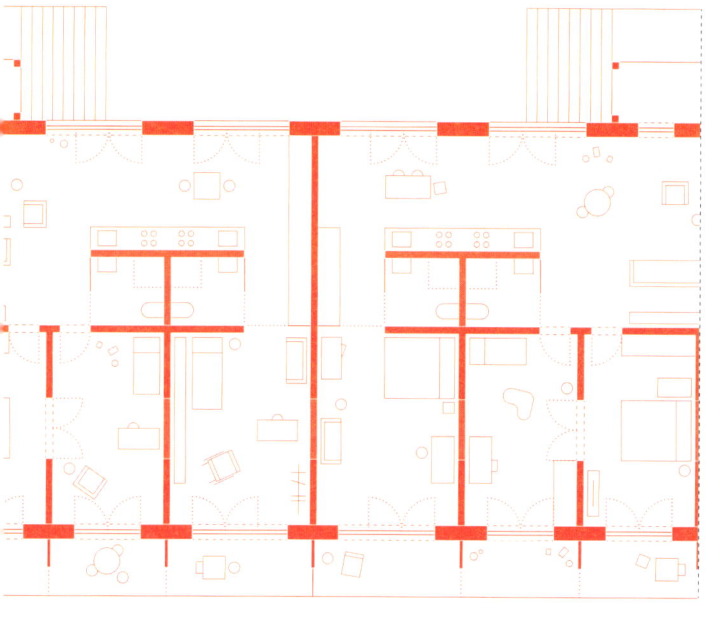

m²
, 5-7 P

5-E
160 m² · 24 m²
Große Familie, 6-8 P

+ 1 Geschoß

10 x	1-E	38 m²	·	6 m²
4 x	2-E	60 m²	·	9 m²
2 x	2-E	77 m²	·	12 m²
4 x	5-E	160 m²	·	24 m²

Typ C, D vor · während der Transformation

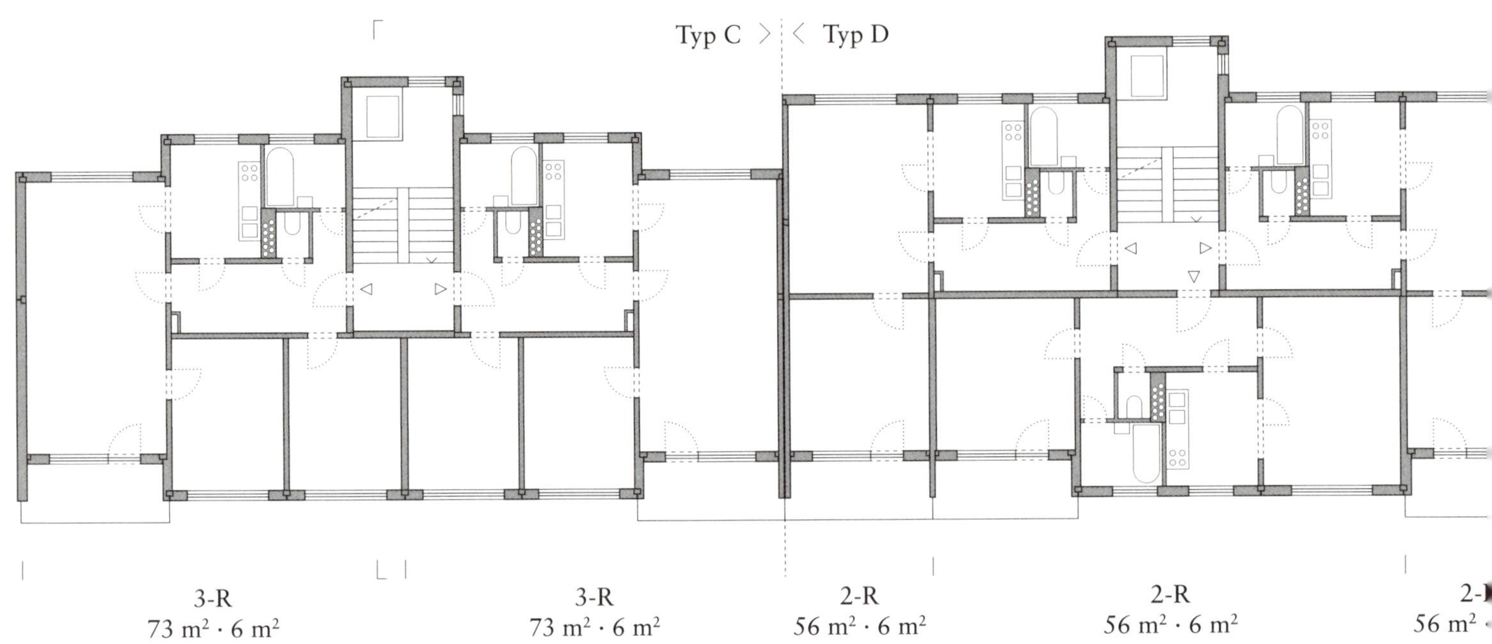

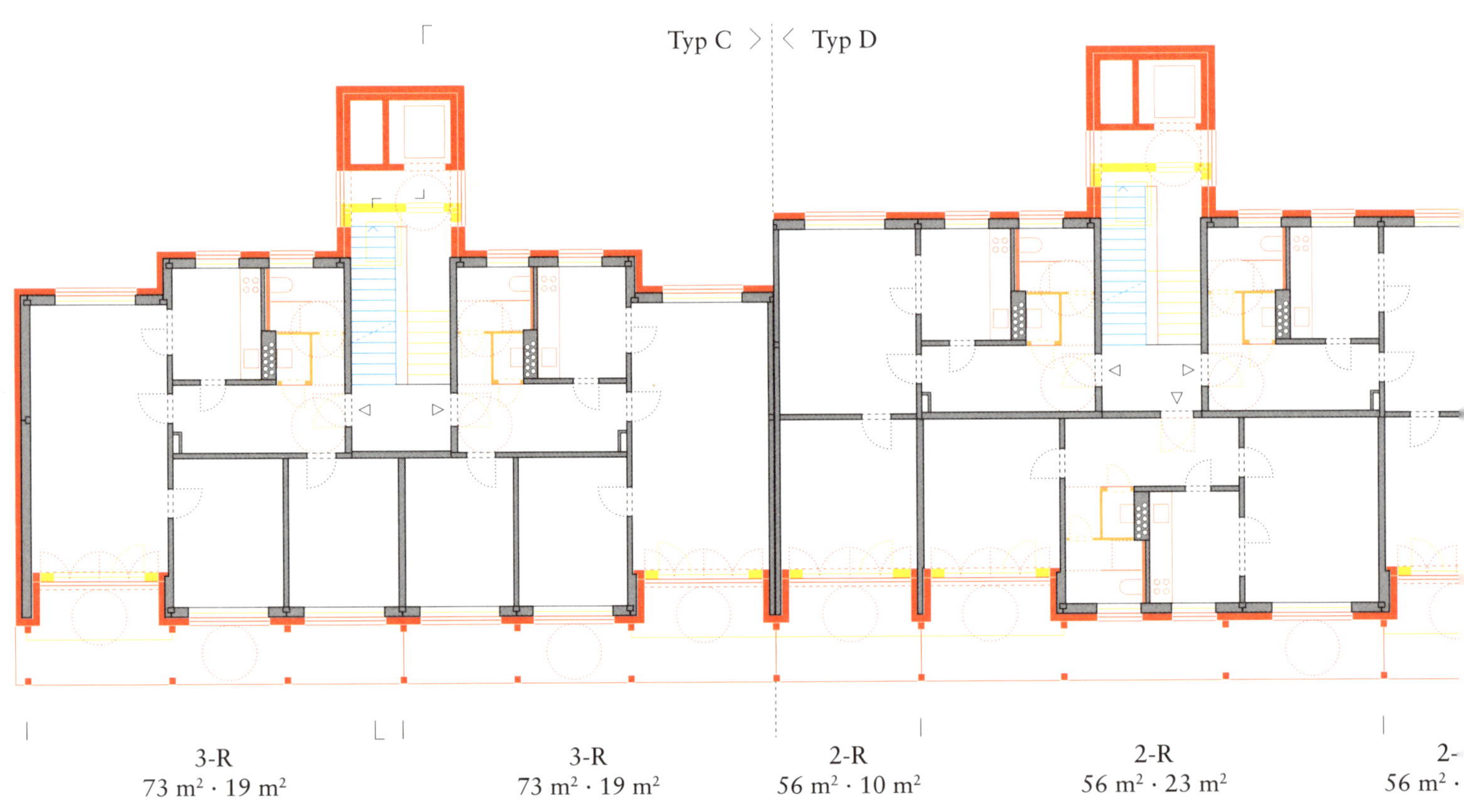

1:200

Typ C, 9 Geschoße, je

14 x 3-R 73 m² · 6 m²

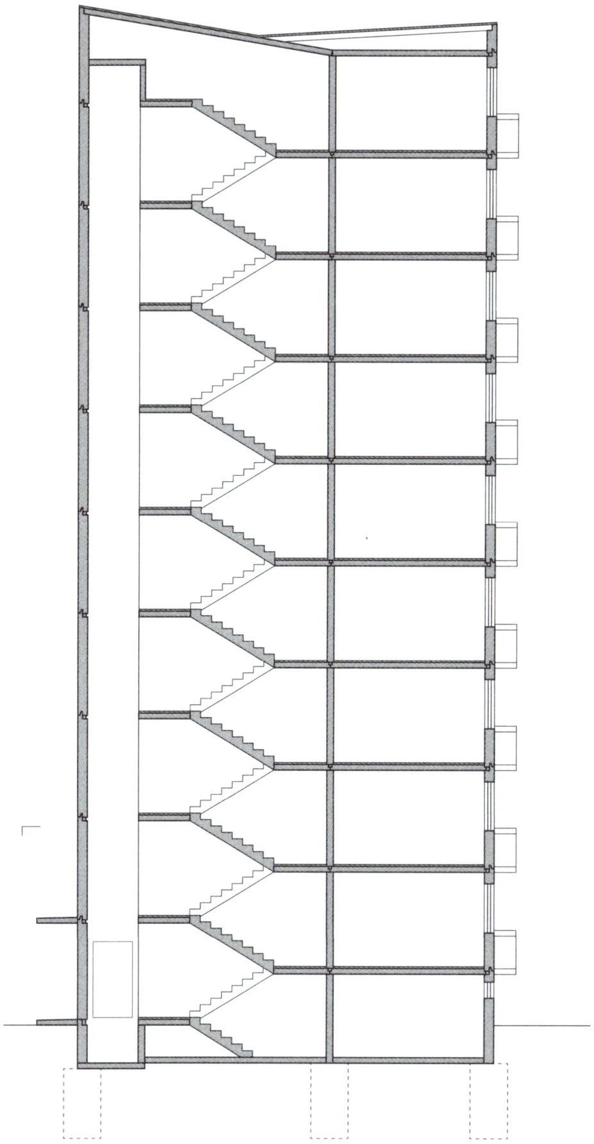

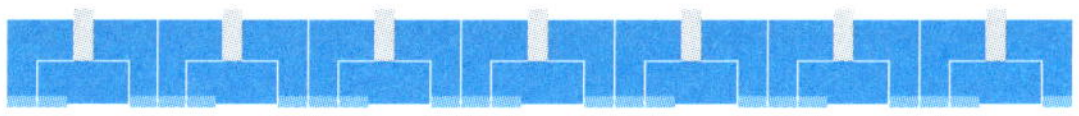

Typ D, 9 Geschoße, je

21 x 2-R 56 m² · 6 m²

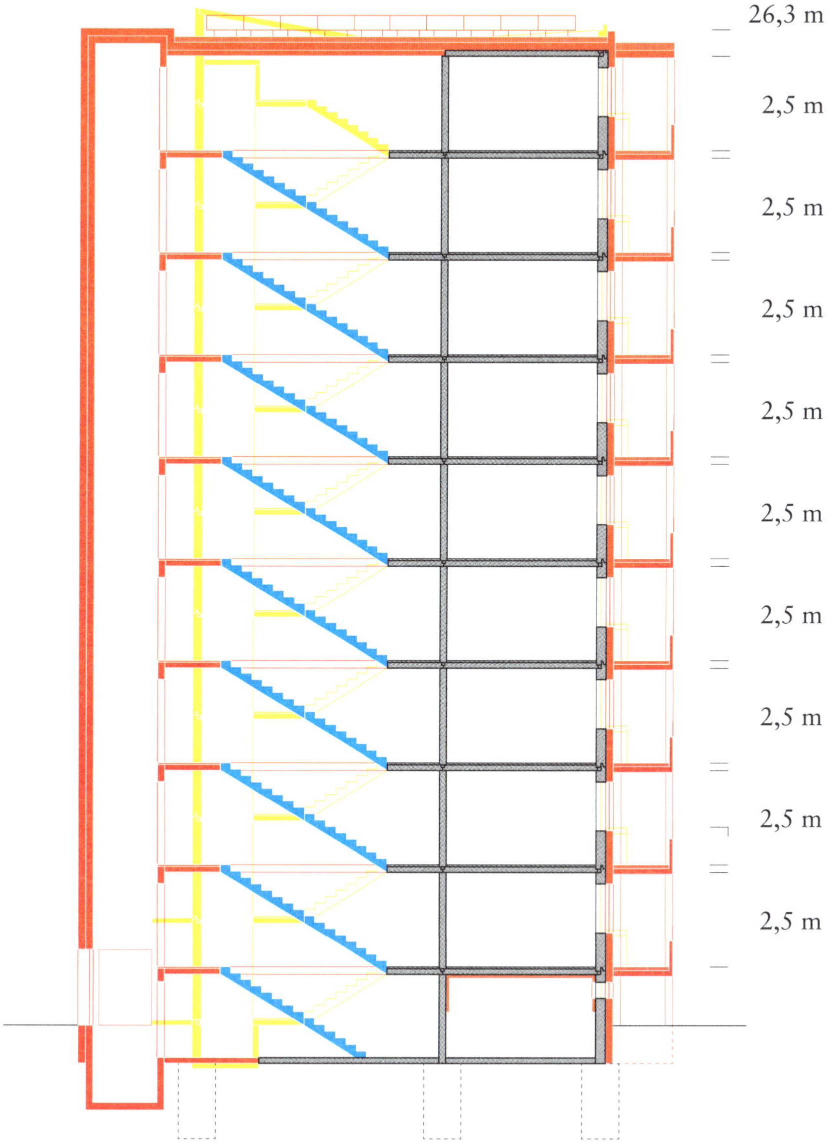

26,3 m

2,5 m

2,5 m

2,5 m

2,5 m

2,5 m

2,5 m

2,5 m

2,5 m

2,5 m

3 Gebäude, je
126 Wohnungen
9.200 m² Nutzfläche
312 Personen ø

3 Gebäude, je
189 Wohnungen
10.580 m² Nutzfläche
359 Personen ø

Typ C, D infolge der Transformation

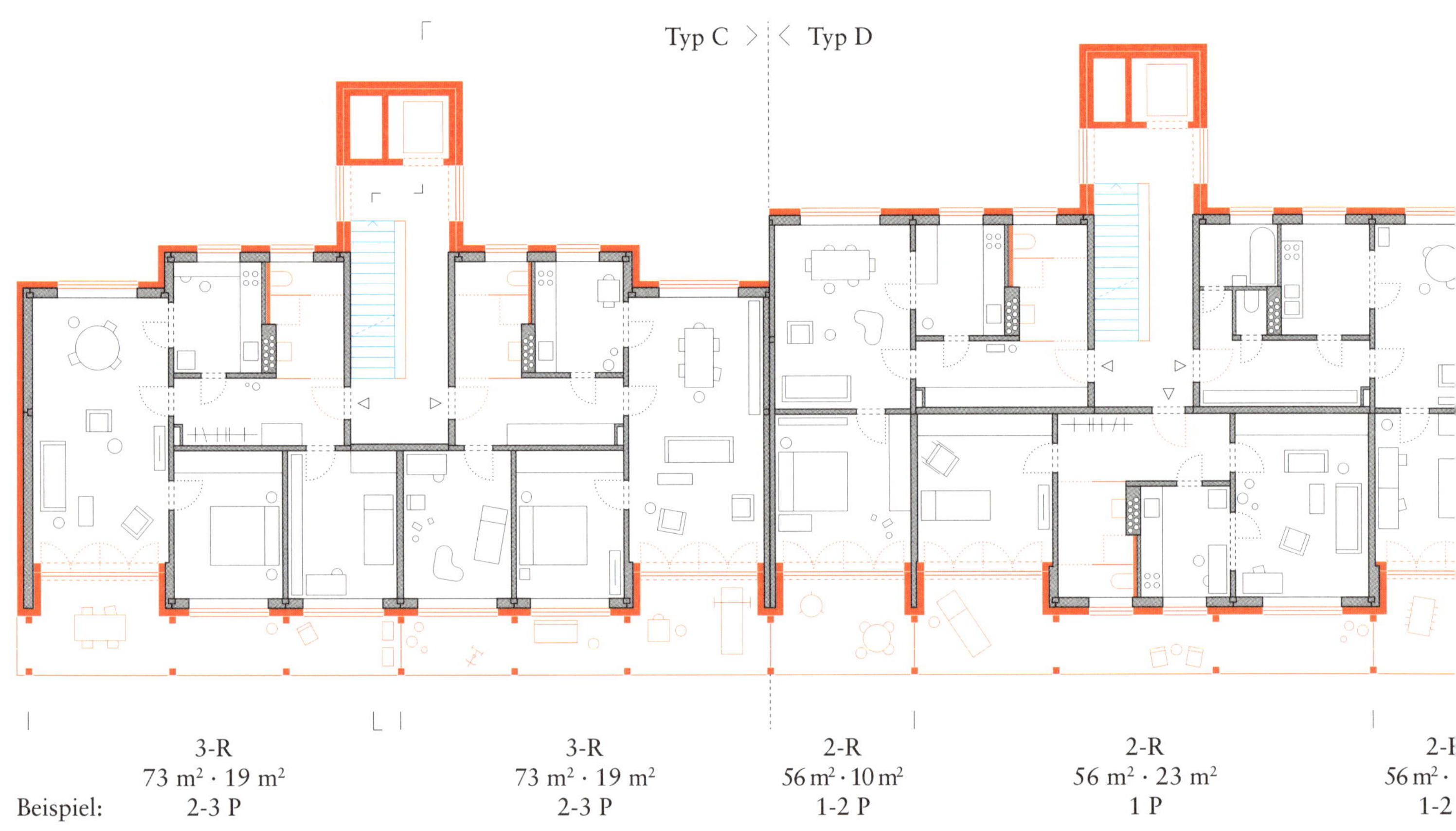

1:200

Typ C, 9 Geschoße, je

14 x 3-R 73 m² · 19 m²

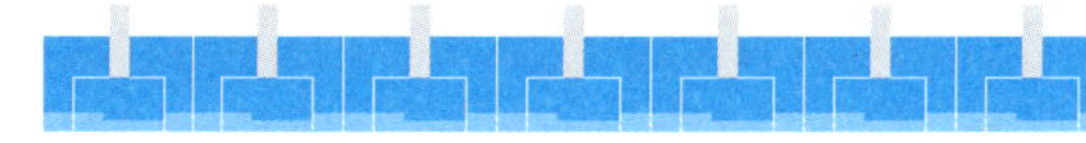

Typ D, 9 Geschoße, je

21 x 2-R 56 m² · 10 m²

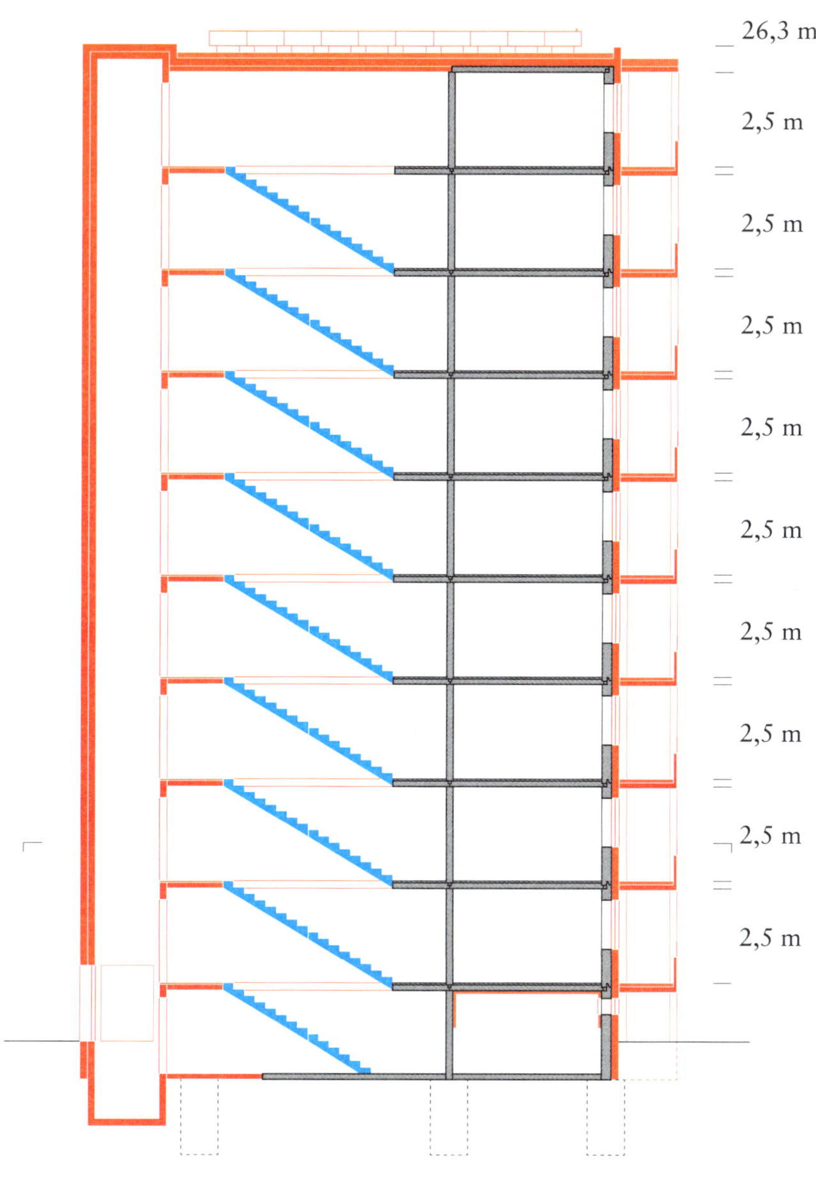

^ Vor der Transformation

˅ Infolge der Transformation

^ Aufstockung

∨ Erweiterung

Vertikal- und Horizontalschnitte

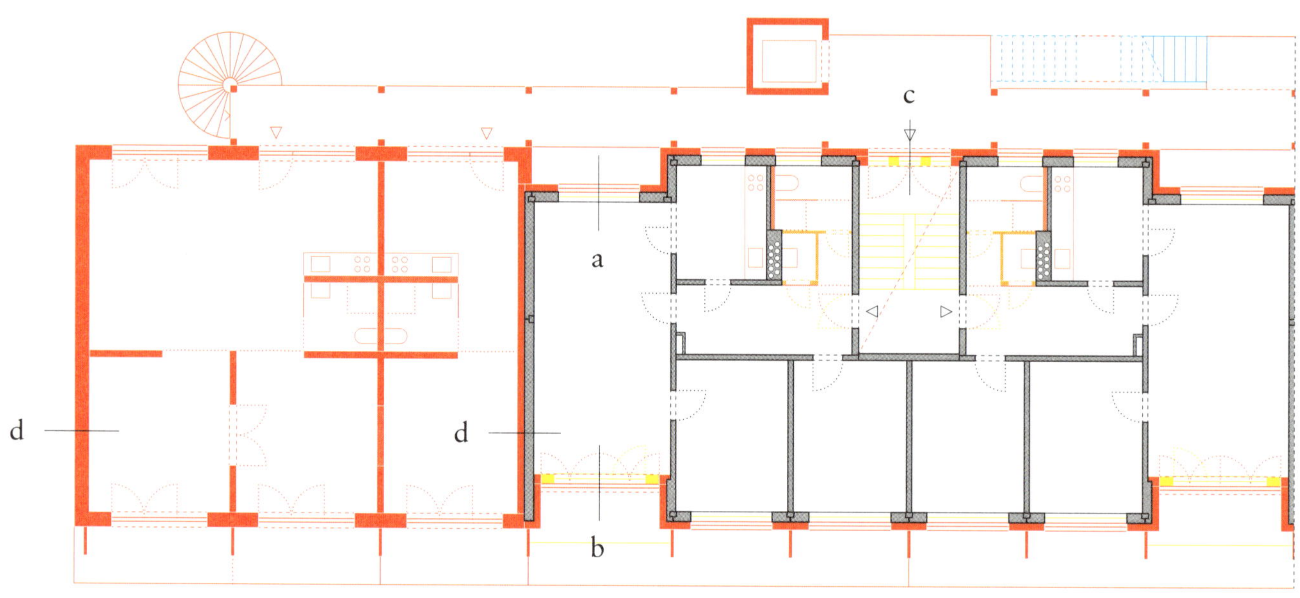

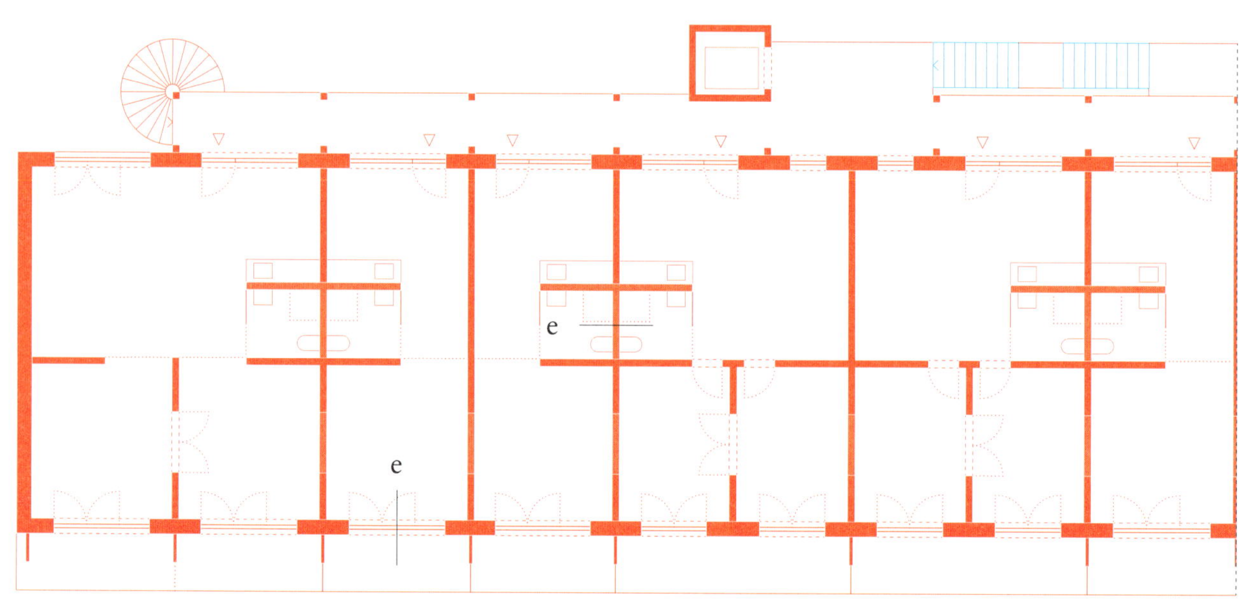

a Fassade
b Loggia
c Laubengang
d Erweiterung
e Aufstockung

Holz
Ziegel
Beton bewehrt
Beton unbewehrt
Dämmung weich
Dämmung hart
Schüttung
Putz

1:200

Detail, Stahlbeton und Holz
Einfache und robuste Konstruktion

Serielle Vorfertigung
Holzrahmenelemente mit eingesetzten Fenstern, hinterlüfteter Holzfassade und brandschutztechnisch notwendiger, nichtbrennbarer Mineralwolle werden selbsttragend und vollständig vorgefertigt ausgeführt. In den fünfgeschossigen Gebäuden dämmen sie die bestehenden Außenwände und dienen in Aufstockungen und Erweiterungen als Außenwände. Hier bilden Brettsperrholzplatten die Innenwände und Decken. Außerdem werden Bäder aus Brettsperrholzplatten und Holzrahmenelementen mit Installationen, Waschbecken, Dusche und WC vollständig vorgefertigt und direkt auf die Geschoßdecken gesetzt. In neungeschoßigen Gebäuden ist der Einsatz von Holz brandschutztechnisch nicht zulässig. Die Außenwände werden daher durch vorgefertigte Metallrahmenmodule mit Mineralwolle und Putzfassade gedämmt.

Erhöhte Sicherheit
Laubengänge und Aufzüge aus CO_2-reduzierten Stahlbeton-Fertigteilen bieten in fünfgeschossigen, Sicherheitsstiegenhäuser in neungeschossigen Gebäuden barrierefreie Erschließung. Bestehende Treppenläufe werden dabei wiederverwendet. Nicht nachwachsende Rohstoffe werden nur dort eingesetzt, wo es technisch unbedingt notwendig ist. Die Laubengänge und Sicherheitsstiegenhäuser mit Druckbelüftung, Feuerwehraufzug, Wandhydranten und Brandmeldeanlage mit automatischer Alarmweiterleitung entsprechen dem Stand der Technik und erhöhen die Sicherheit im Brandfall deutlich.

Neue Loggien
Loggien werden in fünfgeschoßigen Gebäuden in Holz und in neungeschoßigen Gebäuden in Stahlbeton-Fertigteilen mit massivem Parapet ausgeführt. Stahlbeton-Parapete sind hier brandschutztechnisch notwendig, wobei deren massive Ausführung bei großer Gebäudehöhe auch als angenehm für Bewohner*innen gilt. Wetterschutzglas bietet auf Wunsch vollständigen Witterungsschutz. Bestehende Loggien werden entfernt, Außenwand-Fertigteile mit Tür zur Loggia werden durch neue ersetzt, die großzügigere, bodentiefe Fenster ermöglichen. Außen liegende Lamellenraffstores bieten bei allen Fenstern optimalen Sonnenschutz und verringern so den Wärmeeintrag ins Gebäude maßgeblich. Loggien und Laubengänge beschatten bei sommerlicher, steil einfallender Sonnenstrahlung die Fassade und schützen ebenfalls vor Überhitzung.

Langlebige Konstruktionen
Konstruktionen sind möglichst langlebig konzipiert. Die Brettsperrholzwände der Loggien sind zurückversetzt, um das Holz vor Witterung zu schützen. Ebenso schützen die Holzfassaden darunter liegende Konstruktionen. Sie bestehen aus hinterlüfteten Holzlatten, die einfach einzeln ausgetauscht werden können. Oberflächen bleiben unbehandelt. Die Holzfassaden vergrauen und erhalten so einen natürlichen Holzschutz und ein changierendes, wiedererkennbares Erscheinungsbild, das die Identifikation mit der Wohnhausanlage fördert.

Minimalinvasive Transformation
Die bestehenden Stahlbetondecken über dem letzten Geschoß werden weiter genutzt und für die Aufstockungen darüber mit einem neuen Bodenaufbau mit Fußbodenheizung und Trittschalldämmung versehen. Die Aufstockungen nutzen Tragwerk und Schächte des Bestands. Sämtliche Anbauten sind selbsttragend. Optionale Vorbauten an Wänden und Decken bestehender Wohnungen verbessern den Schallschutz, würden aber die Raumhöhe auf weniger als 2,50 m verringern.

Fernwärme und Photovoltaik
Bestehende Anschlüsse versorgen die Wohnhausanlage auch weiterhin mit Fernwärme. Die verbesserte Dämmung ermöglicht es, den Heizwärmebedarf deutlich zu senken und bestehende Hochtemperaturradiatoren als Niedrigtemperaturheizung weiterzuverwenden. Die Aufstockungen erhalten einen Heizestrich. Fair und umweltschonend erzeugte Photovoltaikelemente auf den Dachflächen produzieren Strom zur Warmwassererzeugung in Elektroboilern, für den Haushaltsbedarf und die E-Mobilität.

Fassade

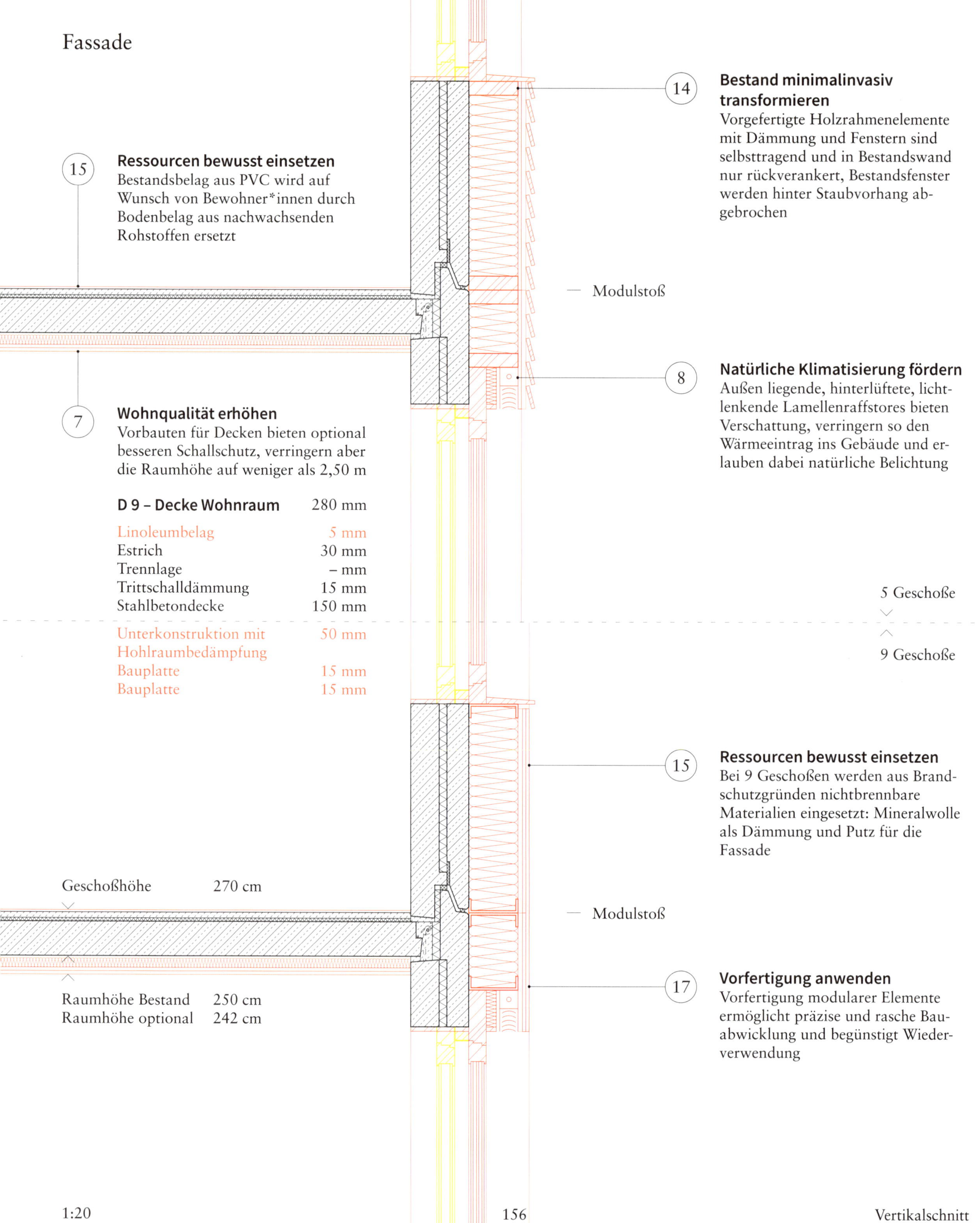

1:20

Vertikalschnitt

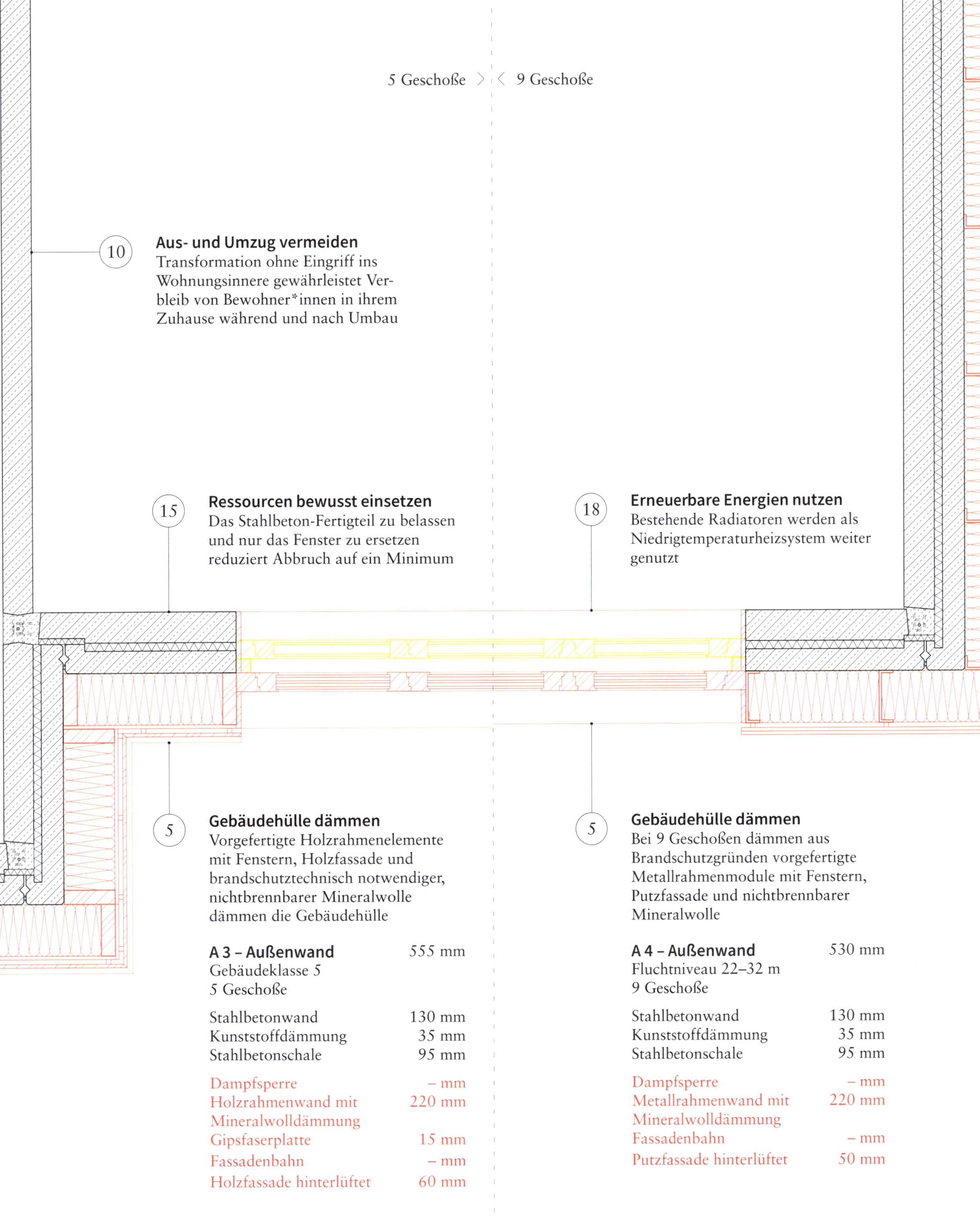

Aus- und Umzug vermeiden
Transformation ohne Eingriff ins Wohnungsinnere gewährleistet Verbleib von Bewohner*innen in ihrem Zuhause während und nach Umbau

Ressourcen bewusst einsetzen
Das Stahlbeton-Fertigteil zu belassen und nur das Fenster zu ersetzen reduziert Abbruch auf ein Minimum

Gebäudehülle dämmen
Vorgefertigte Holzrahmenelemente mit Fenstern, Holzfassade und brandschutztechnisch notwendiger, nichtbrennbarer Mineralwolle dämmen die Gebäudehülle

A 3 – Außenwand	555 mm
Gebäudeklasse 5	
5 Geschoße	
Stahlbetonwand	130 mm
Kunststoffdämmung	35 mm
Stahlbetonschale	95 mm
Dampfsperre	– mm
Holzrahmenwand mit Mineralwolldämmung	220 mm
Gipsfaserplatte	15 mm
Fassadenbahn	– mm
Holzfassade hinterlüftet	60 mm

Erneuerbare Energien nutzen
Bestehende Radiatoren werden als Niedrigtemperaturheizsystem weiter genutzt

Gebäudehülle dämmen
Bei 9 Geschoßen dämmen aus Brandschutzgründen vorgefertigte Metallrahmenmodule mit Fenstern, Putzfassade und nichtbrennbarer Mineralwolle

A 4 – Außenwand	530 mm
Fluchtniveau 22–32 m	
9 Geschoße	
Stahlbetonwand	130 mm
Kunststoffdämmung	35 mm
Stahlbetonschale	95 mm
Dampfsperre	– mm
Metallrahmenwand mit Mineralwolldämmung	220 mm
Fassadenbahn	– mm
Putzfassade hinterlüftet	50 mm

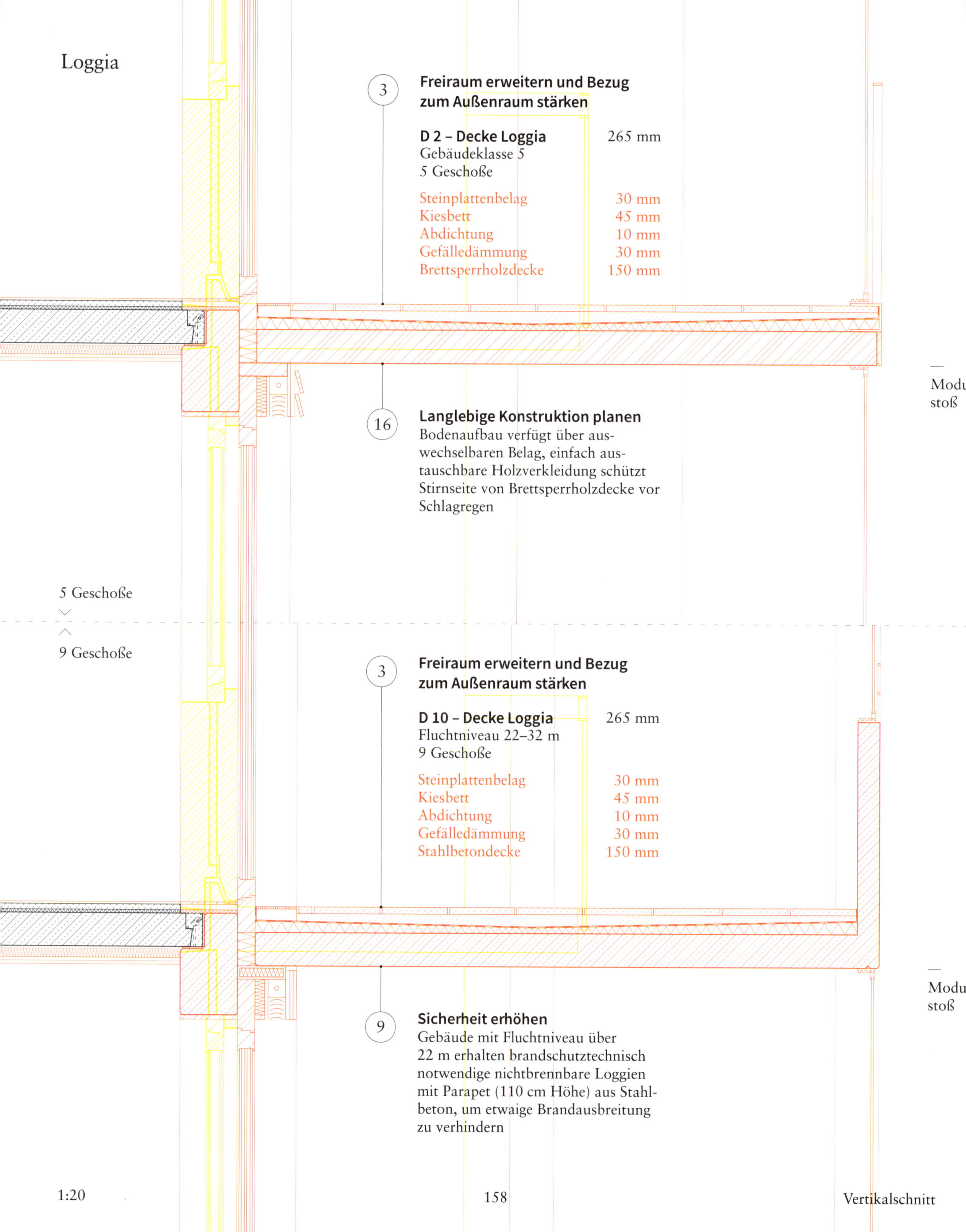

3 **Freiraum erweitern und Bezug zum Außenraum stärken**

D 2 – Decke Loggia Gebäudeklasse 5 5 Geschoße	265 mm
Steinplattenbelag	30 mm
Kiesbett	45 mm
Abdichtung	10 mm
Gefälledämmung	30 mm
Brettsperrholzdecke	150 mm

16 **Langlebige Konstruktion planen**
Bodenaufbau verfügt über auswechselbaren Belag, einfach austauschbare Holzverkleidung schützt Stirnseite von Brettsperrholzdecke vor Schlagregen

3 **Freiraum erweitern und Bezug zum Außenraum stärken**

D 10 – Decke Loggia Fluchtniveau 22–32 m 9 Geschoße	265 mm
Steinplattenbelag	30 mm
Kiesbett	45 mm
Abdichtung	10 mm
Gefälledämmung	30 mm
Stahlbetondecke	150 mm

9 **Sicherheit erhöhen**
Gebäude mit Fluchtniveau über 22 m erhalten brandschutztechnisch notwendige nichtbrennbare Loggien mit Parapet (110 cm Höhe) aus Stahlbeton, um etwaige Brandausbreitung zu verhindern

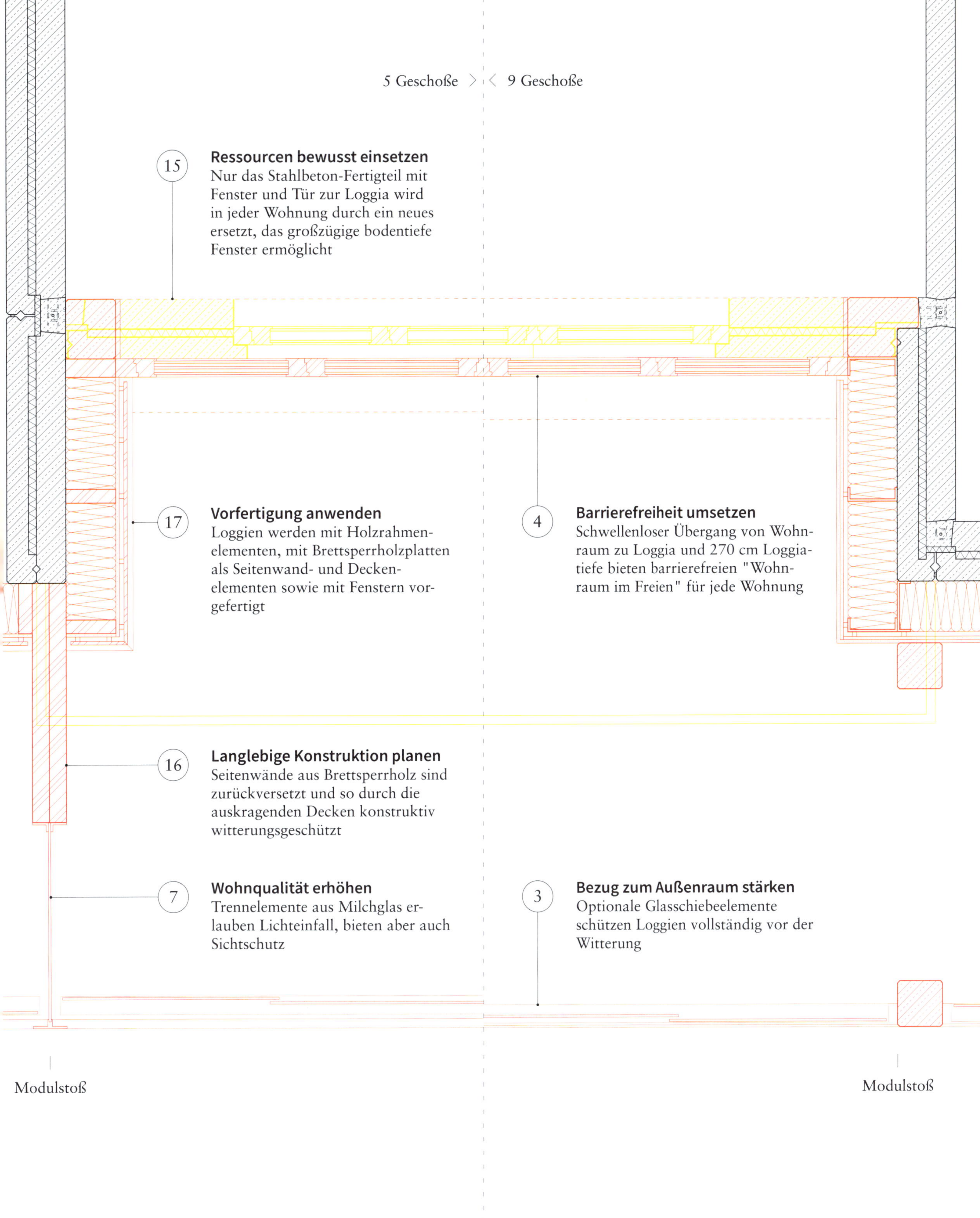

Horizontalschnitt

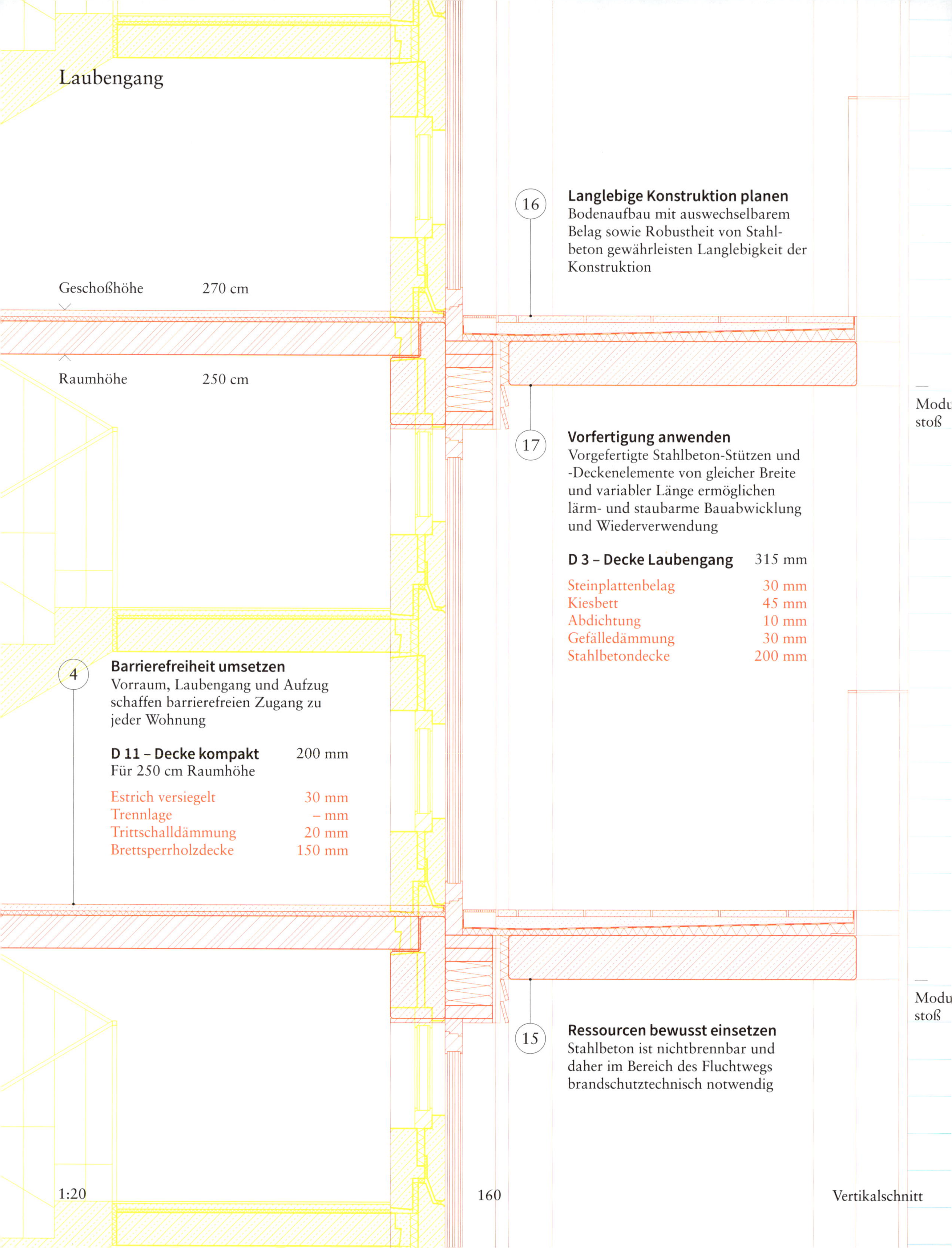
Laubengang
Geschoßhöhe 270 cm
Raumhöhe 250 cm
16
Langlebige Konstruktion planen
Bodenaufbau mit auswechselbarem Belag sowie Robustheit von Stahlbeton gewährleisten Langlebigkeit der Konstruktion
17
Vorfertigung anwenden
Vorgefertigte Stahlbeton-Stützen und -Deckenelemente von gleicher Breite und variabler Länge ermöglichen lärm- und staubarme Bauabwicklung und Wiederverwendung
D 3 – Decke Laubengang 315 mm
Steinplattenbelag 30 mm
Kiesbett 45 mm
Abdichtung 10 mm
Gefälledämmung 30 mm
Stahlbetondecke 200 mm
4
Barrierefreiheit umsetzen
Vorraum, Laubengang und Aufzug schaffen barrierefreien Zugang zu jeder Wohnung
D 11 – Decke kompakt 200 mm
Für 250 cm Raumhöhe
Estrich versiegelt 30 mm
Trennlage – mm
Trittschalldämmung 20 mm
Brettsperrholzdecke 150 mm
15
Ressourcen bewusst einsetzen
Stahlbeton ist nichtbrennbar und daher im Bereich des Fluchtwegs brandschutztechnisch notwendig
1:20
Vertikalschnitt

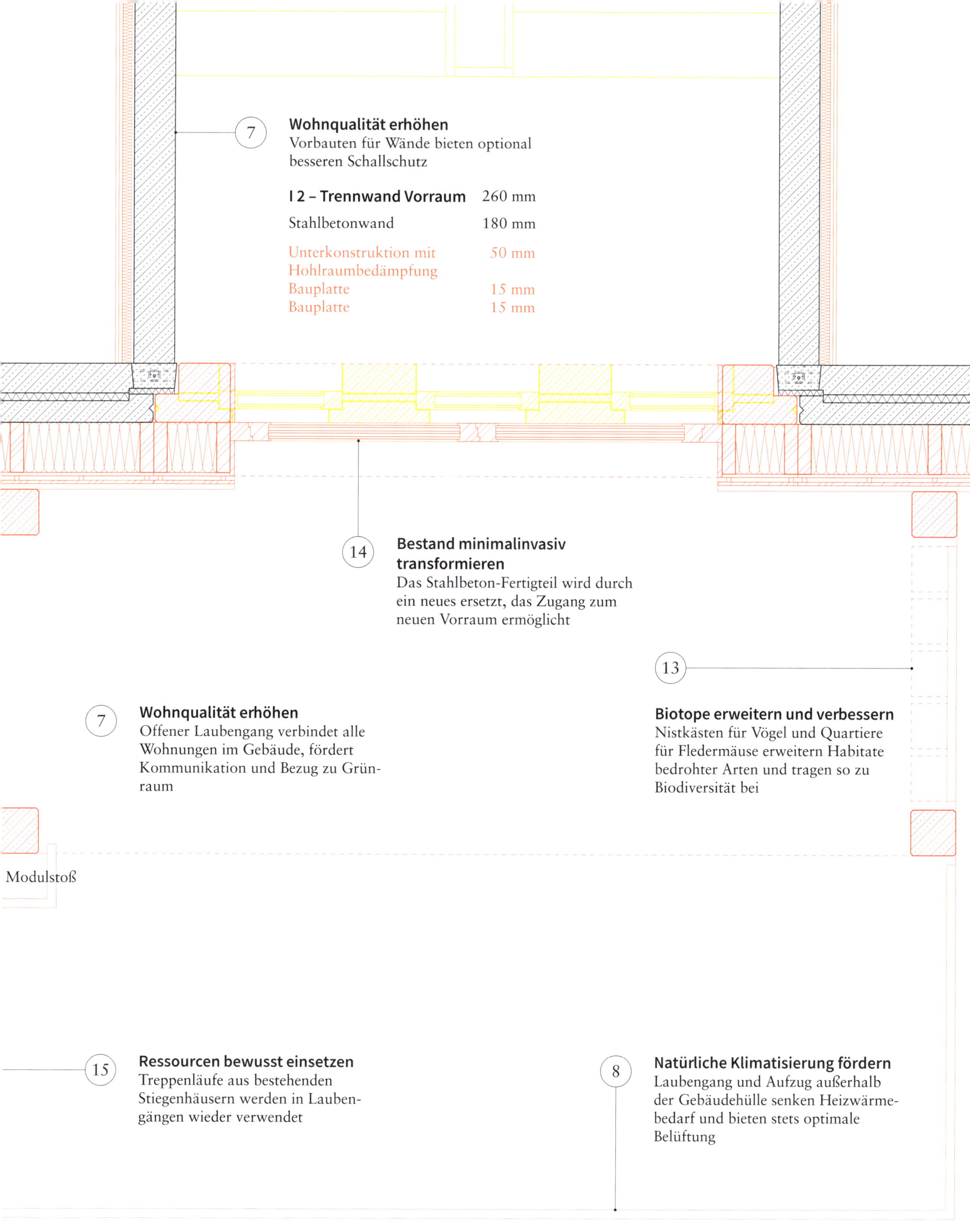

Horizontalschnitt

Erweiterung

1:20

Vertikalschnitt

14 **Bestand minimalinvasiv transformieren**
Erweiterung auf Stützen erhält bestehende Grünflächen, Fuß- und Radwege und vermeidet Versiegelung

D 11 – Decke kompakt	495 mm
Über Außenluft	
Estrich versiegelt	30 mm
Trennlage	– mm
Trittschalldämmung	20 mm
Brettsperrholzdecke	150 mm
Holzrahmenwand mit Mineralwolldämmung	220 mm
Gipsfaserplatte	15 mm
Fassadenbahn	– mm
Holzwolledämmplatten mit Unterkonstruktion	60 mm

15 **Ressourcen bewusst einsetzen**
Holzrahmenkonstruktion benötigt vergleichsweise wenig Holz und setzt so nachwachsende Rohstoffe sparsam und effizient ein

A 5 – Außenwand	375 mm
Gebäudeklasse 5	
5 Geschoße	
Bauplatte	15 mm
Unterkonstruktion mit Hohlraumbedämpfung	50 mm
Holzwerkstoffplatte	15 mm
Holzrahmenwand mit Mineralwolldämmung	220 mm
Gipsfaserplatte	15 mm
Fassadenbahn	– mm
Holzfassade hinterlüftet	60 mm

16 **Langlebige Konstruktion planen**
Holzfassade kann durch Hinterlüftung trocknen, einzelne Holzlatten sind einfach austauschbar, Oberfläche bleibt unbehandelt, vergraut und bietet so ein sich veränderndes, aber wiedererkennbares Erscheinungsbild

Vertikalschnitt

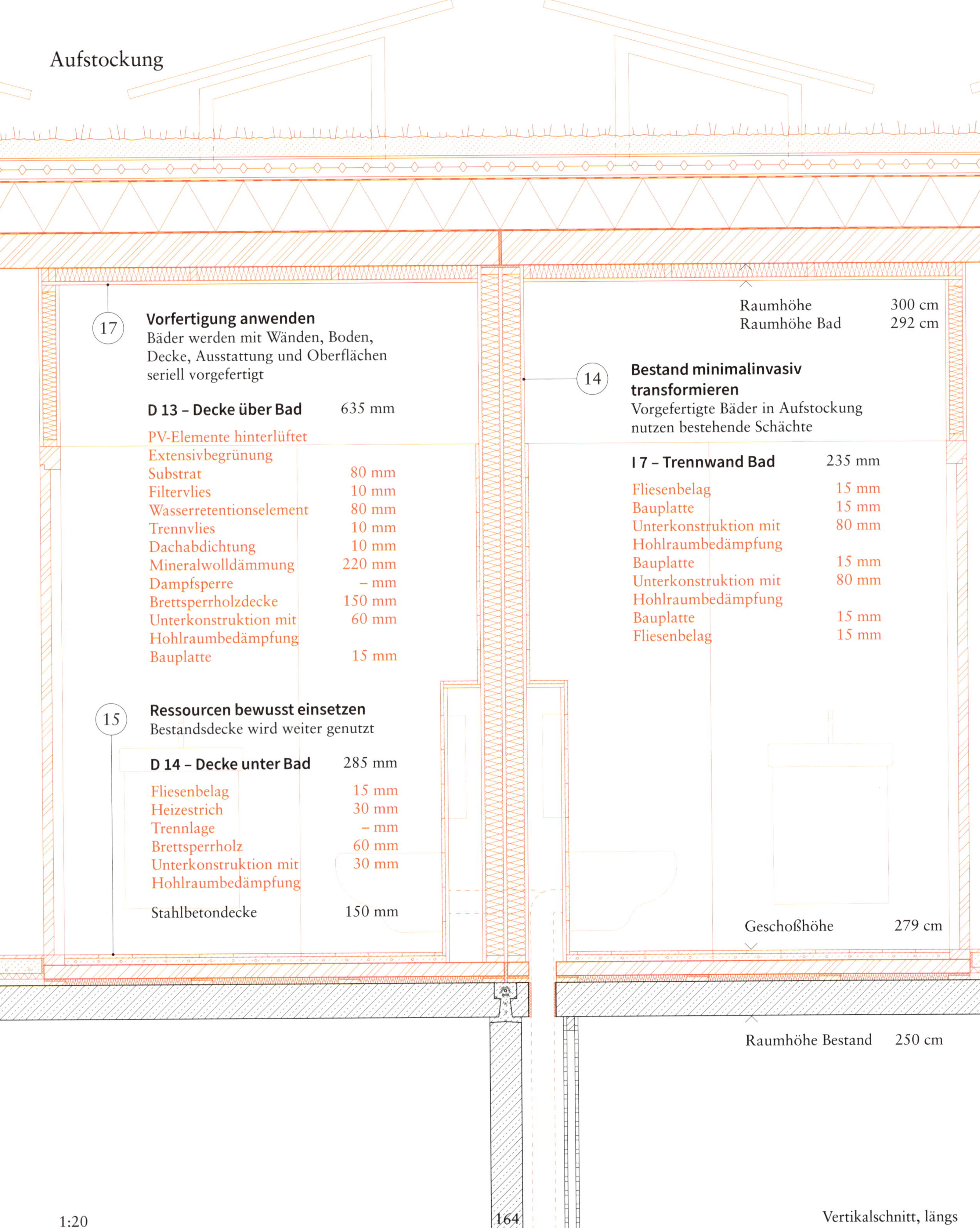

1:20 Vertikalschnitt, längs

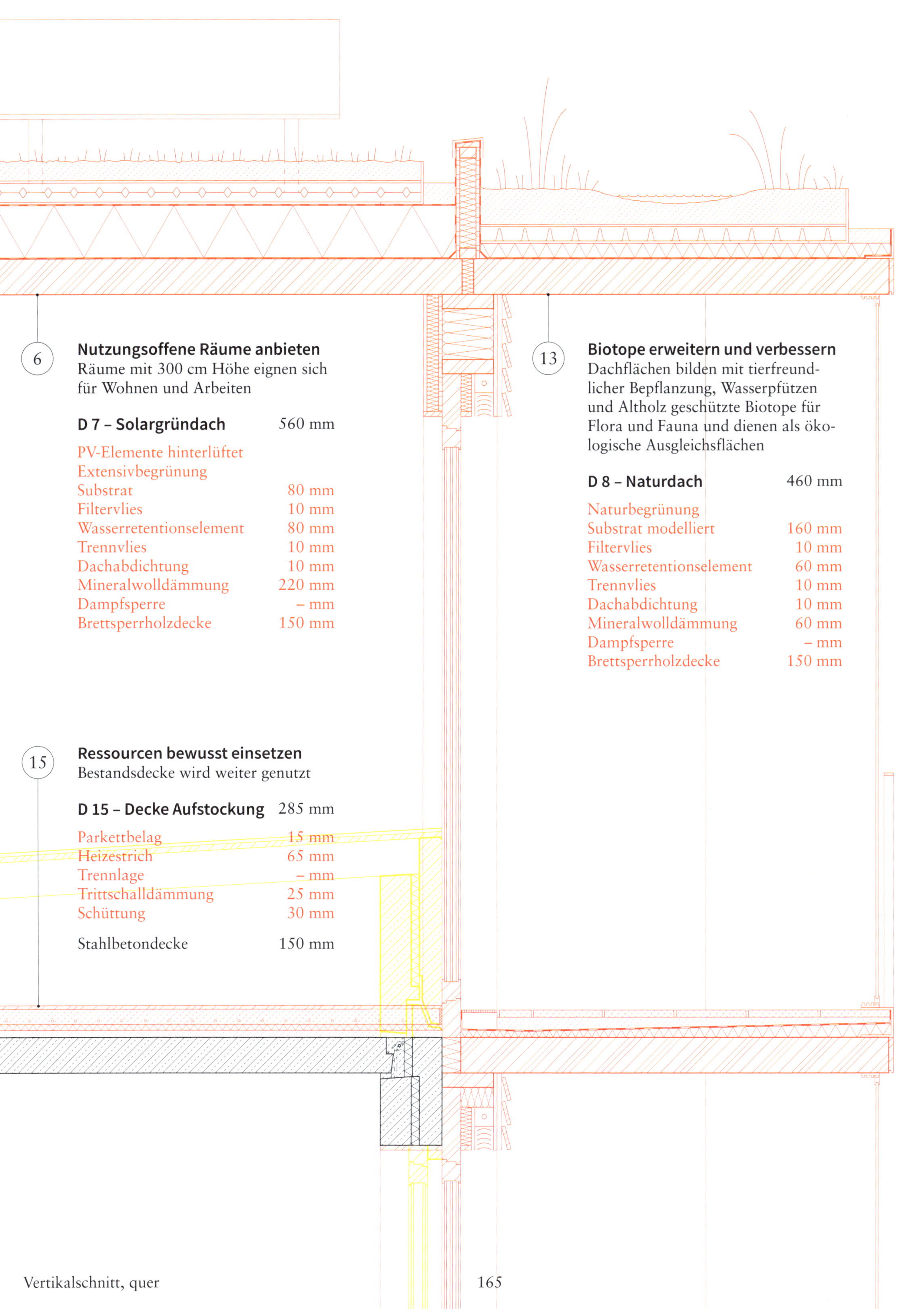

6

Nutzungsoffene Räume anbieten
Räume mit 300 cm Höhe eignen sich für Wohnen und Arbeiten

D 7 – Solargründach	560 mm
PV-Elemente hinterlüftet	
Extensivbegrünung	
Substrat	80 mm
Filtervlies	10 mm
Wasserretentionselement	80 mm
Trennvlies	10 mm
Dachabdichtung	10 mm
Mineralwolldämmung	220 mm
Dampfsperre	– mm
Brettsperrholzdecke	150 mm

13

Biotope erweitern und verbessern
Dachflächen bilden mit tierfreundlicher Bepflanzung, Wasserpfützen und Altholz geschützte Biotope für Flora und Fauna und dienen als ökologische Ausgleichsflächen

D 8 – Naturdach	460 mm
Naturbegrünung	
Substrat modelliert	160 mm
Filtervlies	10 mm
Wasserretentionselement	60 mm
Trennvlies	10 mm
Dachabdichtung	10 mm
Mineralwolldämmung	60 mm
Dampfsperre	– mm
Brettsperrholzdecke	150 mm

15

Ressourcen bewusst einsetzen
Bestandsdecke wird weiter genutzt

D 15 – Decke Aufstockung	285 mm
Parkettbelag	15 mm
Heizestrich	65 mm
Trennlage	– mm
Trittschalldämmung	25 mm
Schüttung	30 mm
Stahlbetondecke	150 mm

— Modulstoß

— Modulstoß

Vertikalschnitt, quer

Fokus
Technische Exkurse

Grünraum
Barrierefreiheit
Natürliche Klimatisierung
Wärmeschutz
Heizung und Warmwasser
Brandschutz
Tragwerk
Materialkreislauf

Kühlung, Beschattung, Biotope

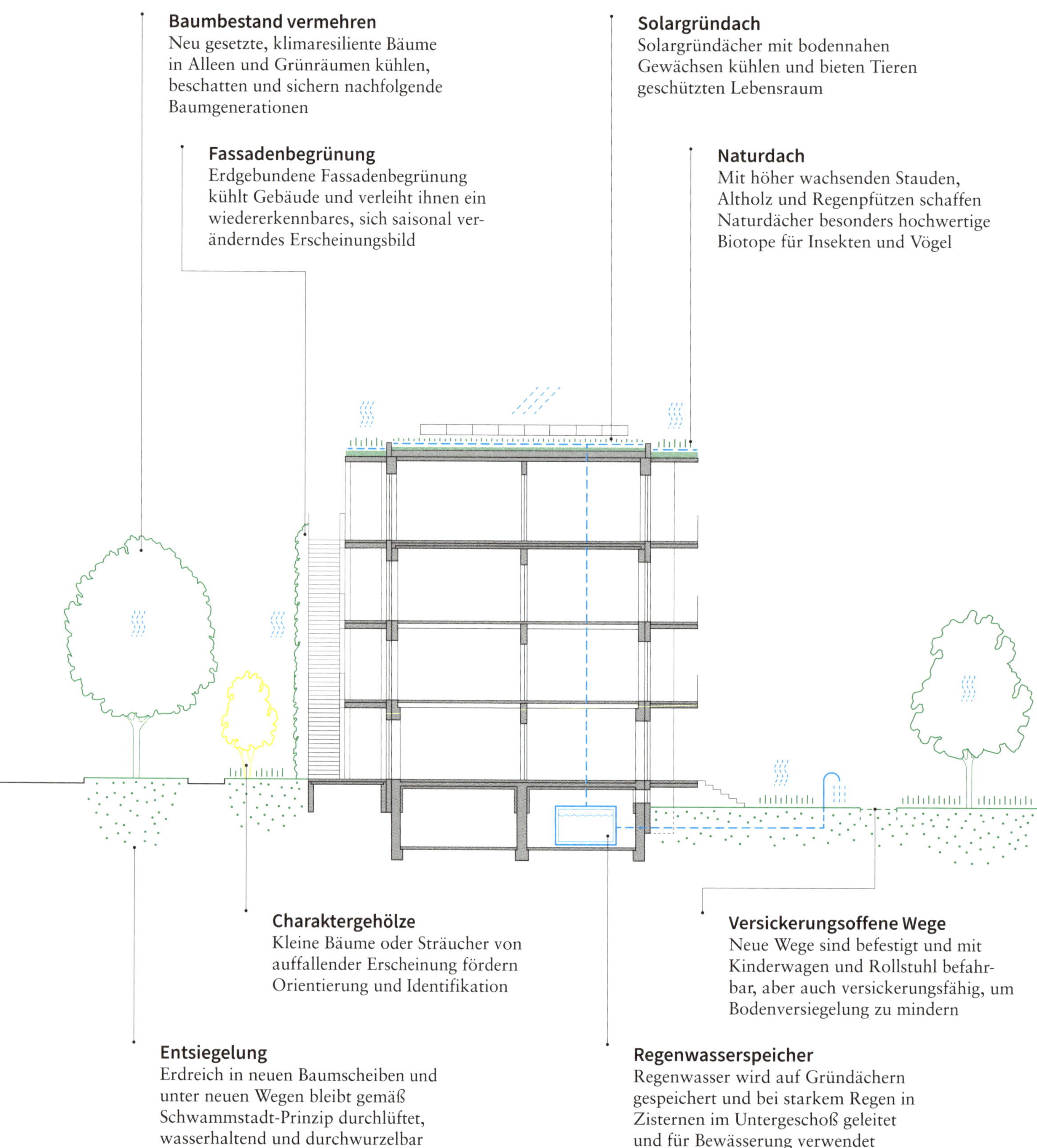

1:200

Grünraum
Mikroklima und Biodiversität

Bäume

Durch Beschattung und Verdunstungskühle senken Bäume die Oberflächentemperatur ihrer Umgebung verglichen mit baumlos bebauten Gebieten in Mitteleuropa um etwa 10 °C und leisten so einen wesentlichen Beitrag zur Klimaresilienz. [1] Um diese Wirkung auf das Mikroklima zu entfalten, müssen Bäume über eine ausreichend große Krone verfügen, deren Ausbildung mehrere Jahrzehnte dauert. Baumbestand zu erhalten ist daher für Klimaresilienz essenziell. Neu gesetzte Bäume und neu angelegte Alleen sollen deshalb zur Kühlung in der Zukunft beitragen. Das sichert nachfolgende Baumgenerationen und beugt Überalterung und Verlust des Baumbestands vor. Unabdinglich für das Gedeihen bei zukünftiger, noch größerer Hitze und Trockenheit ist die Auswahl klimaresilienter Arten, wie zum Beispiel:

- Amerikanische Linde (Tilia americana)
- Dreispitzahorn (Acer buergerianum)
- Hainbuche (Carpinus betulus)
- Hopfenbuche (Ostrya carpinifolia)
- Italienischer Ahorn (Acer opalus)
- Lederhülsenbaum (Gleditsia triacanthos)
- Silberlinde (Tilia tomentosa)
- Zelkove (Zelkova serrata)
- Zürgelbaum (Celtis australis)

Charaktergehölze

Kleine Baum- oder Strauchgewächse von besonders auffallender Erscheinung werden bei Hauseingängen gesetzt und fördern als Charaktergehölze so Orientierung und Identifikation in der Wohnhausanlage, wie zum Beispiel:

- Eisenholzbaum (Parrotia persica)
- Kornelkirsche (Cornus mas)
- Ranunkelstrauch (Kerria japonica)
- Sommerflieder (Buddleja)

Fassadenbegrünung

Laubengänge und Fassaden ohne Befensterung erhalten erdgebundene Fassadenbegrünung, um die Gebäude zu kühlen und das Mikroklima zu verbessern. Blüten und Blattfärbung verleihen Fassaden ein wiedererkennbares und sich saisonal veränderndes Erscheinungsbild und fördern so ebenfalls Identifikation. Geeignet sind zum Beispiel:

- Sonnenseitig (Ost-, Süd- oder Westseite der Gebäude)
  - Wilder Wein (Parthenocissus quinquefolia)
  - Jasmintrompete (Campsis radicans)
  - Blauregen (Wisteria)
- Schattenseitig (Nordseite der Gebäude)
  - Kletterhortensie (Hydrangea petiolaris)
  - Pfeifenwinde (Aristolochia macrophylla)

Geschützte Biotope

Solargründächer verfügen über bodennah wachsende Polsterstauden, Moose und Sedumarten und bieten so Insekten und Vögeln Lebensraum. Naturdächer schaffen durch differenzierte Substrathöhen mit höher wachsenden Stauden, Gräsern und Sedumarten eine größere Pflanzenvielfalt. Blüten, Altholz und bei Regenfällen Wasserpfützen schaffen besonders hochwertige Biotope für Insekten und Vögel. Dächer dienen so als Ausgleichsflächen für bebaute Flächen, sind nicht begehbar und bieten Flora und Fauna Schutz. Das Regenwasser wird in Retentionselementen unterhalb des Substrats zur adiabaten Kühlung und als Wasserspeicher für Pflanzen gespeichert. Bei starken Regenfällen wird es in Zisternen ins Untergeschoß der Wohngebäude geleitet und zur Bewässerung verwendet.

Beete und Wildwiesen

Wildwiesen schaffen wertvollen Lebensraum für Insekten, Vögel, Reptilien und kleine Säugetiere. Laubengänge erhalten Nistkästen für Vögel und Quartiere für Fledermäuse. Gemeinschaftsgärten mit Nutzpflanzen wie Gemüse und Obst bieten verzehrbare Früchte und tragen zur Wissensvermittlung in Bezug auf Lebensmittel bei. Neu angelegte Wege sind befestigt und auch mit Kinderwagen und Rollstuhl befahrbar. Sie sind versickerungsfähig, um Bodenversiegelung zu mindern. Das Erdreich unter Wegen und in Baumscheiben von Alleen sowie unter gebündelten Parkplätzen bleibt gemäß Schwammstadt-Prinzip durchlüftet, wasserhaltend und durchwurzelbar.

Barrierefreie Gebäude und Wohnungen

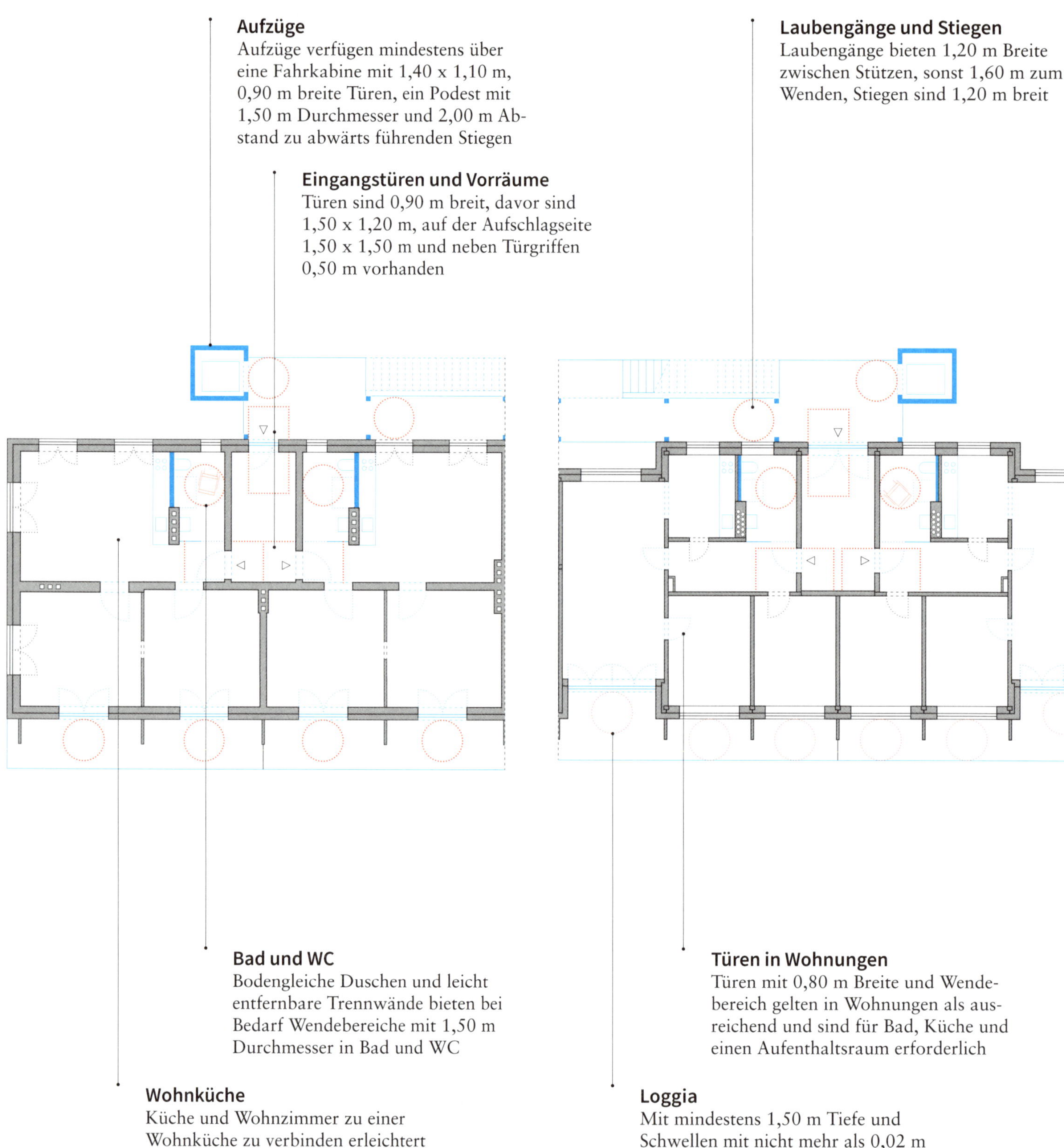

1:200

Wendebereiche
Barrierefreie Elemente

Barrierefreiheit
Inklusive Nutzung

Notwendigkeit für alle

Barrierefreiheit ermöglicht allen Menschen – auch bei eingeschränkter Mobilität – Zugang zu und Nutzung von entsprechenden Gebäuden, Wohnungen, Räumen oder Außenbereichen. Für ein selbstbestimmtes Leben und gleichberechtigte Teilhabe ist Barrierefreiheit somit unerlässlich. Nachdem alle Menschen im Laufe ihres Lebens zeitweise oder dauerhaft weniger mobil sind – zum Beispiel aufgrund von Krankheiten, Verletzungen, Beeinträchtigungen sowie frühem oder hohem Alter –, kommt Barrierefreiheit allen zugute. Wesentliche Aspekte barrierefreier Planung – insbesondere für Geh- und Fahrhilfen wie Rollstühle, Rollatoren oder Kinderwagen – sind stufenloser Zugang, genügend Bewegungsfläche und ausreichende Durchgangsbreite. Maßgeblich ist vor allem der Flächenbedarf beim Manövrieren im Rollstuhl, der in der Regel etwa 1,20 m Länge und 0,70 m Breite aufweist.

Barrierefreie Gebäude

Aufzüge erlauben, Niveauunterschiede im Gebäude stufenlos zu überwinden und so alle Geschoße barrierefrei zu erreichen. Um insbesondere für Rollstühle ausreichend Bewegungsfläche zu bieten, verfügen Fahrkabinen über 1,10 m Breite und 1,40 m Tiefe, Kabinen- und Schachttüren über 0,90 m lichte Durchgangsbreite. Das Podest vor dem Aufzugschacht bietet Bewegungsfläche mit 1,50 m Durchmesser als Wendebereich für Rollstühle. Zwischen Schachttüren und abwärts führenden Stiegen beträgt der Abstand über 2,00 m, um Unfälle zu vermeiden. Um so weit wie möglich zur Benutzung der Stiegen anzuregen, werden neue Stufen mit 0,16 m Höhe und 0,30 m Tiefe besonders komfortabel ausgeführt. Stiegen verfügen mit 1,20 m über ausreichend lichte Breite, ebenso wie Laubengänge im Bereich der Stützen. Jenseits von Stützen bieten 1,60 m Breite zusätzlichen Raum zum Ausweichen und Wenden. Somit ist auch vor den Türen der neuen Vorräume mit mehr als 1,50 m Breite und 1,20 m Tiefe ausreichend Bewegungsfläche vorhanden. Auf der gegenüberliegenden Aufschlagseite der Türen bieten die gemeinsamen Vorräume selbst weit mehr als 1,50 m Breite und Tiefe und somit genügend Raum zum Manövrieren. Die Türen selbst weisen eine Durchgangsbreite von 0,90 m sowie einen freien Bereich von 0,50 m jenseits des Türgriffs auf. So können alle Wohnungen barrierefrei erreicht werden.

Barrierefreie Wohnungen

Bestehende Wohnungen verfügen bereits über Eingangstüren mit mindestens 0,90 m Durchgangsbreite, die durch neue Brandschutztüren ersetzt werden. Vorraum und Bad werden optional barrierefrei erneuert. Im Fallbeispiel Linz wird dabei der Vorraum vergrößert, um auf der Aufschlagseite der Wohnungstür 1,50 m Breite und Tiefe zu bieten (sowie optional 0,50 m Abstand zur Wand). Im erneuerten Bad ist die Dusche bodeneben ausgeführt und das WC durch eine Trennwand abgeteilt, die bei Bedarf einfach entfernt werden kann. Infolgedessen verfügen auch Bad und WC über einen Wendebereich mit 1,50 m Durchmesser. Abhängig von der Position bestehender Schächte weist das erneuerte Bad auch die für das Manövrieren wichtige Breite von 1,85 m auf. Waschtische können im Bedarfsfall unterfahrbar ausgeführt werden. Küche und Wohnzimmer zu einer Wohnküche zu verbinden erleichtert auch deren Nutzung. Loggien sind mit mindestens 1,50 m Tiefe barrierefrei. Die Höhe von Schwellen bei Loggiatüren und Eingangstüren beträgt nicht mehr als 0,02 m. Im Inneren von Wohnungen gelten Türen mit 0,80 m Durchgangsbreite, die in beiden Fallbeispielen gegeben sind, als ausreichend. Alle neuen Wohnungen sind barrierefrei geplant.

Barrierefreie Außenbereiche

Barrierefreier Zugang zu Gebäuden und Grünflächen wird durch neue, stufenlose Wege mit nicht mehr als 6 % Steigung gewährleistet. Autostellplätze mit 3,5 m Breite werden in der Nähe von Gebäudeeingängen hergestellt. Ausreichend Sitzgelegenheiten mit Rückenlehne ermöglichen auszuruhen. Sämtliche Handläufe und Bedienelemente werden in einer Höhe von 0,85 m angebracht. Taktile Leitsysteme, gute Beleuchtung sowie kontrastierende Markierung und Beschriftung erleichtern auch bei eingeschränkter Sicht die Orientierung.

Nutzung von kühlenden Effekten, Tageslichtsimulation

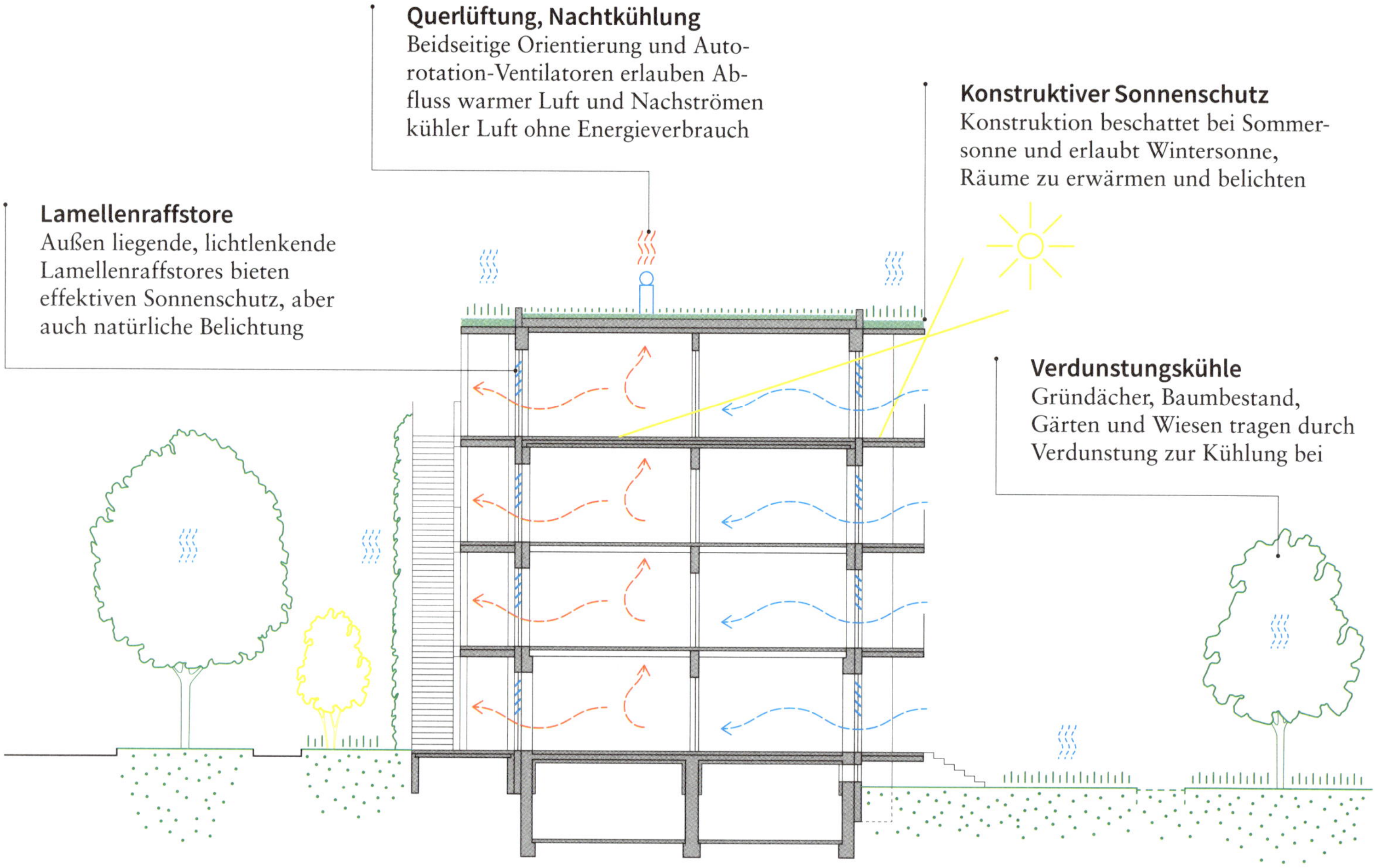

Querlüftung, Nachtkühlung
Beidseitige Orientierung und Autorotation-Ventilatoren erlauben Abfluss warmer Luft und Nachströmen kühler Luft ohne Energieverbrauch
Konstruktiver Sonnenschutz
Konstruktion beschattet bei Sommersonne und erlaubt Wintersonne, Räume zu erwärmen und belichten
Lamellenraffstore
Außen liegende, lichtlenkende Lamellenraffstores bieten effektiven Sonnenschutz, aber auch natürliche Belichtung
Verdunstungskühle
Gründächer, Baumbestand, Gärten und Wiesen tragen durch Verdunstung zur Kühlung bei

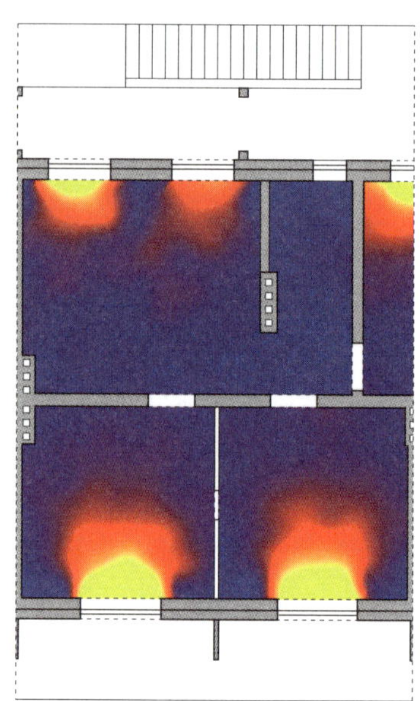

Ziegelbauweise
Fallbeispiel Linz
Gebäude, Typ A

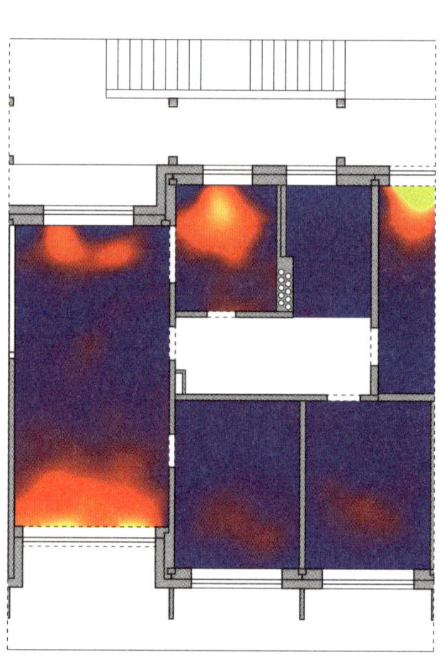

Stahlbeton-Fertigteilbauweise
Fallbeispiel Wien
Gebäude, Typ A

Tageslicht-koeffizient [a]
5 % +
4–5 %
3–4 %
2–3 %
1–2 %
0–1 %

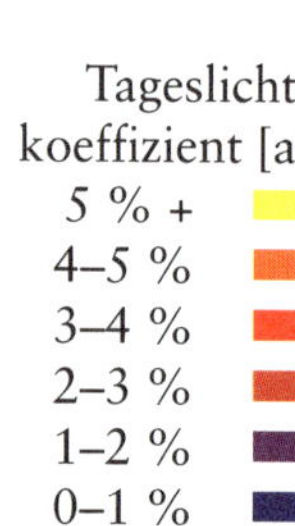

1:200

Natürliche Klimatisierung
Sonnenschutz, Kühlung, Belichtung

Effektiver Sonnenschutz

Auskragende Bauteile – Loggien und Laubengänge – beschatten bei steil einfallender Sommersonne die Fassade. Gleichzeitig erlauben sie der winterlichen, in flachem Winkel einfallenden Sonnenstrahlung, die Innenräume zu belichten und zu erwärmen. In warmen Jahreszeiten bieten zudem außen liegende, lichtlenkende Lamellenraffstores Sonnenschutz, erlauben dabei aber auch den Einfall von Sonnenlicht. Bei diesen Raffstores ist der Anteil nicht reflektierter, den Innenraum erhitzender Sonnenstrahlung besonders gering – zum Teil deutlich geringer als bei außen liegenden Markisen, Lamellen im Glaszwischenraum oder innen liegenden Vorhängen.

Natürliche Kühlung

In den Fallbeispielen Linz und Wien verfügen beinahe sämtliche bestehenden und alle neuen Wohnungen über beidseitige Orientierung und somit über die Möglichkeit zum Querlüften. Während Hitzeperioden können die Bewohner*innen die Fenster bei Nacht auf den gegenüberliegenden Seiten der Wohnung öffnen, sodass kühle Nachtluft durch die Räume strömen und diese abkühlen kann. Zusätzlich werden in jeder Wohnung in bestehenden Schächten Abluftauslässe hergestellt. An den Enden dieser Schächte auf dem Dach befinden sich Autorotation-Ventilatoren, die der Wind in Bewegung versetzt, sodass sie ohne Energieeinsatz warme Luft aus den Wohnungen saugen. Die Effektivität der Nachtkühlung wird dabei durch großzügige Grünflächen und insbesondere durch den Baumbestand begünstigt. Darüber hinaus spenden die Bäume Schatten, erzeugen Verdunstungskühle und kühlen so die gesamten Wohnhausanlagen. Auch die Gründächer tragen durch die Verdunstung von Feuchtigkeit zur Kühlung der Gebäude bei.

Natürliche statt technische Klimatisierung

Konstruktive Verschattung, außen liegender Sonnenschutz, Nachtkühlung und Grünflächen bieten natürliche Klimatisierung und schützen vor sommerlicher Überhitzung, sodass eine technische Kühlung, wie die mechanische Luft- oder Wasserkühlung, nicht notwendig ist. Technische Kühlung würde zudem den Energiebedarf wieder deutlich erhöhen – und so Energieeffizienz fördernde Maßnahmen konterkarieren. Natürliche Klimatisierung soll außerdem das Verständnis von der kühlenden Funktion von Verschattung, Querlüften, Nachtkühlung und Grünflächen fördern und zu bewusstem Einsatz von Energie beitragen.

Gleichmäßige Belichtung in Linz

Während Loggien und Laubengänge die Fassade beschatten, versorgen bodentiefe Fenster die Innenräume bestehender Wohnungen mit zusätzlichem Tageslicht.
Da im Fallbeispiel Linz in Wohnküche und Zimmern der bestehenden Wohnungen bodentiefe Fenster eingebaut werden, ist die Tageslichtversorgung in all diesen Räumen ähnlich. Der Lichteintrag infolge der ökosozialen Transformation entspricht dabei den Empfehlungen des Österreichischen Ökologie-Instituts. [2]

Differenzierte Belichtung in Wien

Im Fallbeispiel Wien erfordert der Einbau bodentiefer Fenster den aufwendigen Ausbau von Stahlbeton-Fertigteilen. Sie werden daher sparsam projektiert und nur in Wohnzimmern vorgesehen. Die Größe dieser Fenster entspricht beinahe der gesamten Raumbreite und -höhe. Dadurch werden die Wohnzimmer großzügig und gleichmäßig natürlich belichtet, obwohl die Loggien deutlich tiefer sind als in Linz. In den individuellen Rückzugsräumen wie Schlafzimmern und Kinderzimmern bleiben bestehende Stahlbeton-Fertigteile erhalten. Der Tageslichteintrag ist deshalb in diesen Räumen geringer als in den Wohnzimmern. Er entspricht dennoch den Richtwerten des Österreichischen Ökologie-Instituts, das für Schlafräume niedrigere Tageslichtquotienten ansetzt als für Wohnräume. [3] In den Erweiterungen und Aufstockungen beider Fallbeispiele erhalten alle Innenräume bodentiefe und meist breitere Fenster und somit noch mehr Tageslicht. Loggien erweitern zudem alle Wohnungen um großzügigen überdachten und windgeschützten „Wohnraum im Freien“.

Wärmedurchgangskoeffizienten

Ziegelbauweise
Fallbeispiel Linz

	Vor der Transformation		Infolge der Transformation	
U-Wert ø [b]	1,16	W / m² K	0,28	W / m² K
Heizwärmebedarf [b]	152	kWh / m² a	22	kWh / m² a

Solargründach E · A — I
E · A — 0,13 W

Außenwand — V — I
V — 1,54 W — 0,15 W
E · A — 0,13 W

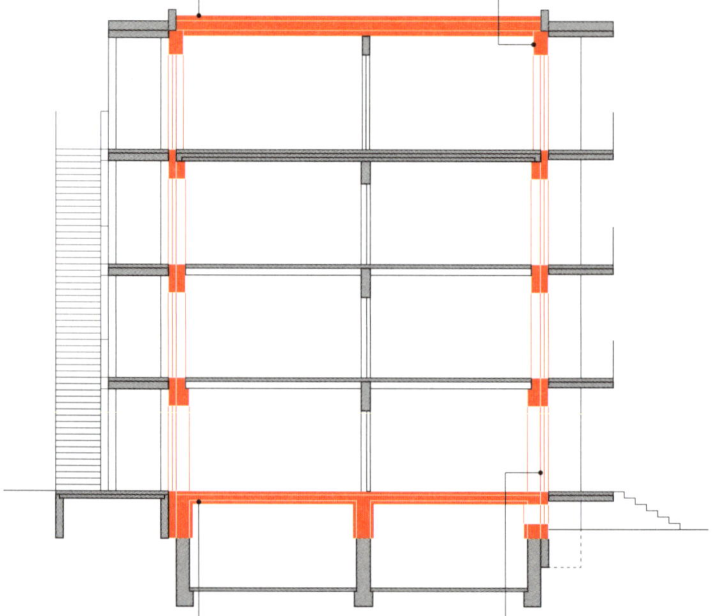

Fenster V · E · A — V — I
V · E · A — 1,40 W — 0,89 W

Decke Untergeschoß V — V — I
V — 1,11 W — 0,20 W

Stahlbeton-Fertigteilbauweise
Fallbeispiel Wien

	Vor der Transformation		Infolge der Transformation	
U-Wert ø [b]	0,99	W / m² K	0,31	W / m² K
Heizwärmebedarf [b]	100	kWh / m² a	22	kWh / m² a

Solargründach E · A — I
E · A — 0,13 W

Außenwand — V — I
V — 0,81 W — 0,14 W
E · A — 0,13 W

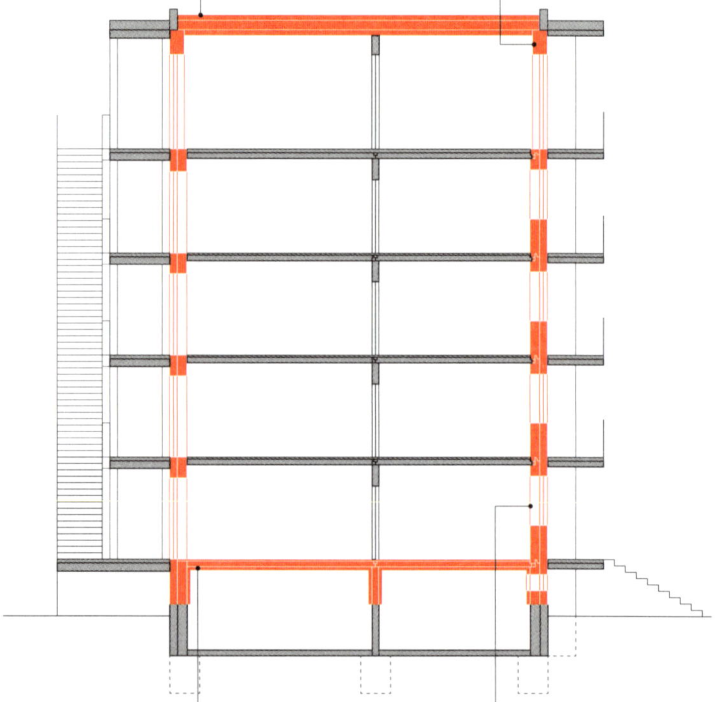

Fenster V · E · A — V — I
V · E · A — 1,40 W — 0,89 W

Decke Untergeschoß V — V — I
V — 1,10 W — 0,20 W

Wärmedurchgangskoeffizienten [b]
U-Wert, W / m² K
Vor der Transformation V   Infolge der Transformation I
Verbesserung V   Erweiterung E   Aufstockung A

1:200

Wärmeschutz
Senkung des Heizwärmebedarfs

Wärme und U-Wert

Für die Höhe der Emissionen im Betrieb eines Gebäudes ist neben den eingesetzten Energieträgern der Energiebedarf maßgeblich. Nachdem die Gebäude vor und infolge der Transformation beheizt (aber nicht gekühlt) werden müssen, trägt (neben der Warmwasserbereitstellung) die Heizwärmebereitstellung wesentlich zum Energiebedarf bei. Dieser Heizwärmebedarf resultiert vor allem aus dem Wärmeverlust. Denn um Temperaturunterschiede auszugleichen, fließt Wärmeenergie stets vom wärmeren (energiereicheren) zum kälteren (energieärmeren) Medium. Zwischen warmem (Innen-)Raum und kaltem (Außen-)Raum entsteht so ein Wärmefluss. Maßgeblich für diesen Wärmeverlust sind Stärke und Wärmeleitfähigkeit jener Bauteile, die warmen und kalten Raum trennen – infolge der Transformation sind das Dach, Außenwand inklusive Fenster und Kellerdecke. Gemeinsam ergeben Stärke und Wärmeleitfähigkeit (und Wärmeübergangswiderstand, zum Beispiel von angrenzender Luft) den Wärmedurchgangskoeffizienten oder U-Wert des Bauteils. Der U-Wert gibt an, welche Wärmemenge bei einem Temperaturunterschied von 1 K (Kelvin) in einer Stunde durch eine Fläche von 1 m² des Bauteils fließt, und wird daher in W / m² K (Watt pro Quadratmeter und pro Kelvin) angegeben.

Wärmeverlust im Bestand

Im Fallbeispiel Linz beträgt – für ein Gebäude des Typs A mit Außenwänden aus Ziegelmauerwerk, Kellerdecke aus Stahlbeton und Dippelbaumdecke unter dem Dach – der mittlere U-Wert 1,16 W / m² K. Darüber hinaus beeinflusst das Verhältnis von der Oberfläche des Gebäudes zu seinem Volumen den Verlust von Wärme. Ist die Oberfläche verhältnismäßig groß, ist auch der Wärmeverlust höher. Ebenfalls relevant ist wegen des Wärmeeintrags durch Sonneneinstrahlung die Ausrichtung des Gebäudes. Je mehr Fläche der Gebäudehülle nach Süden ausgerichtet ist, desto höher ist der Wärmeeintrag – und desto mehr Wärmeverlust wird kompensiert. Insgesamt ergibt aber vor allem der hohe U-Wert einen ebenfalls sehr hohen Heizwärmebedarf von 152 kWh / m² a (Kilowattstunde pro Quadratmeter und pro Jahr). Im Fallbeispiel Wien liegt der mittlere U-Wert bei 0,99 W / m² K – für ein Gebäude des Typs A, in dem Stahlbeton-Fertigteile als Kellerdecke und Decke unter dem Dach sowie mit Kunststoffdämmung in 35 mm Stärke als Außenwände eingesetzt werden. Infolgedessen ist der Heizwärmebedarf hier mit 100 kWh / m² a zwar deutlich niedriger, aber ebenfalls sehr hoch.

Wärmeschutz

Dämmung verringert den Wärmefluss zwischen warmem und kaltem Raum. Als Dämmung dienen daher Materialien mit geringer Wärmeleitfähigkeit und in ausreichender Stärke. Luft, die durch das Material an der Bewegung innerhalb des Bauteils gehindert wird, verbessert die Dämmwirkung zusätzlich. In der ökosozialen Transformation dämmen Holzrahmenelemente mit ökologischer Dämmung oder nicht brennbarer Mineralwolle in jeweils 220 mm Stärke bestehende Außenwände. Verglichen mit anderen Materialien, die in tragender Funktion eingesetzt werden können, wie Ziegel oder Beton, verfügt dabei auch Holz über sehr geringe Wärmeleitfähigkeit. Holzrahmenelemente und Fenster mit Dreifachverglasung, das neue Solargründach sowie Dämmung an der Kellerdecke und -wand verbessern den mittleren U-Wert in den Fallbeispielen Ziegelbauweise und Stahlbeton-Fertigteilbauweise auf 0,28 W / m² K und 0,31 W / m² K. Dadurch sinkt der Heizwärmebedarf mit nun jeweils 22 kWh / m² a in Linz auf das 0,14- und Wien auf das 0,22-Fache.

Vermeidung von Wärmebrücken

Wesentlich für den Wärmeschutz ist auch die Vermeidung von Wärmebrücken – nicht gedämmte Bereiche einer gedämmten Gebäudehülle. Kellerwände wären solche Wärmebrücken und werden deshalb auf beiden Seiten gedämmt. Bestehende Loggien im Fallbeispiel Wien sind ohne thermische Unterbrechung mit Außenwänden verbunden, würden daher auch Wärmebrücken darstellen und werden auch deshalb entfernt. Die Anbauten der Transformation sind selbsttragend, im Bestand nur rückverankert und vermeiden so grundsätzlich Wärmebrücken.

Nutzung von Fernwärme und Photovoltaik

Ziegelbauweise
Fallbeispiel Linz

PV-Elemente [c] Leistung, kWp	Infolge der Transformation	
Gebäude, Typ A	73	kWp
Wohnhausanlage Froschberg	2.260	kWp

Photovoltaik
PV-Elemente aus fairer und umweltschonender Produktion mit effizienter Ost-West-Ausrichtung erzeugen Strom für E-Warmwasserboiler

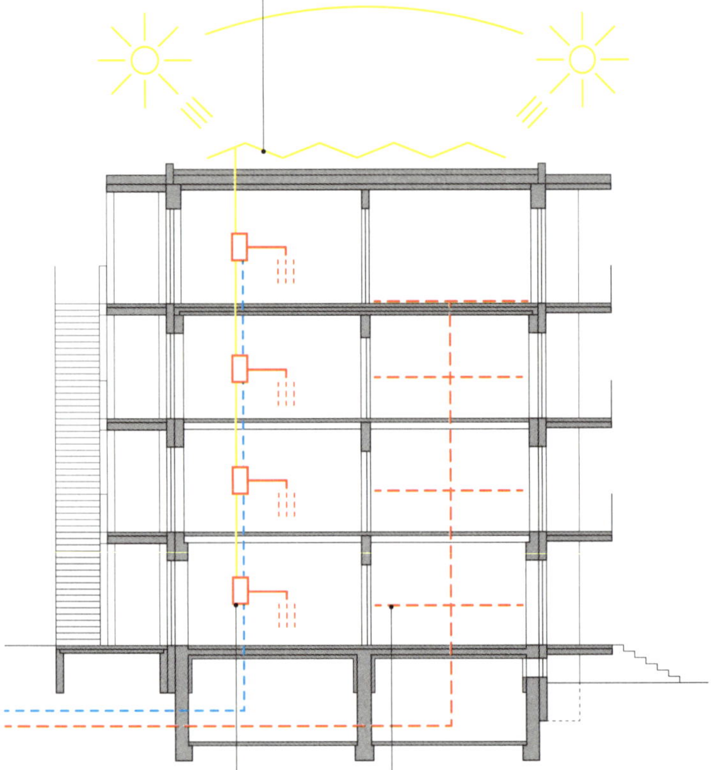

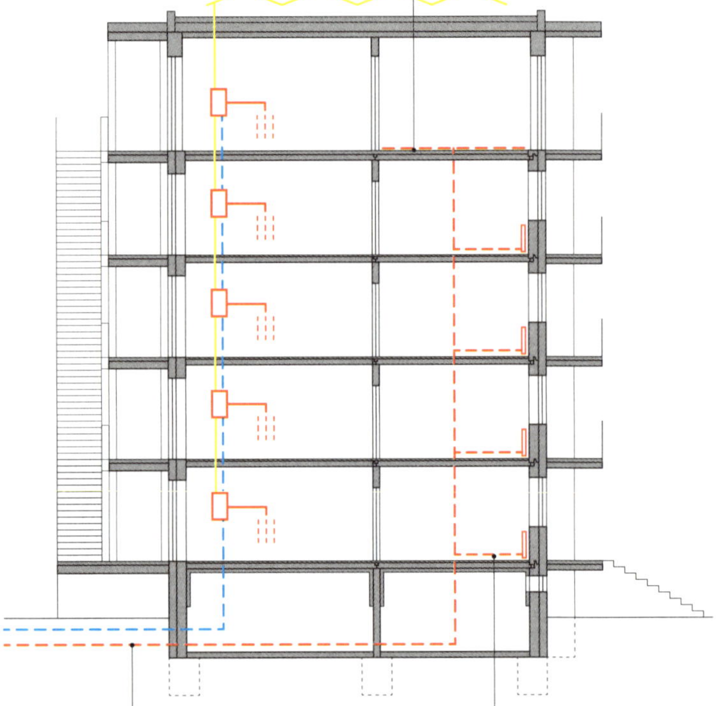

Wandbegleitheizung
Mauerwerk wird durch im Putz verlegte Kupferrohre als Niedrigtemperaturheizung erwärmt und strahlt behagliche Wärme ab

E-Warmwasserboiler
E-Boiler ersetzen Gasthermen und erzeugen dezentral, bedarfsorientiert Warmwasser und werden im Winter durch Fernwärme unterstützt

Stahlbeton-Fertigteilbauweise
Fallbeispiel Wien

PV-Elemente [c] Leistung, kWp	Infolge der Transformation	
Gebäude, Typ A	116	kWp
Wohnhausanlage Siebenbürgerstraße	4.390	kWp

Heizestrich
In Aufstockung und Erweiterung in Linz und Wien bietet Heizestrich als effiziente Niedrigtemperaturheizung behagliche Raumwärme

Radiatoren bei Niedrigtemperatur
Bestehende Radiatoren werden weiterverwendet, aufgrund der hochwärmegedämmten Fassade als Niedrigtemperaturheizung

Fernwärme
Bestehende Fernwärmeanschlüsse werden nunmehr von allen Haushalten genutzt, Wärmeversorgung ist somit vollständig zentralisiert

1:200

Heizung und Warmwasser
Dekarbonisierung und Effizienz

Potenzial Fernwärme

Fernwärme stellt eine meist noch fossile, aber sehr effiziente Wärmequelle dar. Die Wärme stammt oftmals aus mit Erdgas betriebenen Kraft-Wärme-Kopplungsanlagen, aus der Abwärme industrieller Prozesse oder Müllverbrennung. Fernwärme bedeutet zudem eine Zentralisierung der Wärmeversorgung, welche in der Dekarbonisierung – also im Umstieg auf erneuerbare Energie – sprunghafte Fortschritte ermöglicht. Durch den Einsatz von Solaranlagen, Tiefengeothermieanlagen und Großwärmepumpen anstelle von fossilen Energieträgern lassen sich schlagartig viele Haushalte mit erneuerbarer Energie versorgen.

Vollständige Zentralisierung

Die Fallbeispiele Linz und Wien verfügen bereits über Anschlüsse an Fernwärme, welche die Gebäude mit Heizwärme versorgen. In der Siebenbürgerstraße gibt es allerdings auch Wohnungen, in denen stattdessen Gasthermen genutzt werden. Im Zuge der ökosozialen Transformation werden auch sie an bestehende Fernwärme-Verteilleitungen angeschlossen, sodass die Wärmeversorgung in der Wohnhausanlage vollständig zentralisiert ist. Nach der Transformation stellt Fernwärme für alle Wohnungen die gemeinsame Heizquelle dar.

Energieeffiziente Niedrigtemperaturheizung

In der Siedlung Froschberg werden für den Einbau bodentiefer Fenster bestehende Parapete abgebaut, wodurch auch die Radiatoren vor den Fenstern entfernt werden müssen. An ihrer Stelle werden Heizrohre aus Kupfer nicht sichtbar im Putz bestehender Wände als Wandbegleitheizung verlegt. Heizwasser in den Heizrohren erwärmt das Mauerwerk, das wiederum Wärme in Wohnräume abstrahlt. Diese Niedrigtemperaturheizung basiert wie Heizestrich auf Wärmeradiation, bietet daher ein hohes Maß an Behaglichkeit und benötigt im Vergleich zu Hochtemperaturradiatoren wenig Energie. Zudem ist der Einbau in den Wänden bestehender Wohnungen weniger aufwendig als in Böden. In der Wohnhausanlage Siebenbürgerstraße erschweren Stahlbeton-Fertigteile den Umstieg auf Flächenheizung. Daher werden bestehende Radiatoren weiterverwendet, aufgrund der hochwärmegedämmten Fassade aber als Niedrigtemperaturheizung. In Erweiterungen und Aufstockungen in beiden Wohnhausanlagen beheizt Heizestrich die neuen Wohnräume.

Dezentrale E-Warmwasserboiler

Warmwasser wird in den Fallbeispielen Linz und Wien trotz bestehender Fernwärmeanschlüsse größtenteils durch Gasthermen bereitgestellt. Um die Dekarbonisierung zu vervollständigen, werden anstelle der Gasthermen dezentrale E-Warmwasserboiler installiert, für die Photovoltaikelemente auf den Solargründächern Strom produzieren. Im Winter kann die Warmwassererzeugung durch Fernwärme unterstützt werden. Die dezentrale, bedarfsabhängige Warmwassererzeugung beugt auch Legionellenbildung vor. In neuen Bädern reduzieren Wärmerückgewinner den Energiebedarf zusätzlich.

Erneuerbarer PV-Strom

Photovoltaik (PV) bezeichnet die Umwandlung von Sonnenlicht in elektrischen Strom. Dieser photovoltaische Effekt wird durch Solarzellen erzielt, die meist aus Silizium bestehen, das Sonnenlicht absorbieren und dabei elektrische Energie erzeugen. Im Fallbeispiel Linz erhält ein Gebäude des Typs A PV-Elemente mit einer Leistung von circa 73 Kilowattpeak (kWp). Die Solargründächer der gesamten Wohnhausanlage erbringen etwa 2.260 kWp. Im Fallbeispiel Wien bietet ein Gebäude des Typs A Solargründachflächen für circa 116 kWp, die gesamte Wohnhausanlage für etwa 4.390 kWp. Um die Sonneneinstrahlung optimal zu nutzen, werden PV-Elemente nach Osten und Westen ausgerichtet. Hinterlüftung und die von der Dachbegrünung erzeugte Verdunstungskühle erhöhen die Effizienz der Photovoltaik zusätzlich. Bei den PV-Elementen ist besonders auf umweltschonende und faire Produktionsbedingungen entlang der gesamten Lieferkette zu achten. Die Wohnhausanlagen nutzen so die Sonneneinstrahlung vor Ort und produzieren selbst den Strom, den sie verbrauchen.

Gebäudeklassen, Brennbarkeit, Feuerwiderstand

Ziegelbauweise
Fallbeispiel Linz

4 Geschoße
Gebäudeklasse 4

Stahlbeton-Fertigteilbauweise
Fallbeispiel Wien

5 Geschoße
9 Geschoße
Gebäudeklasse 5
Fluchtniveau 22–32 m

Sicherheitsstiegenhäuser
Stiegenhäuser, unter anderem mit Druckbelüftung und Feuerwehraufzug, erhöhen Sicherheit deutlich

Loggien und Parapete in Stahlbeton
Geschoßübergreifende Brandausbreitung wird durch Loggien und Parapete in Stahlbeton verhindert

Holz nicht zulässig
Neungeschoßige Gebäude erhalten keine Aufstockungen, da kein Holz eingesetzt werden darf

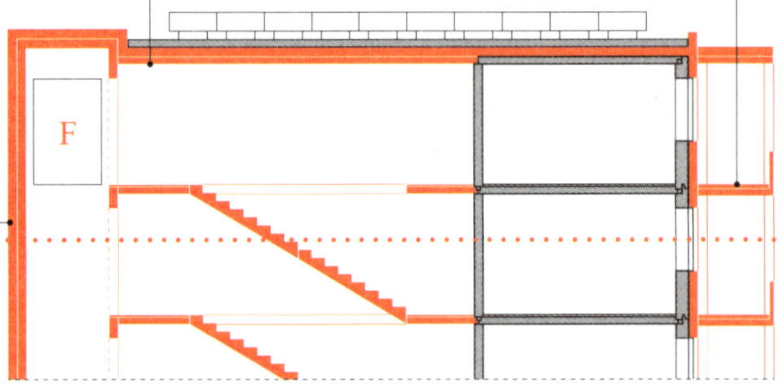

F

22,0 m

Holzrahmenbauweise
Holzrahmenelemente werden in Gebäudeklasse 4 mit (brennbarer) ökologischer Dämmung ausgeführt, in 5 mit nichtbrennbarer Dämmung

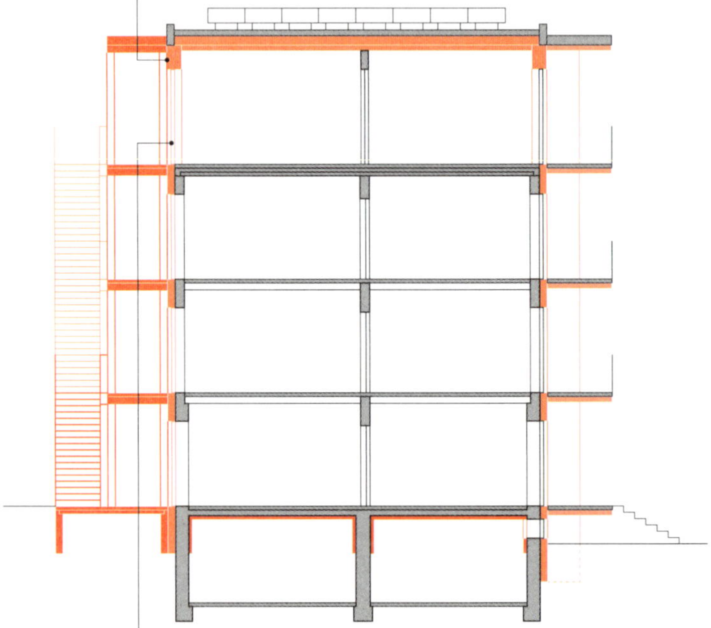

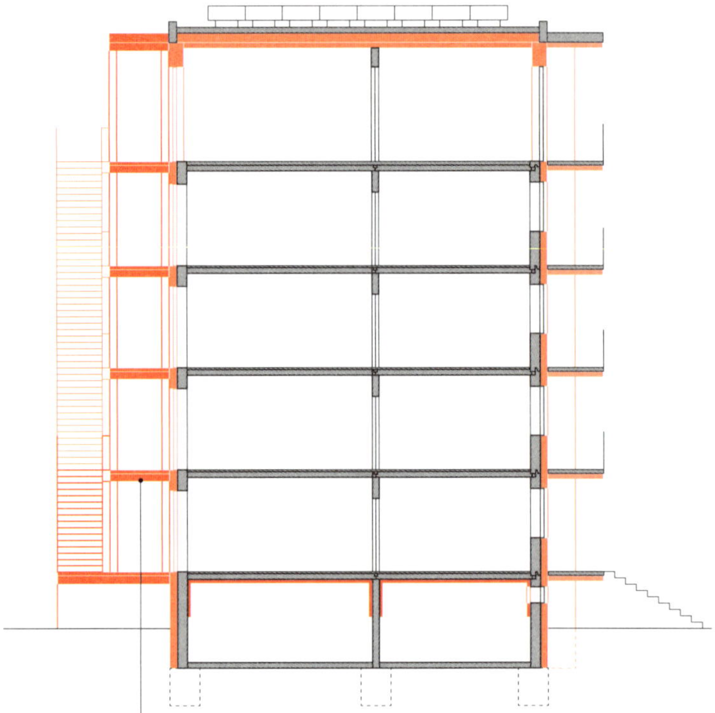

Brandschutztüren
Wohnungstüren werden durch Brandschutztüren mit 0,90 m Breite und 30 Minuten Feuerwiderstand ersetzt

Laubengänge in Stahlbeton
Laubengänge sind nichtbrennbar, von Außenluft umspült und bieten 90 Minuten Feuerwiderstand

90 Minuten, nichtbrennbar
60 Minuten, brennbar
30 Minuten, brennbar

1:200

Brandschutz
Sicherheit im Bestand

Gebäudeklassen, Brennbarkeit, Feuerwiderstand
Bei der Transformation von Gebäuden sind – wie bei der Errichtung – die jeweils aktuellen Brandschutzrichtlinien zu beachten. Diese stellen, je nach Gebäudeklasse, Anforderungen an Baustoffe und Bauteile vor allem in Bezug auf Brennbarkeit und Feuerwiderstand. Infolge der ökosozialen Transformation entsprechen die Gebäude mit nun vier Geschoßen der Gebäudeklasse 4, mit fünf Geschoßen der Gebäudeklasse 5. Bei neun Geschoßen gelten die Bestimmungen für Gebäude mit Fluchtniveaus zwischen 22 m und 32 m. Der Begriff „Brennbarkeit" verweist auf das Verhalten von Baustoffen und Bauteilen bei Brandentstehung und -entwicklung. „Feuerwiderstand" verweist bei tragenden Bauteilen auf das Vermögen, im Brandfall für einen bestimmten Zeitraum Tragfestigkeit zu bewahren, bei raumabschließenden Bauteilen auf die Fähigkeit, den Durchgang von Rauchgasen und Wärme zu verhindern.

Holz in Gebäudeklasse 4 und 5
Holz ist brennbar, der Feuerwiderstand von Holz und Holzbauteilen hängt aber wesentlich von der Materialstärke und etwaigen Vorbauten ab. So fangen Brettsperrholzplatten Feuer und brennen von außen nach innen mit vorhersehbarer Geschwindigkeit ab. Abhängig von ihrer Stärke behalten sie dabei aber für 30, 60, 90 Minuten oder mehr die erforderliche Tragfestigkeit. In den Fallbeispielen Linz und Wien ist die Stärke von Brettsperrholzplatten für Wände und Decken in Loggia, Erweiterung und Aufstockung gemäß dem notwendigen Feuerwiderstand gewählt. Der Einsatz von Holz in Gebäudeklassen 4 und 5 ist so möglich, aber auch mit Einschränkungen verbunden. So verfügen Holzrahmenelemente in Gebäudeklasse 4 über nichtbrennbare Gipsfaserplatten zwischen gedämmtem Ständerwerk und hinterlüfteter Holzfassade. Die Holzrahmenmodule sind geschoßhoch konzipiert und mit brennbarer, ökologischer Dämmung befüllt. Um geschossübergreifende Brandausbreitung zu verhindern, besteht die Dämmung im oberen Bereich jedes Holzrahmenmoduls aus nichtbrennbarer Mineralwolle. In Gebäudeklasse 5 ist die gesamte Dämmung in Mineralwolle vorzusehen.

Beton in Gebäudeklassen 4 und 5
Stahlbetonstützen und -decken von Laubengängen sind nichtbrennbar und verfügen über ausreichend Feuerwiderstand, um mit Breiten von mindestens 1,20 m als Fluchtwege zu dienen. Die Lage der Laubengänge an der Außenluft ist brandschutztechnisch von Vorteil. Sicherheitsbeleuchtung und tragbare Feuerlöscher in den Laubengängen verbessern den Brandschutz zusätzlich.

Gebäude mit Fluchtniveaus über 22 m
Der Einsatz von Holz ist in Gebäuden mit Fluchtniveaus über 22 m grundsätzlich nicht zulässig beziehungsweise nur durch sehr aufwendige Kompensationsmaßnahmen möglich. Die neungeschoßigen Gebäude im Fallbeispiel Stahlbeton-Fertigteilbauweise erhalten deshalb keine Aufstockung oder Erweiterung. Die Außenwände werden außerdem mit vorgefertigten Metallrahmenmodulen mit Mineralwolle und somit ausschließlich mit nichtbrennbaren Materialien gedämmt. Loggien werden mit Parapeten in Stahlbeton ausgeführt, um geschoßübergreifende Brandausbreitung zu verhindern. Sicherheitsstiegenhäuser werden mit Druckbelüftung, Feuerwehraufzug, Brandmeldeanlage mit automatischer Alarmweiterleitung zur Feuerwehr, Alarmierungseinrichtung, Wandhydranten und Sicherheitsbeleuchtung umgesetzt.

Weitere Ertüchtigungen im Bestand
Zusätzlich zu diesen Verbesserungen werden in bestehenden Geschoßen Wohnungstüren durch Brandschutztüren ersetzt und Schotten in Schächten eingebaut. Holztramdecken bestehender Wohnungen können auf Grundlage einer Untersuchung und Beurteilung durch Sachverständige erforderlichenfalls verbessert werden. Dies kann auch durch jene Vorbauten erreicht werden, die auf Wunsch der Bewohner*innen den Schallschutz im Inneren der Wohnungen verbessern. Insgesamt erhöht die Erfüllung brandschutztechnischer Anforderungen die Sicherheit in den Gebäuden maßgeblich und begünstigt so ihre langfristige Nutzung.

Lastabtragung

Ziegelbauweise
Fallbeispiel Linz

Stahlbeton-Fertigteilbauweise
Fallbeispiel Wien

Selbsttragende Laubengänge
Vorgefertigte Stahlbeton-Fertigteile sind materialsparend dimensioniert und selbsttragend

Ertüchtigung von Decken
Oberste Geschoßdecken werden zu Holz-Beton-Verbunddecken für die Aufstockungen darüber ertüchtigt

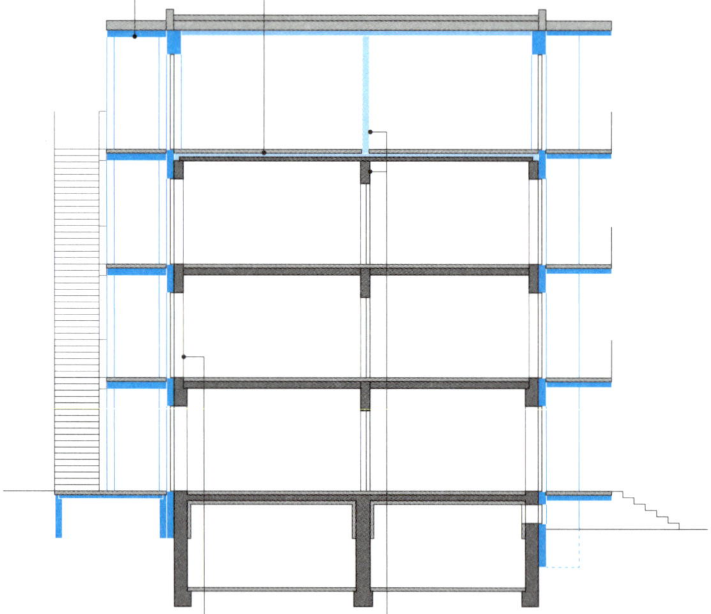

Bestehende Struktur
Bestehende Mittelwände tragen Last von Decken auf beiden Seiten ab und werden durch Aufstockungen zusätzlich beansprucht

Mauerwerk
Parapete in Mauerwerk sind nicht tragend und können einfach abgebrochen werden, um den Einbau bodentiefer Fenster zu ermöglichen

Aufstockungen
Außenwände werden von Anbauten getragen, Mittelwände von bestehenden Wänden darunter

Selbsttragende Loggien
Loggien sind modular vorgefertigt, selbsttragend und verfügen über eigene Fundamente

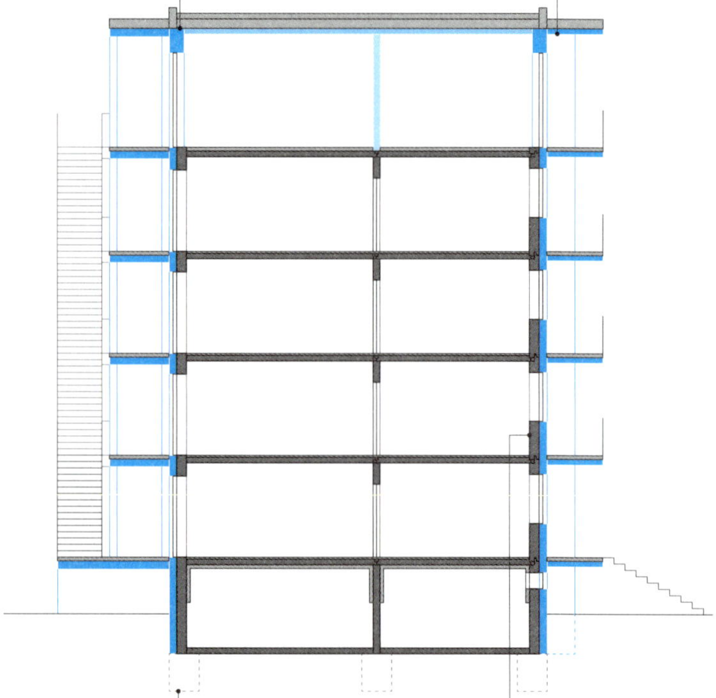

Stahlbeton-Fertigteile
Bodentiefe Fenster werden hier sparsam projektiert, da tragende Stahlbeton-Fertigteile dafür als Ganzes ersetzt werden müssen

Fundamente
Fundamente werden durch Aufstockungen zusätzlich belastet und erforderlichenfalls ertüchtigt

Selbsttragende Bauteile
Von Bestand und Anbauten getragene Bauteile
Von Bestand getragene Bauteile
Tragender Bestand

1:200

Tragwerk
Bestand und Anbauten

Tragfähigkeit im Bestand

Für Aufstockungen müssen vor allem Fundamente, Mittelwände und Decken unter dem Dach eine ausreichende Tragfähigkeit aufweisen. Die Fundamente tragen durch das Gewicht der Aufstockungen zusätzliche Last in den Boden ab. Sie können bei Bedarf durch die Einbringung von zusätzlichem Beton ertüchtigt werden. Mittelwände tragen anders als Außenwände die Lasten aus Decken auf beiden Seiten ab. Sie sind grundsätzlich stärker beansprucht, besonders bei Aufstockungen. Da Ziegel weniger druckfest ist als Beton, erreichen zuerst die Mittelwände der Ziegelbauweise die Grenzen der Belastbarkeit. Die obersten Geschoßdecken sind in der Ziegelbauweise meist als Dippelbaumdecken ausgeführt, die mit Aufbeton ertüchtigt werden. In der Stahlbeton-Fertigteilbauweise verfügen die Decken unter dem Dach möglicherweise über weniger Bewehrung, somit über geringere Tragfähigkeit und müssten gegebenenfalls verstärkt werden. Für eine abschließende Beurteilung ist eine statische Untersuchung erforderlich.

Selbsttragende Anbauten

Je eine Loggia wird als Modul vorgefertigt, ist selbsttragend und in der Bestandswand lediglich rückverankert. Diese Loggiamodule werden fugenlos aneinandergereiht, kraftschlüssig miteinander verbunden und tragen jeweils das nächste Modul im Geschoss darüber. Die Konstruktion verfügt über eigene Fundamente. In den verbleibenden Außenwandbereichen werden vorgefertigte dämmende Holzrahmenelemente ebenfalls selbsttragend eingesetzt. In den Erweiterungen dienen selbsttragende Holzrahmen- und Loggiamodule als tragende Außenwände und Brettsperrholzplatten als tragende Innenwände. Selbsttragende Laubengänge bestehen aus Deckenplatten und Stützen, die modular und in CO_2-reduziertem, rezykliertem Stahlbeton vorgefertigt werden. Dass Stützen stets den gleichen Querschnitt und Deckenplatten immer die gleiche Breite haben, vereinfacht die Vorfertigung, den Transport und die Montage. Die Stärke aller Bauteile ist auf statisch und brandschutztechnisch notwendige Dimensionen reduziert und somit möglichst materialsparend konzipiert.

Aufstockungen

Die Außenwände von Aufstockungen werden von den Loggia- und Holzrahmenmodulen darunter getragen. Diese Konstruktion vermeidet fehleranfällige Vor- und Rücksprünge in der dämmenden Gebäudehülle und maximiert die Nutzfläche. Einzelne raumlange Brettsperrholzplatten dienen als tragende Innenwände, die über tragenden Wänden darunterliegender Geschoße positioniert werden und damit das bestehende Tragwerk nutzen.

Stiegenhäuser und Vorräume

Ehemalige Stiegenhäuser dienen als gemeinsame Vorräume zwischen Laubengängen und Wohnungen. Die Decken dieser Vorräume liegen in Aussparungen auf bestehenden Wänden auf. Diese Aussparungen entstehen in Ziegelbauwänden durch den Abbruch der äußersten Ziegelschale, in Stahlbeton-Fertigteilwänden bereits durch das Entfernen bestehender Podeste. Um Zugänge zu den neuen Vorräumen zu schaffen, werden die bestehenden Außenwände der Stiegenhäuser entfernt. In der Ziegelbauweise werden sie durch Träger ersetzt, die als Auflager für Decken und als Wandabschnitte über neuen Türen dienen. In Stahlbeton-Fertigteilgebäuden fungiert ein neues, u-förmiges Fertigteil als selbsttragendes Auflager sowie als Wandöffnung zwischen Laubengang und Vorraum.

Bodentiefe Wandöffnungen

In Ziegelbauwänden sind Parapete nicht tragend und können daher mit geringem Aufwand abgebrochen werden, um bodentiefe Fenster zu ermöglichen. In Stahlbeton-Fertigteilwänden ist der Ausbau des gesamten Fertigteils notwendig. Im Fallbeispiel Wien werden bestehende Decken zudem von Innen- und Außenwand-Fertigteilen getragen. Bodentiefe Fenster werden daher hier sparsam projektiert. In jeder bestehenden Wohnung wird das Fertigteil zwischen Wohnzimmer und Loggia durch ein neues, u-förmiges Fertigteil ersetzt. Es dient als Auflager für bestehende Decken und ermöglicht jeder Wohnung wesentlich größere, bodentiefe Fenster.

Wiederverwendung vor Wiederverwertung

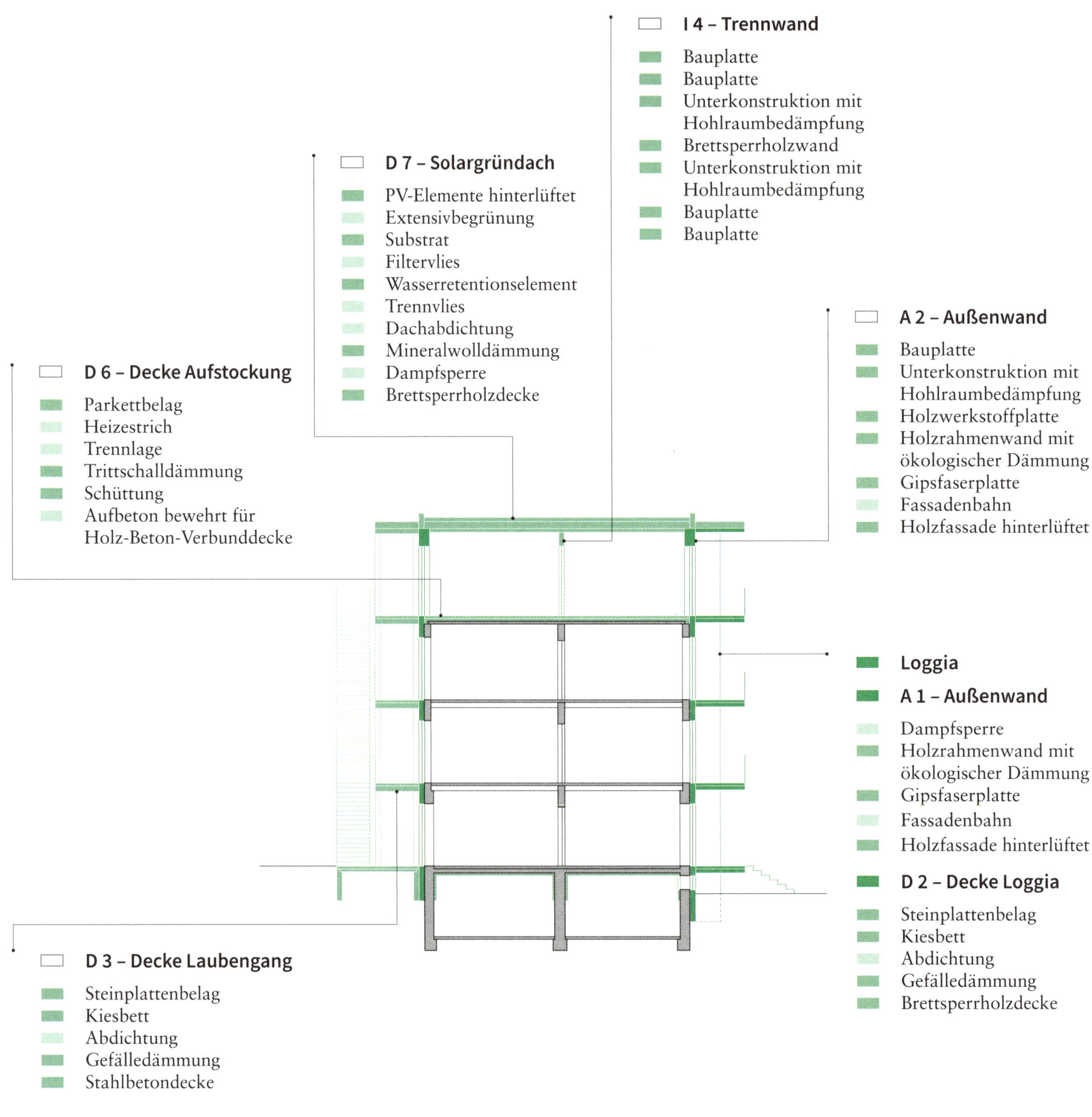

Materialkreislauf	Priorität	Ebene
Wiederverwendung	Hoch	Konstruktion
	Mittel	Bauteil, -material
Wiederverwertung	Gering	Baumaterial

1:200

Materialkreislauf
Reduktion, Wiederverwendung, Wiederverwertung

Ressourcenschonung

Die Nutzung nicht nachwachsender Rohstoffe verursacht hohe Treibhausgasemissionen und weitere Umweltbelastungen. Die Verwendung nachwachsender Rohstoffe kann diese Belastungen minimieren. Grundsätzlich sind jedoch alle Rohstoffe sparsam einzusetzen, um Ressourcen zu schonen. Material reduzieren ist daher der erste Schritt, um Umweltbelastungen zu senken. Sämtliche Konstruktionen sind deshalb möglichst materialsparend konzipiert. Der zweite Schritt besteht darin, Material wieder zu verwenden. Dabei wird dieses ohne Aufbereitung und in gleichwertiger Funktion wieder eingesetzt. Das Gebäude sollte dafür möglichst vollständig in seine Einzelteile zerlegt werden können. Material wiederverwerten stellt den dritten Schritt dar. Das bedingt aber meist energieintensive Aufbereitung – wie Metall einschmelzen und neu formen – oder untergeordnete Funktionen für den Baustoff – wie Betonbruch als Zuschlag in neuem Beton verwenden. Reduzieren und Wiederverwenden sind daher Wiederverwerten vorzuziehen.

Holzbau mit Schraubverbindungen

Holzrahmenwände verfügen daher ausschließlich über Schraub- statt Klebeverbindungen. Sie lassen sich so von anderen Bauteilen lösen und als Ganzes wiederverwenden oder vollständig zerlegen. Ihre Bestandteile können dann in anderen Bauteilen weiter eingesetzt oder am Ende ihrer Lebensdauer sortenrein entsorgt werden. In Holzrahmenwänden sind vertikal und quer angeordnete Balken zu einem Ständerwerk verschraubt. Die Hohlräume dazwischen füllt Dämmung. Holzwerkstoffplatten dienen als Aussteifung und Dampfsperre. Gipsfaserplatten bilden einen brandschutztechnischen Abschluss. Die Holzlatten der hinterlüfteten Fassade schützen vor Witterung und sind an einer Unterkonstruktion aus Latten befestigt. Fassadenbahnen schaffen zusätzlichen Feuchteschutz und sind zwischen diesen Latten eingeklemmt. Fenster und Türen sind in das Ständerwerk integriert. Die vollständig vorgefertigte Holzrahmenwand wird auf der Baustelle durch Schrauben und Stahlwinkel mit anderen Bauteilen verbunden. Brettsperrholzplatten werden ebenfalls durch Stahlwinkel befestigt und können gelöst werden. Trennwände aus Brettsperrholz verfügen aus Schallschutzgründen über selbsttragende Vorbauten, die einfach lösbar sind. Boden- und Dachaufbauten liegen lose auf Brettsperrholzdecken auf und lassen sich entfernen. Auch Brettsperrholzplatten können ausgebaut und als Ganzes wiederverwendet werden. Massivholzplatten, in denen die Bretter durch Holzdübel statt Leim miteinander verbunden sind, würden Umweltbelastungen zusätzlich reduzieren.

Stahlbeton-Fertigteile mit Steckverbindungen

CO_2-reduzierte Stahlbeton-Fertigteile werden als Punktfundamente sowie als Stützen und Platten in Laubengängen, Aufzügen und im Fallbeispiel Wien in neungeschoßigen Gebäuden in Stiegenhäusern und Loggien eingesetzt. Diese tragenden Fertigteilstützen, -platten und -fundamente sind für Wiederverwendung in gleichwertiger, tragender Funktion konzipiert. Fertigteile verfügen daher ausschließlich über Steckverbindungen, die zerstörungsfrei gelöst werden können. Bodenaufbauten sind lose auf die Fertigteilplatten gelegt, schützen diese und sind bei Bedarf einfach austauschbar. Stahlbeton-Fertigteilkonstruktionen können so abgebaut und an anderer Stelle, als Bestandteil anderer Gebäude, wieder aufgebaut werden.

Rückgebaute Elemente

Die bestehenden Treppenläufe aus Stahlbeton-Fertigteilen kommen im Fallbeispiel Wien in Laubengängen und Stiegenhäusern wieder zum Einsatz. Weitere ausgebaute Teile werden katalogisiert und zur Wiederverwendung in anderen Bauvorhaben angeboten. Im Fallbeispiel Wien könnten ausgebaute Außenwand-Fertigteile wiederverwendet werden. Im Fallbeispiel Linz werden Parapete und Dachdeckung so abgebaut, dass Ziegel intakt bleiben und wieder eingesetzt werden können, ebenso wie die Holzbalken abgebauter Dachstühle und Holztreppen. Gleichzeitig wird geprüft, ob Elemente anderer, bereits rückgebauter Gebäude in der ökosozialen Transformation genutzt werden können.

Nachwort

Einordnung
Dank, Ausblick, Autor*innen

Einordnung
Wohngebäude sanieren und weiterbauen – ein Hebel für die Klimaneutralität

Graue Energie im Gebäudesektor

Der Gebäudebestand in der EU ist für rund ein Drittel der Treibhausgasemissionen verantwortlich – davon entfallen 90 % auf Heizung und Warmwasser. Alles abreißen und neu bauen? Mitnichten: Denn in den Gebäuden steckt Energie, die für die Errichtung und die Instandhaltung aufgewendet wurde. Diese sogenannte „graue Energie" im Gebäudebereich verursacht durch Neubauten circa 10 % des weltweiten Treibhausgasausstoßes. [1]

Die „Renovation Wave"

Die EU spricht von einer benötigten „Renovation Wave" – auch unser Innovationslabor Renowave.at, das wir 2022 als Genossenschaft gegründet haben, trägt diesen Ansatz im Namen. Diese Sanierungswelle wird nur in vielen kleinen Schritten zu schaffen sein. Unseres Erachtens mangelt es nicht an technischen Lösungen, sondern an den Rahmenbedingungen – gesetzlich, finanziell, organisatorisch –, damit die Sanierungswelle ins Rollen kommt.

3 % Sanierungsrate als Ziel

Laut Wohnbauförderungsspezialist Wolfgang Amann ist eine Dekarbonisierung des Wohnungsbestandes bis 2040 nur mit den richtigen politischen Rahmenbedingungen umsetzbar. [2] Die Sanierungsrate, die derzeit bei circa 1,5 % liegt, könnte mit den richtigen Rahmenbedingungen verdoppelt werden.

Umstieg auf Erneuerbare

Abgesehen von thermischen Sanierungsmaßnahmen sind die Städte und Gemeinden zurzeit vor allem mit Heizungstausch beschäftigt. Die österreichische Bundeshauptstadt Wien hat im Bundesländervergleich zwar den geringsten Endenergieverbrauch pro Kopf für Heizen und Warmwasser, allerdings werden fast 90 % der daraus entstehenden Treibhausgase von Gasheizungen verursacht. Das Programm „Raus aus Gas" ist eine komplexe Herausforderung: Für 600.000 Gasgeräte, davon rund 475.000 dezentrale, müssen Lösungen gefunden werden. [3]

Klimafahrplan für Gebäude

Doch ein alleiniger Heizungstausch greift zu kurz: Statt sich nur auf den Heizungstausch zu fokussieren, sollten Gebäudebesitzer*innen einen Klimafahrplan für ihre Gebäude entwerfen und darin machbare Schritte definieren. Für Wohngebäude empfehlen wir einen dreiteiligen Ansatz, der aus einer integralen Betrachtung und Analyse, einem Variantenvergleich sowie der frühzeitigen Partizipation der Bewohner*innen besteht. Noch werden die Treibhausgasemissionen im Entscheidungsprozess wenig berücksichtigt, aber die EU-Taxonomie zeigt, dass sich das in Zukunft ändern wird.

Bestand als Hebel

Mehr Umbaukultur statt Abbruch und Neubau, den Bestand achten und unser baukulturelles Erbe für die nächsten Generationen weiterentwickeln: eine Mammutaufgabe, die vor allem junge Architekt*innen und Ingenieurkonsulent*innen noch lange beschäftigen wird. Dieses Buch ist ein wichtiger Beitrag: Es zeigt exemplarisch an zwei österreichischen Siedlungen, wie dies gelingen kann, und dient als Vorlage für andere Siedlungen und Bestandsareale. Den Bestand zu erhalten ist weder romantisch noch blauäugig: Angesichts der fortschreitenden Klimakrise ist es eine absolute Notwendigkeit und ein großer Hebel für die Klimaneutralität.

Ulla Unzeitig
Vorständin Renowave.at
Österreichisches Innovationslabor
für klimaneutrale Sanierung

2040, infolge der Transformation:
Das unbehandelte Holz vergraut und bietet ein sich veränderndes, aber wiedererkennbares Erscheinungsbild.

Dank, Ausblick, Autor*innen

Unser Beitrag zum internationalen Ideenwettbewerb Europan 16 war der Auftakt für diese Publikation. Die Entwicklung einer umfassenderen Studie ermöglichte uns das Startstipendium Architektur und Design 2021 des Bundesministeriums für Kunst, Kultur, öffentlichen Dienst und Sport. In diesem Zusammenhang danken wir Peter Bauer, Nils Jansen, Jochen Käferhaus, Sylvia Necker und Margit Petrak-Diop, die mit ihrer Expertise und Beratung deren Ausarbeitung unterstützten.

Gemeinsam mit Ilka Ruby und Andreas Ruby konnten wir darauf aufbauend das vorliegende Buch entwickeln – für diese Chance und ihre tatkräftige Unterstützung möchten wir ihnen sehr herzlich danken. Für seine fachliche Unterstützung bedanken wir uns sehr bei Tobias Steiner vom Österreichischen Institut für Baubiologie und -ökologie. Ulla Unzeitig vom Innovationslabor Renowave.at danken wir sehr für ihren Beitrag.

Besonderer Dank gilt unseren Familien und Freund*innen, die uns bei all unseren Vorhaben seit jeher tatkräftig unterstützen. Auch für ihre unerschöpfliche Geduld bei der Ausarbeitung dieses Buches sind wir ihnen sehr dankbar.

Die Publikation wurde durch den Österreichischen Wissenschaftsfonds FWF, das Bundesministerium für Kunst, Kultur, öffentlichen Dienst und Sport sowie die PPM Planungs- & Projektmanagement GmbH gefördert.

Dieses Buch dient als Vorlage für die tatsächliche öko-soziale Transformation von Wohnhausanlagen. Ziel ist, damit konkrete Projekte gemeinsam mit Wohnbauvereinigungen, Bewohner*innen, Gemeinden, Fachleuten und Forscher*innen zu planen, umzusetzen, zu evaluieren und weiterzuentwickeln. Dabei wird der Katalog an Fallbeispielen kontinuierlich erweitert – bald auch durch realisierte Projekte.

—

Barbara Weber und Laurenz Berger sind Architekt*innen und Gründer*innen von **PROJEKT**. Sie verstehen ein Projekt als das Bestreben, eine politische Agenda durch die physische Transformation von Umwelt umzusetzen. **PROJEKT** verfolgt daher eine klare Agenda: Klimakrise eindämmen, Klimaresilienz stärken und Inklusion fördern – durch konkrete Arbeiten von Territorium bis Detail. Keine Gebäude abreißen und neu bauen, sondern Bestehendes erhalten und inklusiv verbessern, Neues behutsam integrieren sowie Ressourcen schonen und sinnvoll einsetzen sind daher die Ziele dieser Arbeiten.

Barbara Weber graduierte an der Akademie der bildenden Künste in Wien, Laurenz Berger an der Architectural Association School of Architecture in London. Studium und Berufserfahrung führten sie außerdem nach Tokyo, Berlin und Kopenhagen. Zurück in Wien engagieren sie sich in Lehre, Berufsvertretung und im Klimaschutz.

2040, infolge der Transformation:
Ihre Wiedererkennbarkeit macht die Transformation als (gesellschafts-)politisches Projekt sichtbar.

Verzeichnis

Register
Quellen
Literatur
Abbildungen

Register

Quellen
Textquellen

Kontext
Klimakrise, Klimavulnerabilität und Ungleichheit

[1] Berkeley Earth. 2023. The world has warmed 1,3 °C. How much has your country warmed? In: Berkeley Earth, berkeleyearth.org, online unter: https://berkeleyearth.org/ (14.07.2023).

[2] Rahmstorf, Stefan. 2022. Die Erwärmung der Meere und der Anstieg des Meeresspiegels. In: Thunberg, Greta (Hg.). Das Klima-Buch von Greta Thunberg. Frankfurt am Main: S. Fischer Verlag. Seite 82.

[3] Rahmstorf. 2022. Die Erwärmung der Meere und der Anstieg des Meeresspiegels. Seite 83.

[4] Rahmstorf. 2022. Die Erwärmung der Meere und der Anstieg des Meeresspiegels. Seite 83.

[5] Rockström, Johan. 2022. Kipppunkte und Rückkopplungsschleifen. In: Thunberg, Greta (Hg.). Das Klima-Buch von Greta Thunberg. Frankfurt am Main: S. Fischer Verlag. Seiten 33–36.

[6] Rockström. 2022. Kipppunkte und Rückkopplungsschleifen. Seiten 39–41.

[7] F. A. Brockhaus. 2006. Treibhauseffekt. In: Brockhaus. Enzyklopädie. Band 27. Mannheim: Verlag F. A. Brockhaus. Seiten 704–706.

[8] NOAA Research. 2023. NOAA index tracks how greenhouse gas pollution amplified global warming in 2022. In: research.noaa.gov, online unter: https://research.noaa.gov/2023/05/23/noaa-index-tracks-how-greenhouse-gas-pollution-amplified-global-warming-in-2022/ (14.07.2023).

[9] Hausfather, Zeke. 2022. Methan und kurzlebige Treiber des Klimawandels. In: Thunberg, Greta (Hg.). Das Klima-Buch von Greta Thunberg. Frankfurt am Main: S. Fischer Verlag. Seiten 55–56.

[10] Forster, Piers et al. 2023. Indicators of Global Climate Change 2022. Annual update of largescale indicators of the state of the climate system and the human influence. Seite 9. In: Earth System Science Data, essd.copernicus.org, online unter: https://essd.copernicus.org/articles/15/2295/2023/essd-15-2295-2023.pdf (14.07.2023).

[11] Chancel, Lucas et al. 2021. World Inequality Report 2022. Seite 117. In: World Inequality Lab, wir2022.wid.world, online unter: https://wir2022.wid.world/www-site/uploads/2023/03/D_FINAL_WIL_RIM_RAPPORT_2303.pdf (14.07.2023).

[12] Chancel et al. 2021. World Inequality Report 2022. Seiten 117–119.

[13] Chancel et al. 2021. World Inequality Report 2022. Seiten 117–119.

[14] Chancel et al. 2021. World Inequality Report 2022. Seiten 193–194.

[15] Chancel, Lucas / Piketty, Thomas. 2022. Dekarbonisierung erfordert Umverteilung. In: Thunberg, Greta (Hg.). Das Klima-Buch von Greta Thunberg. Frankfurt am Main: S. Fischer Verlag. Seite 445.

[16] Chancel et al. 2021. World Inequality Report 2022. Seiten 117–118.

[17] IPCC. 2023. AR6 Synthesis Report. Headline Statements. In: IPCC, ipcc.ch, online unter: https://www.ipcc.ch/report/ar6/syr/resources/spm-headline-statements (14.07.2023).

[18] Zechmeister, Andreas et al. 2023. Nahzeitprognose der österreichischen Treibhausgas-Emissionen für das Jahr 2022. Seite 5. In: Umweltbundesamt, umweltbundesamt.at, online unter: https://www.umweltbundesamt.at/fileadmin/site/publikationen/rep0869.pdf (14.07.2023).

[19] Zechmeister, Andreas et al. 2022. Klimaschutzbericht 2022. Seite 73. In: Umweltbundesamt, umweltbundesamt.at, online unter: https://www.umweltbundesamt.at/fileadmin/site/publikationen/rep0816.pdf (14.07.2023).

[20] Zechmeister et al. 2022. Klimaschutzbericht 2022. Seite 74.

[21] Truger, Barbara et al. 2022. Life cycle GHG emissions of the Austrian building stock. A combined bottom-up and top-down approach. Seite 8. In: IOP Conference Series: Earth and Environmental Science, iopscience.iop.org, online unter: https://iopscience.iop.org/article/10.1088/1755-1315/1078/1/012024/pdf (14.07.2023).

[22] Truger et al. 2022. Life cycle GHG emissions of the Austrian building stock. Seiten 3–5.

[23] Truger et al. 2022. Life cycle GHG emissions of the Austrian building stock. Seite 9.

[24] Truger et al. 2022. Life cycle GHG emissions of the Austrian building stock. Seiten 3–5.

[25] Baubook. 2023. Baubook Deklaration Zentrale. In: Baubook, baubook.at, online unter: https://www.baubook.at/zentrale/ (14.07.2023).

[26] Baubook. 2023. Baubook Deklaration Zentrale.

[27] Stoifl, Barbara et al. 2023. Entwicklung des Abfallvermeidungsprogrammes 2023. Seite 105. In: Umweltbundesamt, umweltbundesamt.at, online unter: https://www.umweltbundesamt.at/fileadmin/site/publikationen/rep0835.pdf (14.07.2023).

[28] IPCC. 2023. Climate Change 2023. Synthesis Report. Summary for Policymakers. Seiten 5–7. In: Intergovernmental Panel on Climate Change IPCC, ipcc.ch, online unter: https://www.ipcc.ch/report/ar6/syr/downloads/report/IPCC_AR6_SYR_SPM.pdf (14.07.2023).

[29] IPCC. 2023. Climate Change 2023. Seiten 5–7.

[30] De Palma, Adriana / Purvis, Andy. 2022. Terrestrische Biodiversität. In: Thunberg, Greta (Hg.). Das Klima-Buch von Greta Thunberg. Frankfurt am Main: S. Fischer Verlag. Seiten 114–117.

[31] Greenpeace. 2023. Artenkrise. Wenn die Ökosysteme kollabieren. In: Greenpeace, greenpeace.de, online unter: https://www.greenpeace.de/biodiversitaet/artenkrise (14.07.2023).

[32] Greenpeace. 2023. Artenkrise.

[33] Vicedo-Cabrera, Ana M. 2022. Hitze und Krankheit. In: Thunberg, Greta (Hg.). Das Klima-Buch von Greta Thunberg. Frankfurt am Main: S. Fischer Verlag. Seite 148.

[34] Colón-González, Felipe J. 2022. Vektorübertragene Krankheiten. In: Thunberg, Greta (Hg.). Das Klima-Buch von Greta Thunberg. Frankfurt am Main: S. Fischer Verlag. Seite 154.

[35] Hsiang, Solomon. 2022. Klimawandel und Ungleichheit. In: Thunberg, Greta (Hg.). Das Klima-Buch von Greta Thunberg. Frankfurt am Main: S. Fischer Verlag. Seite 200.

[36] IPCC. 2023. Climate Change 2023. Seiten 5–7.

[37] Piketty, Thomas. 2014. Das Kapital im 21. Jahrhundert. München: C.H. Beck. Seite 465.

[38] Heck, Ines / Kapeller, Jakob / Wildauer, Rafael. 2020. Vermögenskonzentration in Österreich. Ein Update auf Basis des HFCS 2017. Seite 23. In: Arbeiterkammer, arbeiterkammer.at, online unter: https://emedien.arbeiterkammer.at/viewer/ppnresolver?id=AC16086820 (14.07.2023).

[39] Die Armutskonferenz. 2023. Aktuelle Armutszahlen. Daten aus EU-SILC 2022 (veröffentlicht im April 2023). In: Die Armutskonferenz, armutskonferenz.at, online unter: https://www.armutskonferenz.at/armut-in-oesterreich/aktuelle-armuts-und-verteilungszahlen.html (14.07.2023).

[40] Die Armutskonferenz. 2023. Aktuelle Armutszahlen.

[41] Kammer für Arbeiter und Angestellte für Wien. 2021. Ungerechte Verteilung. Wie Ungleichheit unser Leben prägt. Seite 19. In: Arbeiterkammer, arbeiterkammer.at, online unter: https://www.arbeiterkammer.at/interessenvertretung/wirtschaft/verteilungsgerechtigkeit/Broschuere_Ungerechte_Verteilung.pdf (14.07.2023).

[42] Kammer für Arbeiter und Angestellte für Wien. 2021. Ungerechte Verteilung. Seite 19.

[43] Kammer für Arbeiter und Angestellte für Wien. 2021. Ungerechte Verteilung. Seite 19.

[44] Molina, Camilo / Quinz, Hannah / Reinprecht, Christoph. 2020. Sozialraum Monitoring. Durchmischung und Polarisierung in Wien. Seite 33. In: Arbeiterkammer, arbeiterkammer.at, online unter: https://emedien.arbeiterkammer.at/viewer/ppnresolver?id=AC16147518 (14.07.2023).

[45] Molina / Quinz / Reinprecht. 2020. Sozialraum Monitoring. Seite 33.

[46] Kammer für Arbeiter und Angestellte für Wien. 2021. Ungerechte Verteilung. Seite 21.

[47] Kammer für Arbeiter und Angestellte für Wien. 2021. Ungerechte Verteilung. Seite 20.

[48] Kammer für Arbeiter und Angestellte für Wien. 2021. Ungerechte Verteilung. Seite 21.

[49] Kammer für Arbeiter und Angestellte für Wien. 2021. Ungerechte Verteilung. Seite 14.

Konzept
Ausgangssituation und ökosoziale Transformation

[1] Zechmeister, Andreas et al. 2022. Klimaschutzbericht 2022. Seite 10. In: Umweltbundesamt, umweltbundesamt.at, online unter: https://www.umweltbundesamt.at/fileadmin/site/publikationen/rep0816.pdf (14.07.2023).

[2] Bundesministerium für Klimaschutz, Umwelt, Energie, Mobilität, Innovation und Technologie (BMK). 2021. Nachhaltige Klimaschutz-Maßnahmen. In: BMK, bmk.gv.at, online unter: https://www.bmk.gv.at/themen/klima_umwelt/agenda2030/bericht-2020/nachhaltigkeit.html (14.07.2023).

[3] United Nations, Department of Economic and Social Affairs, Population Division. 2018. World Urbanization Prospects. The 2018 Revision. Online Edition. In: United Nations, Department of Economic and Social Affairs, Population Division, population.un.org, online unter: https://population.un.org/wup/Country-Profiles/

(14.07.2023).
[4] Wagner, Gernot. 2021. Stadt Land Klima. Warum wir nur mit einem urbanen Leben die Erde retten. Wien: Christian Brandstätter Verlag. Seite 44.
[5] United Nations, Department of Economic and Social Affairs, Population Division. 2018. World Urbanization Prospects.

Emissionen
Vergleich von Bestand, Transformation und Neubau

[1] Röck, Martin et al. 2020. Embodied GHG emissions of buildings. The hidden challenge for effective climate change mitigation. Seite 9. In: Science Direct, sciencedirect.com, online unter: https://doi.org/10.1016/j.apenergy.2019.114107 (21.07.2023).
[2] Chancel, Lucas et al. 2021. World Inequality Report 2022. Seiten 117–118. In: World Inequality Lab, wir2022.wid.world, online unter: https://wir2022.wid.world/www-site/uploads/2023/03/D_FINAL_WIL_RIM_RAPPORT_2303.pdf (14.07.2023).
[3] Chancel et al. 2021. World Inequality Report 2022. Seiten 117–119.

Ziegelbauweise
Fallbeispiel Linz

[1] Archiv der Stadt Linz (AStL), Plan- und Kartensammlung, NS-Pläne, Mappe 14 – Diverse Wohnsiedlungen, Plan Wohnungsbau in Linz 1938 – 1.1.1943. Gliederung nach Großbaustellen.
[2] Kirchmayr, Birgit. 2012. Linzer Stadtgeschichte(n) vor und nach der Wendemarke von 1938. In: Museen der Stadt Linz (Hg.). „Hitlerbauten“ in Linz. Wohnsiedlungen zwischen Alltag und Geschichte. 1938 bis zur Gegenwart. Salzburg: Verlag Anton Pustet. Seite 54.
[3] Kirchmayr. 2012. Linzer Stadtgeschichte(n) vor und nach der Wendemarke von 1938. Seite 54–56.
[4] Kirchmayr. 2012. Linzer Stadtgeschichte(n) vor und nach der Wendemarke von 1938. Seite 50.
[5] Necker, Sylvia. 2012. Inszenierung des Faschismus am Wasser. Die „Führerstädte“ Linz und Hamburg im Vergleich. In: Museen der Stadt Linz (Hg.). „Hitlerbauten“ in Linz. Wohnsiedlungen zwischen Alltag und Geschichte. 1938 bis zur Gegenwart. Salzburg: Verlag Anton Pustet. Seite 124.
[6] Necker, Sylvia. 2013. Wohn(ge)schichten. 1938–2013. Linz: WAG Wohnungsanlagen Ges.m.b.H. Seite 20.
[7] Necker. 2012. Inszenierung des Faschismus am Wasser. Seite 128.
[8] Necker, Sylvia. 2012. Harbach-Siedlung 1941 und 2012. Wohnen in der „Führersiedlung“. In: Forum OÖ Geschichte, ooegeschichte.at, online unter: https://www.ooegeschichte.at/ausstellungen/hitlerbauten-in-linz/harbach-siedlung-1941-und-2012 (21.07.2023).
[9] Necker. 2012. Harbach-Siedlung 1941 und 2012.
[10] Necker. 2012. Harbach-Siedlung 1941 und 2012.
[11] Necker. 2013. Wohn(ge)schichten. Seite 21.
[12] Necker. 2013. Wohn(ge)schichten. Seite 13.
[13] Necker. 2013. Wohn(ge)schichten. Seite 15.
[14] Knall-Brskovsky, Ulrike. 2012. NS-Siedlungen und Wohnanlagen in Linz. Historisch bedeutende Denkmale? In: Museen der Stadt Linz (Hg.). „Hitlerbauten“ in Linz. Wohnsiedlungen zwischen Alltag und Geschichte. 1938 bis zur Gegenwart. Salzburg: Verlag Anton Pustet. Seite 80–82.
[15] Knall-Brskovsky. 2012. NS-Siedlungen und Wohnanlagen in Linz. Seite 84.
[16] Knall-Brskovsky. 2012. NS-Siedlungen und Wohnanlagen in Linz. Seite 84.
[17] Knall-Brskovsky. 2012. NS-Siedlungen und Wohnanlagen in Linz. Seite 84.
[18] Necker. 2013. Wohn(ge)schichten. Seite 21–22.
[19] Necker. 2013. Wohn(ge)schichten. Seite 14.
[20] Necker, Sylvia. 2012. Neue Wohnungstypen und neue Bauträger. In: Forum OÖ Geschichte, ooegeschichte.at, online unter: https://www.ooegeschichte.at/ausstellungen/hitlerbauten-in-linz/wohnungen-fuer-die-volksgemeinschaft/neue-wohnungstypen-und-neue-bautraeger (21.07.2023).
[21] Necker, Sylvia. 2012. Lager- und Barackenstadt Linz. In: Forum OÖ Geschichte, ooegeschichte.at, online unter: https://www.ooegeschichte.at/ausstellungen/hitlerbauten-in-linz/wohnungen-fuer-die-volksgemeinschaft/lager-und-barackenstadt-linz (21.07.2023).
[22] Kirchmayr. 2012. Linzer Stadtgeschichte(n) vor und nach der Wendemarke von 1938. Seite 56.
[23] Kirchmayr. 2012. Linzer Stadtgeschichte(n) vor und nach der Wendemarke von 1938. Seite 56.
[24] Necker. 2012. Inszenierung des Faschismus am Wasser. Seite 128.
[25] Necker, Sylvia. 2012. "Was hat das mit den "Hitlerbauten" zu tun?". Zwangsarbeit in Linz und Oberösterreich. In: Forum OÖ Geschichte, ooegeschichte.at, online unter: https://www.ooegeschichte.at/ausstellungen/hitlerbauten-in-linz/was-hat-das-mit-den-hitlerbauten-zu-tun (21.07.2023).
[26] Haus der Geschichte Österreich. 2023. Leitbild Haus der Geschichte Österreich. Seite 2. In: Haus der Geschichte Österreich, hdgoe.at, online unter: https://hdgoe.at/items/uploads/module_pdf/hgd%C3%B6_Leitbild_Stand%20Februar%2023.pdf (21.07.2023).
[27] Knall-Brskovsky. 2012. NS-Siedlungen und Wohnanlagen in Linz. Seite 86.
[28] Bundesdenkmalamt. 2023. Denkmalliste gemäß § 3 DMSG Oberösterreich. Seiten 105–108. In: Bundesdenkmalamt, bda.gv.at, online unter: https://www.bda.gv.at/dam/jcr:620622dd-6804-4974-bd0e-d9769d180e33/_Ober%C3%B6sterreich_DML_2023.pdf (21.07.2023).
[29] Magistrat der Landeshauptstadt Linz. 2023. Bevölkerung. In: Stadt Linz, linz.at, online unter: https://www.linz.at/zahlen/040_Bevoelkerung/ (21.07.2023).
[30] Magistrat der Landeshauptstadt Linz. 2023. Gebäude und Wohnungen. In: Stadt Linz, linz.at, online unter: https://www.linz.at/zahlen/050_Infrastruktur/080_GebaeudeundWohnungen/ (21.07.2023).
[31] Land Oberösterreich. 2023. Bevölkerungsprognose. In: Land Oberösterreich, land-oberoesterreich.gv.at, online unter: https://www.land-oberoesterreich.gv.at/284545.htm (21.07.2023).
[32] Archiv der Stadt Linz (AStL), Plan- und Kartensammlung, NS-Pläne, Mappe 14 – Diverse Wohnsiedlungen, Plan Wohnungsbau in Linz 1938 – 1.1.1943. Gliederung nach Großbaustellen.
[33] STATcube. Statistische Datenbank von Statistik Austria. 2001. Wohnungen nach Bauperiode, Anzahl Wohnraum und Gemeinde. Datenquelle: Gebäude- und Wohnungszählung 2001. In: STATcube, portal.statistik.at, online unter: https://portal.statistik.at/ (21.07.2023).
[34] Statistik Austria. 2022. Durchschnittliche Wohnfläche in Quadratmeter und durchschnittliche Wohnraumanzahl pro Wohnung und pro Person nach Rechtsverhältnis 2022. Datenquelle: Mikrozensus Wohnen 2022. In: Statistik Austria, statistik.at, online unter: https://www.statistik.at/statistiken/bevoelkerung-und-soziales/wohnen/wohnsituation (21.07.2023).
[35] Alexander, Christopher. 1977. A Pattern Language. Towns – Buildings – Construction. New York: Oxford University Press. Seiten 114–119.
[36] Magistratsdirektion der Stadt Wien. Geschäftsbereich Bauten und Technik. Gender Mainstreaming im Städtebau. Seite 2. In: Stadt Wien, wien.gv.at, online unter: https://www.wien.gv.at/stadtentwicklung/alltagundfrauen/pdf/staedtebau.pdf (21.07.2023).
[37] Magistrat der Landeshauptstadt Linz. 2020. Stadtklimaanalyse Linz 2020. Klimaanalysekarte. In: Stadt Linz, linz.at, online unter: https://www.linz.at/media/umwelt/stadtklima/Projektbericht_Anhang_Klimaanalyse_Karte.pdf (21.07.2023).
[38] Gollner, Christoph / Kapeller, Vera. 2009. Bevölkerungsstruktur, Wohnzufriedenheit und soziales Zusammenleben im Wiener Plattenbau. In: Kapeller, Vera (Hg.). Plattenbausiedlungen. Erneuerung des baukulturellen Erbes in Wien und Bratislava. Stuttgart: Fraunhofer IRB Verlag. Seite 120.
[39] Gollner / Kapeller. 2009. Bevölkerungsstruktur, Wohnzufriedenheit und soziales Zusammenleben im Wiener Plattenbau. Seite 121.
[40] Gollner / Kapeller. 2009. Bevölkerungsstruktur, Wohnzufriedenheit und soziales Zusammenleben im Wiener Plattenbau. Seite 121.
[41] Gollner / Kapeller. 2009. Bevölkerungsstruktur, Wohnzufriedenheit und soziales Zusammenleben im Wiener Plattenbau. Seite 122.
[42] Caritas der Erzdiözese Wien. 2021. Mädchenzentrum *peppa. In: Caritas Wien & NÖ-Ost, caritas-wien.at, online unter: https://www.caritas-wien.at/hilfe-angebote/asyl-integration/miteinander/maedchenzentrum-peppa/ (21.07.2023).
[43] Gollner / Kapeller. 2009. Bevölkerungsstruktur, Wohnzufriedenheit und soziales Zusammenleben im Wiener Plattenbau. Seite 124.
[44] Statistik Austria. 2022. Gebäude- und Wohnungsregister 2022. Datenquelle: Gebäude- und Wohnungsregister 2022. In: Statistik Austria, statistik.at, online unter: https://www.statistik.at/datenbanken/adress-gebaeude-und-wohnungsregister/adress-gebaeude-und-wohnungsregister/daten-des-gebaeude-und-wohnungsregisters/bestandsdaten (21.07.2023).
[45] STATcube. Statistische Datenbank von Statistik Austria. 2021. Größe des Privathaushalts. Datenquelle: Registerzählungen 2011 und 2021 und jährliche Abgestimmte Erwerbsstatistik 2021. In: STATcube, portal.statistik.at, online unter: https://portal.statistik.at/ (21.07.2023).

[46] wohnfonds_wien. fonds für wohnbau und stadterneuerung. 2023. SMART-Wohnbauprogramm. In: wohnfonds_wien, wohnfonds.wien.at, online unter: https://www.wohnfonds.wien.at/smart (21.07.2023).

[47] Wirtschaftskammer Österreich. 2023. Statistisches Jahrbuch 2023. Seite 26. In: WKO, wko.at, online unter: https://www.wko.at/statistik/jahrbuch/jahrbuch-2023.pdf (21.07.2023).

[48] Wirtschaftskammer Österreich. 2023. Statistisches Jahrbuch 2023. Seite 26.

[49] Wirtschaftskammer Österreich. 2023. Selbständig Erwerbstätige. Seite 1. In: WKO, wko.at, online unter: https://wko.at/statistik/jahrbuch/am-selbstaendige.pdf (21.07.2023).

[50] Wirtschaftskammer Österreich. 2023. Wirtschaftsmotor EPU. Zahlen – Daten – Fakten 2023. Seite 2. In: WKO, wko.at, online unter: https://www.wko.at/service/netzwerke/epu-factsheet-2023.pdf (21.07.2023).

[51] Bachmayer, Wolfgang / Klotz, Johannes. 2021. Homeoffice: Verbreitung, Gestaltung, Meinungsbild und Zukunft. Seiten 5–6. In: Bundesministerium für Arbeit und Wirtschaft, bmaw.gv.at, online unter: https://www.bmaw.gv.at/Presse/News/Homeoffice-Studie.html (21.07.2023).

Stahlbeton-Fertigteilbauweise
Fallbeispiel Wien

[1] Wohnberatung Wien. 2023. Gemeindewohnungen. In: Wohnberatung Wien, wohnberatung-wien.at, online unter: https://wohnberatung-wien.at/wohnberatung/gemeindewohnungen/ (21.07.2023).

[2] Blau, Eve. 2014. Rotes Wien. Architektur 1919–1934. Stadt – Raum – Politik. Wien: Ambra V. Seite 63.

[3] Wohnberatung Wien. 2023. Gemeindewohnungen.

[4] Eigner, Peter / Matis, Herbert / Resch, Andreas. 1999. Sozialer Wohnbau in Wien. Eine historische Bestandsaufnahme. Seite 18. In: Demokratiezentrum Wien, demokratiezentrum.org, online unter: https://www.demokratiezentrum.org/wp-content/uploads/2022/10/eigner_wohnbau.pdf (21.07.2023).

[5] Klein, Michael. 2015. The Order of Residential Living. In: Rumpfhuber, Andreas / Klein, Michael (Hg.). Modelling Vienna. Real Fictions in Social Housing. Wien: Turia + Kant. Seiten 117–118.

[6] Eigner / Matis / Resch. 1999. Sozialer Wohnbau in Wien. Seite 19.

[7] Huemer, Hannes. 2007. Bautechnik des Wiener Plattenbaus. In: Gollner, Christoph / Mayer, Vera (Hg.). Plattenbausanierung Wien – Bratislava. PWB Schriftenreihe. Band 4. Wien: Institut für Stadt- und Regionalforschung der Österreichischen Akademie der Wissenschaften. Seiten 23–25.

[8] Stadt Wien – Wiener Wohnen. 2023. Gemeindebaubeschreibungen. In: Stadt Wien – Wiener Wohnen, wienerwohnen.at, online unter: https://www.wienerwohnen.at/wiener-gemeindebau/gemeindebaubeschreibungen.html (14.07.2023).

[9] Klein. 2015. The Order of Residential Living. Seite 120.

[10] Huemer. 2007. Bautechnik des Wiener Plattenbaus. Seite 24.

[11] Payer, Oskar / Payer, Peter. 1963. Überlegungen zur Gestaltung der ersten Montagebau-Wohnungen für die Gemeinde Wien. Wien: Eigenverlag. keine Seitenzahlen.

[12] Blau. 2014. Rotes Wien. Architektur 1919–1934. Seite 87.

[13] Blau. 2014. Rotes Wien. Architektur 1919–1934. Seite 211.

[14] Blau. 2014. Rotes Wien. Architektur 1919–1934. Seiten 215–218.

[15] Blau. 2014. Rotes Wien. Architektur 1919–1934. Seiten 265–266.

[16] Blau. 2014. Rotes Wien. Architektur 1919–1934. Seiten 215–218.

[17] Blau. 2014. Rotes Wien. Architektur 1919–1934. Seiten 265–266.

[18] Blau. 2014. Rotes Wien. Architektur 1919–1934. Seiten 273–283.

[19] Blau. 2014. Rotes Wien. Architektur 1919–1934. Seite 282.

[20] Magistrat der Stadt Wien. 2022. Statistisches Jahrbuch der Stadt Wien. Wien in Zahlen. Seite 3. In: Stadt Wien, wien.gv.at, online unter: https://www.wien.gv.at/statistik/publikationen/jahrbuch.html (21.07.2023).

[21] Magistrat der Stadt Wien. 2023. Bevölkerungsstand – Statistiken. In: Stadt Wien, wien.gv.at, online unter: https://www.wien.gv.at/statistik/bevoelkerung/bevoelkerungsstand/index.html (21.07.2023).

[22] Magistrat der Stadt Wien. 2022. Statistisches Jahrbuch der Stadt Wien. Seite 36.

[23] Magistrat der Stadt Wien. 2023. Prognoseergebnisse Wien 2018 bis 2048. In: Stadt Wien, wien.gv.at, online unter: https://www.wien.gv.at/statistik/bevoelkerung/tabellen/bev-2048.html (21.07.2023).

[24] Stadt Wien – Wiener Wohnen. 2023. Gemeindebaubeschreibungen.

[25] STATcube. Statistische Datenbank von Statistik Austria. 2001. Wohnungen nach Bauperiode, Anzahl Wohnraum und Gemeinde. Datenquelle: Gebäude- und Wohnungszählung 2001. In: STATcube, portal.statistik.at, online unter: https://portal.statistik.at/ (21.07.2023).

[26] Statistik Austria. 2022. Durchschnittliche Wohnfläche in Quadratmeter und durchschnittliche Wohnraumanzahl pro Wohnung und pro Person nach Rechtsverhältnis 2022. Datenquelle: Mikrozensus Wohnen 2022. In: Statistik Austria, statistik.at, online unter: https://www.statistik.at/statistiken/bevoelkerung-und-soziales/wohnen/wohnsituation (21.07.2023).

[27] Magistratsdirektion der Stadt Wien. Geschäftsbereich Bauten und Technik. Gender Mainstreaming im Städtebau. Seite 2. In: Stadt Wien, wien.gv.at, online unter: https://www.wien.gv.at/stadtentwicklung/alltagundfrauen/pdf/staedtebau.pdf (21.07.2023).

[28] Magistrat der Stadt Wien. 2020. Stadtklimaanalyse Wien 2020. Klimaanalysekarte. In: Stadt Wien, wien.gv.at, online unter: https://www.wien.gv.at/stadtentwicklung/grundlagen/stadtforschung/pdf/stadtklimaanalyse-karte.pdf (21.07.2023).

[29] Gollner, Christoph / Kapeller, Vera. 2009. Bevölkerungsstruktur, Wohnzufriedenheit und soziales Zusammenleben im Wiener Plattenbau. In: Kapeller, Vera (Hg.). Plattenbausiedlungen. Erneuerung des baukulturellen Erbes in Wien und Bratislava. Stuttgart: Fraunhofer IRB Verlag. Seite 120.

[30] Gollner / Kapeller. 2009. Bevölkerungsstruktur, Wohnzufriedenheit und soziales Zusammenleben im Wiener Plattenbau. Seite 121.

[31] Gollner / Kapeller. 2009. Bevölkerungsstruktur, Wohnzufriedenheit und soziales Zusammenleben im Wiener Plattenbau. Seite 121.

[32] Gollner / Kapeller. 2009. Bevölkerungsstruktur, Wohnzufriedenheit und soziales Zusammenleben im Wiener Plattenbau. Seite 122.

[33] Caritas der Erzdiözese Wien. 2021. Mädchenzentrum *peppa. In: Caritas Wien & NÖ-Ost, caritas-wien.at, online unter: https://www.caritas-wien.at/hilfe-angebote/asyl-integration/miteinander/maedchenzentrum-peppa/ (21.07.2023).

[34] Payer / Payer. 1963. Überlegungen zur Gestaltung der ersten Montagebau-Wohnungen für die Gemeinde Wien.

[35] Statistik Austria. 2022. Gebäude- und Wohnungsregister 2022. Datenquelle: Gebäude- und Wohnungsregister 2022. In: Statistik Austria, statistik.at, online unter: https://www.statistik.at/datenbanken/adress-gebaeude-und-wohnungsregister/adress-gebaeude-und-wohnungsregister/daten-des-gebaeude-und-wohnungsregisters/bestandsdaten (21.07.2023).

[36] STATcube. Statistische Datenbank von Statistik Austria. 2021. Größe des Privathaushalts. Datenquelle: Registerzählungen 2011 und 2021 und jährliche Abgestimmte Erwerbsstatistik 2021. In: STATcube, portal.statistik.at, online unter: https://portal.statistik.at/ (21.07.2023).

[37] wohnfonds_wien. fonds für wohnbau und stadterneuerung. 2023. SMART-Wohnbauprogramm. In: wohnfonds_wien, wohnfonds.wien.at, online unter: https://www.wohnfonds.wien.at/smart (21.07.2023).

Fokus
Technische Exkurse

[1] Schwaab, Jonas et al. 2021. The role of urban trees in reducing land surface temperatures in European cities. Seite 1. In: Nature Communications, nature.com, online unter: https://doi.org/10.1038/s41467-021-26768-w (21.07.2023).

[2] Bruck, Manfred / Geissler, Susanne. 2002. Leitfaden für die TQ Bewertung. Seite 238. In: Nachhaltig Wirtschaften, nachhaltigwirtschaften.at, online unter: https://nachhaltigwirtschaften.at/resources/download/leitfaden_tqp.pdf?m=1646753278& (21.07.2023).

[3] Bruck / Geissler. 2002. Leitfaden für die TQ Bewertung. Seite 238.

Nachwort

[1] Bienert, Sven et al. 2022. Klimaneutralität vermieteter Mehrfamilienhäuser – aber wie? Seite 78. In: GdW Bundesverband deutscher Wohnungs- und Immobilienunternehmen e.V., gdw.de, online unter: https://www.gdw.de/media/2022/03/studie_klimaneutralitaet-vermieteter-mehrfamilienhaeuser_irebs-gdw-vdpm_maerz-2022.pdf (06.11.2023).

[2] Amann, Wolfgang. 2023. OPEN LAB Speeding Up Sanierung – MiniLecture Wolfgang Amann. Videoaufnahme, online unter: https://www.youtube.com/watch?v=4I3QXWn7WHs (06.11.2023).

[3] Magistrat der Stadt Wien. 2023. Wiener Regierungsklausur. „Raus aus Gas“. In: Stadt Wien, wien.gv.at, online unter: https://presse.wien.gv.at/2023/01/19/wiener-regierungsklausur-raus-aus-gas (06.11.2023).

Statistikquellen

Emissionen
Vergleich von Bestand, Transformation und Neubau

[a] Berechnung der Autor*innen, in Zusammenarbeit mit: IBO – Österreichisches Institut für Baubiologie und -ökologie. Ökoindex OI3-Berechnung, gemäß Berechnungsleitfaden V5. Software: eco2soft, baubook GmbH. Datenbank: baubook, baubook GmbH. (15.11.2023).

[b] Berechnung der Autor*innen, in Zusammenarbeit mit: IBO – Österreichisches Institut für Baubiologie und -ökologie. Ökoindex OI3-Berechnung, gemäß Berechnungsleitfaden V5. Software: eco2soft, baubook GmbH. Datenbank: baubook, baubook GmbH. (15.11.2023).

[c] Errichtung: Berechnung der Autor*innen, in Zusammenarbeit mit: IBO – Österreichisches Institut für Baubiologie und -ökologie. Ökoindex OI3-Berechnung, gemäß Berechnungsleitfaden V5. Software: eco2soft, baubook GmbH. Datenbank: baubook, baubook GmbH. (15.11.2023).
Betrieb: IBO – Österreichisches Institut für Baubiologie und -ökologie. Energieausweis für Wohngebäude, gemäß OIB-Richtlinie 6 – Ausgabe 2019. Software: Archiphysik (07.12.2023).

[d] Errichtung: Berechnung der Autor*innen, in Zusammenarbeit mit: IBO – Österreichisches Institut für Baubiologie und -ökologie. Ökoindex OI3-Berechnung, gemäß Berechnungsleitfaden V5. Software: eco2soft, baubook GmbH. Datenbank: baubook, baubook GmbH. (15.11.2023).
Betrieb: IBO – Österreichisches Institut für Baubiologie und -ökologie. Energieausweis für Wohngebäude, gemäß OIB-Richtlinie 6 – Ausgabe 2019. Software: Archiphysik (07.12.2023).
Tonnen CO_2 eq pro Person bis 2050 gemäß 1,5-°C-Ziel: Berechnung der Autor*innen. Quelle: Chancel, Lucas et al. 2021. World Inequality Report 2022. Seiten 117–118. In: World Inequality Lab, wir2022.wid.world, online unter: https://wir2022.wid.world/www-site/uploads/2023/03/D_FINAL_WIL_RIM_RAPPORT_2303.pdf (14.07.2023).
Bewohner*innen pro m^2 BGF im Durchschnitt: Berechnung der Autor*innen. Quelle: Statistik Austria. 2022. Durchschnittliche Wohnfläche in Quadratmeter und durchschnittliche Wohnraumanzahl pro Wohnung und pro Person nach Rechtsverhältnis 2022. Datenquelle: Mikrozensus Wohnen 2022. In: Statistik Austria, statistik.at, online unter: https://www.statistik.at/statistiken/bevoelkerung-und-soziales/wohnen/wohnsituation (21.07.2023).

Ziegelbauweise
Fallbeispiel Linz

[a] Bevölkerung: Magistrat der Landeshauptstadt Linz. 2023. Bevölkerung. In: Stadt Linz, linz.at, online unter: https://www.linz.at/zahlen/040_Bevoelkerung/ (21.07.2023).
Wohnungen: Magistrat der Landeshauptstadt Linz. 2023. Gebäude und Wohnungen. In: Stadt Linz, linz.at, online unter: https://www.linz.at/zahlen/050_Infrastruktur/080_GebaeudeundWohnungen/ (21.07.2023).
Davon Bauperiode 1919–1960: STATcube. Statistische Datenbank von Statistik Austria. 2001. Wohnungen nach Bauperiode, Anzahl Wohnraum und Gemeinde. Datenquelle: Gebäude- und Wohnungszählung 2001. In: STATcube, portal.statistik.at, online unter: https://portal.statistik.at/ (21.07.2023).
Davon Bauperiode 1938–1945: Archiv der Stadt Linz (AStL), Plan- und Kartensammlung, NS-Pläne, Mappe 14 – Diverse Wohnsiedlungen, Plan Wohnungsbau in Linz 1938 – 1.1.1943. Gliederung nach Großbaustellen.
Personen pro Wohnung Ø in Linz: Berechnung der Autor*innen.

[b] Bevölkerung: Land Oberösterreich. 2023. Bevölkerungsprognose. In: Land Oberösterreich, land-oberoesterreich.gv.at, online unter: https://www.land-oberoesterreich.gv.at/284545.htm (21.07.2023).
Wachstum gegenüber 2023, Wohnungsbedarf, Zuwachs gegenüber 2023: Berechnung der Autor*innen.

[c] Archiv der Stadt Linz (AStL), Plan- und Kartensammlung, NS-Pläne, Mappe 14 – Diverse Wohnsiedlungen, Plan Wohnungsbau in Linz 1938 – 1.1.1943. Gliederung nach Großbaustellen.

[d] Berechnung der Autor*innen. Quelle: Statistik Austria. 2022. Durchschnittliche Wohnfläche in Quadratmeter und durchschnittliche Wohnraumanzahl pro Wohnung und pro Person nach Rechtsverhältnis 2022. Datenquelle: Mikrozensus Wohnen 2022. In: Statistik Austria, statistik.at, online unter: https://www.statistik.at/statistiken/bevoelkerung-und-soziales/wohnen/wohnsituation (21.07.2023).

[e] Abschätzung der Autor*innen. In der Quelle ist Bevölkerung folgendermaßen gegliedert: Altersgruppen 0–5, 6–14, 15–19, 20–29, 30–39, 40–49, 50–59, 60–69, 70–79, 80 und älter. Die Abschätzung basiert auf der Annahme, dass der Bevölkerungsanteil jedes Jahres innerhalb einer Altersgruppe gleich ist. Quelle: Magistrat der Landeshauptstadt Linz. 2023. Räumliche Verteilung. In: Stadt Linz, linz.at, online unter: https://www.linz.at/zahlen/040_Bevoelkerung/040_Bevoelkerungsstruktur/020_RaeumlicheVerteilung/ALFAP.PDF (21.07.2023).

[f] STATcube. Statistische Datenbank von Statistik Austria. 2021. Größe des Privathaushalts. Datenquelle: Registerzählungen 2011 und 2021 und jährliche Abgestimmte Erwerbsstatistik 2021. In: STATcube, portal.statistik.at, online unter: https://portal.statistik.at/ (21.07.2023).

Stahlbeton-Fertigteilbauweise
Fallbeispiel Wien

[a] Bevölkerung: Magistrat der Stadt Wien. 2023. Bevölkerungsstand – Statistiken. In: Stadt Wien, wien.gv.at, online unter: https://www.wien.gv.at/statistik/bevoelkerung/bevoelkerungsstand/index.html (21.07.2023).
Wohnungen: Magistrat der Stadt Wien. 2022. Statistisches Jahrbuch der Stadt Wien. Wien in Zahlen. Seite 36. In: Stadt Wien, wien.gv.at, online unter: https://www.wien.gv.at/statistik/publikationen/jahrbuch.html (21.07.2023).
Davon Bauperiode 1961–1980: STATcube. Statistische Datenbank von Statistik Austria. 2001. Wohnungen nach Bauperiode, Anzahl Wohnraum und Gemeinde. Datenquelle: Gebäude- und Wohnungszählung 2001. In: STATcube, portal.statistik.at, online unter: https://portal.statistik.at/ (21.07.2023).
Davon Montagebau Wien GmbH: Stadt Wien – Wiener Wohnen. 2023. Gemeindebaubeschreibungen. In: Stadt Wien – Wiener Wohnen, wienerwohnen.at, online unter: https://www.wienerwohnen.at/wiener-gemeindebau/gemeindebaubeschreibungen.html (14.07.2023).
Personen pro Wohnung Ø in Wien: Magistrat der Stadt Wien. 2022. Statistisches Jahrbuch der Stadt Wien. Wien in Zahlen. Seite 36.

[b] Magistrat der Stadt Wien. 2023. Prognoseergebnisse Wien 2018 bis 2048. In: Stadt Wien, wien.gv.at, online unter: https://www.wien.gv.at/statistik/bevoelkerung/tabellen/bev-2048.html (21.07.2023).
Wachstum gegenüber 2023, Wohnungsbedarf, Zuwachs gegenüber 2023: Berechnung der Autor*innen.

[c] Stadt Wien – Wiener Wohnen. 2023. Gemeindebaubeschreibungen.

[d] Berechnung der Autor*innen. Quelle: Statistik Austria. 2022. Durchschnittliche Wohnfläche in Quadratmeter und durchschnittliche Wohnraumanzahl pro Wohnung und pro Person nach Rechtsverhältnis 2022. Datenquelle: Mikrozensus Wohnen 2022. In: Statistik Austria, statistik.at, online unter: https://www.statistik.at/statistiken/bevoelkerung-und-soziales/wohnen/wohnsituation (21.07.2023).

[e] Abschätzung der Autor*innen. In der Quelle ist Bevölkerung folgendermaßen gegliedert: Altersgruppen 0–5, 6–9, 10–19, 20–29, 30–44, 45–59, 60–74, 75 und älter. Die Abschätzung basiert auf der Annahme, dass der Bevölkerungsanteil jedes Jahres innerhalb einer Altersgruppe gleich ist und dass der Anteil „75 und älter" der Altersgruppe 75–90 entspricht. Quelle: Magistrat der Stadt Wien. 2022. Statistisches Jahrbuch der Stadt Wien. Wien in Zahlen. Seite 72.

[f] STATcube. Statistische Datenbank von Statistik Austria. 2021. Größe des Privathaushalts. Datenquelle: Registerzählungen 2011 und 2021 und jährliche Abgestimmte Erwerbsstatistik 2021. In: STATcube, portal.statistik.at, online unter: https://portal.statistik.at/ (21.07.2023).

Fokus
Technische Exkurse

[a] IBO – Österreichisches Institut für Baubiologie und -ökologie. Tageslichtberechnung, gemäß ÖNORM EN 17037 – Ausgabe 2019. (12.09.2023).

[b] IBO – Österreichisches Institut für Baubiologie und -ökologie. Energieausweis für Wohngebäude, gemäß OIB-Richtlinie 6 – Ausgabe 2019. (06.11.2023).

[c] IBO – Österreichisches Institut für Baubiologie und -ökologie. Energieausweis für Wohngebäude, gemäß OIB-Richtlinie 6 – Ausgabe 2019. (06.11.2023).

Literatur

Alexander, Christopher. 1977. A Pattern Language. Towns – Buildings – Construction. New York: Oxford University Press.

Amann, Wolfgang. 2023. OPEN LAB Speeding Up Sanierung – MiniLecture Wolfgang Amann. Videoaufnahme, online unter: https://www.youtube.com/watch?v=4I3QXWn7WHs (06.11.2023)

Archiv der Stadt Linz (AStL), Plan- und Kartensammlung, NS-Pläne, Mappe 14 – Diverse Wohnsiedlungen, Plan Wohnungsbau in Linz 1938 – 1.1.1943. Gliederung nach Großbaustellen.

Bachmayer, Wolfgang / Klotz, Johannes. 2021. Homeoffice: Verbreitung, Gestaltung, Meinungsbild und Zukunft. In: Bundesministerium für Arbeit und Wirtschaft, bmaw.gv.at, online unter: https://www.bmaw.gv.at/Presse/News/Homeoffice-Studie.html (21.07.2023).

Baubook. 2023. Baubook Deklaration Zentrale. In: Baubook, baubook.at, online unter: https://www.baubook.at/zentrale/ (14.07.2023).

Berkeley Earth. 2023. The world has warmed 1,3 °C. How much has your country warmed? In: Berkeley Earth, berkeleyearth.org, online unter: https://berkeleyearth.org/ (14.07.2023).

Bienert, Sven et al. 2022. Klimaneutralität vermieteter Mehrfamilienhäuser – aber wie? In: GdW Bundesverband deutscher Wohnungs- und Immobilienunternehmen e.V., gdw.de, online unter: https://www.gdw.de/media/2022/03/studie_klimaneutralitaet-vermieteter-mehrfamilienhaeuser_irebs-gdw-vdpm_maerz-2022.pdf (06.11.2023).

Blau, Eve. 2014. Rotes Wien. Architektur 1919–1934. Stadt – Raum – Politik. Wien: Ambra V.

Bruck, Manfred / Geissler, Susanne. 2002. Leitfaden für die TQ Bewertung. In: Nachhaltig Wirtschaften, nachhaltigwirtschaften.at, online unter: https://nachhaltigwirtschaften.at/resources/download/leitfaden_tqp.pdf?m=1646753278& (21.07.2023).

Bundesdenkmalamt. 2023. Denkmalliste gemäß § 3 DMSG Oberösterreich. In: Bundesdenkmalamt, bda.gv.at, online unter: https://www.bda.gv.at/dam/jcr:620622dd-6804-4974-bd0e-d9769d180e33/_Ober%C3%B6sterreich_DML_2023.pdf (21.07.2023).

Bundesministerium für Klimaschutz, Umwelt, Energie, Mobilität, Innovation und Technologie (BMK). 2021. Nachhaltige Klimaschutz-Maßnahmen. In: BMK, bmk.gv.at, online unter: https://www.bmk.gv.at/themen/klima_umwelt/agenda2030/bericht-2020/nachhaltigkeit.html (14.07.2023).

Caritas der Erzdiözese Wien. 2021. Mädchenzentrum *peppa. In: Caritas Wien & NÖ-Ost, caritas-wien.at, online unter: https://www.caritas-wien.at/hilfe-angebote/asyl-integration/miteinander/maedchenzentrum-peppa/ (21.07.2023).

Chancel, Lucas et al. 2021. World Inequality Report 2022. In: World Inequality Lab, wir2022.wid.world, online unter: https://wir2022.wid.world/www-site/uploads/2023/03/D_FINAL_WIL_RIM_RAPPORT_2303.pdf (14.07.2023).

Chancel, Lucas / Piketty, Thomas. 2022. Dekarbonisierung erfordert Umverteilung. In: Thunberg, Greta (Hg.). Das Klima-Buch von Greta Thunberg. Frankfurt am Main: S. Fischer Verlag. Seiten 445–449.

Colón-González, Felipe J. 2022. Vektorübertragene Krankheiten. In: Thunberg, Greta (Hg.). Das Klima-Buch von Greta Thunberg. Frankfurt am Main: S. Fischer Verlag. Seiten 154–157.

De Palma, Adriana / Purvis, Andy. 2022. Terrestrische Biodiversität. In: Thunberg, Greta (Hg.). Das Klima-Buch von Greta Thunberg. Frankfurt am Main: S. Fischer Verlag. Seiten 114–117.

Die Armutskonferenz. 2023. Aktuelle Armutszahlen. Daten aus EU-SILC 2022 (veröffentlicht im April 2023). In: Die Armutskonferenz, armutskonferenz.at, online unter: https://www.armutskonferenz.at/armut-in-oesterreich/aktuelle-armuts-und-verteilungszahlen.html (14.07.2023).

Eigner, Peter / Matis, Herbert / Resch, Andreas. 1999. Sozialer Wohnbau in Wien. Eine historische Bestandsaufnahme. In: Demokratiezentrum Wien, demokratiezentrum.org, online unter: https://www.demokratiezentrum.org/wp-content/uploads/2022/10/eigner_wohnbau.pdf (21.07.2023).

F. A. Brockhaus. 2006. Treibhauseffekt. In: Brockhaus. Enzyklopädie. Band 27. Mannheim: Verlag F. A. Brockhaus. Seiten 704–706.

Forster, Piers et al. 2023. Indicators of Global Climate Change 2022. Annual update of largescale indicators of the state of the climate system and the human influence. In: Earth System Science Data, essd.copernicus.org, online unter: https://essd.copernicus.org/articles/15/2295/2023/essd-15-2295-2023.pdf (14.07.2023).

Gollner, Christoph / Kapeller, Vera. 2009. Bevölkerungsstruktur, Wohnzufriedenheit und soziales Zusammenleben im Wiener Plattenbau. In: Kapeller, Vera (Hg.). Plattenbausiedlungen. Erneuerung des baukulturellen Erbes in Wien und Bratislava. Stuttgart: Fraunhofer IRB Verlag. Seiten 108–127.

Greenpeace. 2023. Artenkrise. Wenn die Ökosysteme kollabieren. In: Greenpeace, greenpeace.de, online unter: https://www.greenpeace.de/biodiversitaet/artenkrise (14.07.2023).

Haus der Geschichte Österreich. 2023. Leitbild Haus der Geschichte Österreich. In: Haus der Geschichte Österreich, hdgoe.at, online unter: https://hdgoe.at/items/uploads/module_pdf/hgd%C3%B6_Leitbild_Stand%20Februar%2023.pdf (21.07.2023).

Hausfather, Zeke. 2022. Methan und kurzlebige Treiber des Klimawandels. In: Thunberg, Greta (Hg.). Das Klima-Buch von Greta Thunberg. Frankfurt am Main: S. Fischer Verlag. Seiten 55–58.

Heck, Ines / Kapeller, Jakob / Wildauer, Rafael. 2020. Vermögenskonzentration in Österreich. Ein Update auf Basis des HFCS 2017. In: Arbeiterkammer, arbeiterkammer.at, online unter: https://emedien.arbeiterkammer.at/viewer/ppnresolver?id=AC16086820 (14.07.2023).

Hsiang, Solomon. 2022. Klimawandel und Ungleichheit. In: Thunberg, Greta (Hg.). Das Klima-Buch von Greta Thunberg. Frankfurt am Main: S. Fischer Verlag. Seiten 199–202.

Huemer, Hannes. 2007. Bautechnik des Wiener Plattenbaus. In: Gollner, Christoph / Mayer, Vera (Hg.). Plattenbausanierung Wien – Bratislava. PWB Schriftenreihe. Band 4. Wien: Institut für Stadt- und Regionalforschung der Österreichischen Akademie der Wissenschaften.

IPCC. 2023. AR6 Synthesis Report. Headline Statements. In: IPCC, ipcc.ch, online unter: https://www.ipcc.ch/report/ar6/syr/resources/spm-headline-statements/ (14.07.2023).

IPCC. 2023. Climate Change 2023. Synthesis Report. Summary for Policymakers. In: Intergovernmental Panel on Climate Change IPCC, ipcc.ch, online unter: https://www.ipcc.ch/report/ar6/syr/downloads/report/IPCC_AR6_SYR_SPM.pdf (14.07.2023).

Kammer für Arbeiter und Angestellte für Wien. 2021. Ungerechte Verteilung. Wie Ungleichheit unser Leben prägt. In: Arbeiterkammer, arbeiterkammer.at, online unter: https://www.arbeiterkammer.at/interessenvertretung/wirtschaft/verteilungsgerechtigkeit/Broschuere_Ungerechte_Verteilung.pdf (14.07.2023).

Kirchmayr, Birgit. 2012. Linzer Stadtgeschichte(n) vor und nach der Wendemarke von 1938. In: Museen der Stadt Linz (Hg.). „Hitlerbauten" in Linz. Wohnsiedlungen zwischen Alltag und Geschichte. 1938 bis zur Gegenwart. Salzburg: Verlag Anton Pustet. Seiten 48–63.

Klein, Michael. 2015. The Order of Residential Living. In: Rumpfhuber, Andreas / Klein, Michael (Hg.). Modelling Vienna. Real Fictions in Social Housing. Wien: Turia + Kant. Seiten 80–129.

Knall-Brskovsky, Ulrike. 2012. NS-Siedlungen und Wohnanlagen in Linz. Historisch bedeutende Denkmale? In: Museen der Stadt Linz (Hg.). „Hitlerbauten" in Linz. Wohnsiedlungen zwischen Alltag und Geschichte. 1938 bis zur Gegenwart. Salzburg: Verlag Anton Pustet. Seite 80–95.

Land Oberösterreich. 2023. Bevölkerungsprognose. In: Land Oberösterreich, land-oberoesterreich.gv.at, online unter: https://www.land-oberoesterreich.gv.at/284545.htm (21.07.2023).

Magistrat der Landeshauptstadt Linz. 2020. Stadtklimaanalyse Linz 2020. Klimaanalysekarte. In: Stadt Linz, linz.at, online unter: https://www.linz.at/media/umwelt/stadtklima/Projektbericht_Anhang_Klimaanalyse_Karte.pdf (21.07.2023).

Magistrat der Landeshauptstadt Linz. 2023. Bevölkerung. In: Stadt Linz, linz.at, online unter: https://www.linz.at/zahlen/040_Bevoelkerung/ (21.07.2023).

Magistrat der Landeshauptstadt Linz. 2023. Gebäude und Wohnungen. In: Stadt Linz, linz.at, online unter: https://www.linz.at/zahlen/050_Infrastruktur/080_GebaeudeundWohnungen/ (21.07.2023).

Magistrat der Stadt Wien. 2020. Stadtklimaanalyse Wien 2020. Klimaanalysekarte. In: Stadt Wien, wien.gv.at, online unter: https://www.wien.gv.at/stadtentwicklung/grundlagen/stadtforschung/pdf/stadtklimaanalyse-karte.pdf (21.07.2023).

Magistrat der Stadt Wien. 2022. Statistisches Jahrbuch der Stadt Wien. Wien in Zahlen. In: Stadt Wien, wien.gv.at, online unter: https://www.wien.gv.at/statistik/publikationen/jahrbuch.html (21.07.2023).

Magistrat der Stadt Wien. 2023. Bevölkerungsstand – Statistiken. In: Stadt Wien, wien.gv.at, online unter: https://www.wien.gv.at/statistik/bevoelkerung/bevoelkerungsstand/index.html (21.07.2023).

Magistrat der Stadt Wien. 2023. Prognoseergebnisse Wien 2018 bis 2048. In: Stadt Wien, wien.gv.at, online unter: https://www.wien.gv.at/statistik/bevoelkerung/tabellen/bev-2048.html (21.07.2023).

Magistrat der Stadt Wien. 2023. Wiener Regierungsklausur. „Raus aus Gas". In: Stadt Wien, wien.gv.at, online unter: https://presse.wien.gv.at/2023/01/19/wiener-regierungsklausur-raus-aus-gas (06.11.2023).

Magistratsdirektion der Stadt Wien. Geschäftsbereich Bauten und Technik. Gender Mainstreaming im Städtebau. In: Stadt Wien, wien.gv.at, online unter: https://www.wien.gv.at/stadtentwicklung/alltagundfrauen/pdf/staedtebau.pdf (21.07.2023).

Molina, Camilo / Quinz, Hannah / Reinprecht, Christoph. 2020. Sozialraum Monitoring. Durchmischung und Polarisierung in Wien. In: Arbeiterkammer, arbeiterkammer.at, online unter: https://emedien.arbeiterkammer.at/viewer/ppnresolver?id=AC16147518 (14.07.2023).

Necker, Sylvia. 2012. Harbach-Siedlung 1941 und 2012. Wohnen in der „Führersiedlung“. In: Forum OÖ Geschichte, ooegeschichte.at, online unter: https://www.ooegeschichte.at/ausstellungen/hitlerbauten-in-linz/harbach-siedlung-1941-und-2012 (21.07.2023).

Necker, Sylvia. 2012. Inszenierung des Faschismus am Wasser. Die „Führerstädte“ Linz und Hamburg im Vergleich. In: Museen der Stadt Linz (Hg.). „Hitlerbauten“ in Linz. Wohnsiedlungen zwischen Alltag und Geschichte. 1938 bis zur Gegenwart. Salzburg: Verlag Anton Pustet. Seiten 124–137.

Necker, Sylvia. 2012. Lager- und Barackenstadt Linz. In: Forum OÖ Geschichte, ooegeschichte.at, online unter: https://www.ooegeschichte.at/ausstellungen/hitlerbauten-in-linz/wohnungen-fuer-die-volksgemeinschaft/lager-und-barackenstadt-linz (21.07.2023).

Necker, Sylvia. 2012. Neue Wohnungstypen und neue Bauträger. In: Forum OÖ Geschichte, ooegeschichte.at, online unter: https://www.ooegeschichte.at/ausstellungen/hitlerbauten-in-linz/wohnungen-fuer-die-volksgemeinschaft/neue-wohnungstypen-und-neue-bautraeger (21.07.2023).

Necker, Sylvia. 2012. "Was hat das mit den "Hitlerbauten" zu tun?". Zwangsarbeit in Linz und Oberösterreich. In: Forum OÖ Geschichte, ooegeschichte.at, online unter: https://www.ooegeschichte.at/ausstellungen/hitlerbauten-in-linz/was-hat-das-mit-den-hitlerbauten-zu-tun (21.07.2023).

Necker, Sylvia. 2013. Wohn(ge)schichten. 1938–2013. Linz: WAG Wohnungsanlagen Ges.m.b.H.

NOAA Research. 2023. NOAA index tracks how greenhouse gas pollution amplified global warming in 2022. In: research.noaa.gov, online unter: https://research.noaa.gov/2023/05/23/noaa-index-tracks-how-greenhouse-gas-pollution-amplified-global-warming-in-2022/ (14.07.2023).

Payer, Oskar / Payer, Peter. 1963. Überlegungen zur Gestaltung der ersten Montagebau-Wohnungen für die Gemeinde Wien. Wien: Eigenverlag.

Piketty, Thomas. 2014. Das Kapital im 21. Jahrhundert. München: C.H.Beck.

Rahmstorf, Stefan. 2022. Die Erwärmung der Meere und der Anstieg des Meeresspiegels. In: Thunberg, Greta (Hg.). Das Klima-Buch von Greta Thunberg. Frankfurt am Main: S. Fischer Verlag. Seiten 82–87.

Rockström, Johan. 2022. Kipppunkte und Rückkopplungsschleifen. In: Thunberg, Greta (Hg.). Das Klima-Buch von Greta Thunberg. Frankfurt am Main: S. Fischer Verlag. Seiten 33–41.

Röck, Martin et al. 2020. Embodied GHG emissions of buildings. The hidden challenge for effective climate change mitigation. In: Science Direct, sciencedirect.com, online unter: https://doi.org/10.1016/j.apenergy.2019.114107 (21.07.2023).

Schwaab, Jonas et al. 2021. The role of urban trees in reducing land surface temperatures in European cities. In: Nature Communications, nature.com, online unter: https://doi.org/10.1038/s41467-021-26768-w (21.07.2023).

Stadt Wien – Wiener Wohnen. 2023. Gemeindebaubeschreibungen. In: Stadt Wien – Wiener Wohnen, wienerwohnen.at, online unter: https://www.wienerwohnen.at/wiener-gemeindebau/gemeindebaubeschreibungen.html (14.07.2023).

STATcube. Statistische Datenbank von Statistik Austria. 2001. Wohnungen nach Bauperiode, Anzahl Wohnraum und Gemeinde. Datenquelle: Gebäude- und Wohnungszählung 2001. In: STATcube, portal.statistik.at, online unter: https://portal.statistik.at/ (21.07.2023).

STATcube. Statistische Datenbank von Statistik Austria. 2021. Größe des Privathaushalts. Datenquelle: Registerzählungen 2011 und 2021 und jährliche Abgestimmte Erwerbsstatistik 2021. In: STATcube, portal.statistik.at, online unter: https://portal.statistik.at/ (21.07.2023).

Statistik Austria. 2022. Durchschnittliche Wohnfläche in Quadratmeter und durchschnittliche Wohnraumanzahl pro Wohnung und pro Person nach Rechtsverhältnis 2022. Datenquelle: Mikrozensus Wohnen 2022. In: Statistik Austria, statistik.at, online unter: https://www.statistik.at/statistiken/bevoelkerung-und-soziales/wohnen/wohnsituation (21.07.2023).

Statistik Austria. 2022. Gebäude- und Wohnungsregister 2022. Datenquelle: Gebäude- und Wohnungsregister 2022. In: Statistik Austria, statistik.at, online unter: https://www.statistik.at/datenbanken/adress-gebaeude-und-wohnungsregister/adress-gebaeude-und-wohnungsregister/daten-des-gebaeude-und-wohnungsregisters/bestandsdaten (21.07.2023).

Stoifl, Barbara et al. 2023. Entwicklung des Abfallvermeidungsprogrammes 2023. In: Umweltbundesamt, umweltbundesamt.at, online unter: https://www.umweltbundesamt.at/fileadmin/site/publikationen/rep0835.pdf (14.07.2023).

Truger, Barbara et al. 2022. Life cycle GHG emissions of the Austrian building stock. A combined bottom-up and top-down approach. In: IOP Conference Series: Earth and Environmental Science, iopscience.iop.org, online unter: https://iopscience.iop.org/article/10.1088/1755-1315/1078/1/012024/pdf (14.07.2023).

United Nations, Department of Economic and Social Affairs, Population Division. 2018. World Urbanization Prospects. The 2018 Revision. Online Edition. In: United Nations, Department of Economic and Social Affairs, Population Division, population.un.org, online unter: https://population.un.org/wup/Country-Profiles/ (14.07.2023).

Vicedo-Cabrera, Ana M. 2022. Hitze und Krankheit. In: Thunberg, Greta (Hg.). Das Klima-Buch von Greta Thunberg. Frankfurt am Main: S. Fischer Verlag. Seiten 148–150.

Wagner, Gernot. 2021. Stadt Land Klima. Warum wir nur mit einem urbanen Leben die Erde retten. Wien: Christian Brandstätter Verlag.

Wirtschaftskammer Österreich. 2023. Selbständig Erwerbstätige. In: WKO, wko.at, online unter: https://wko.at/statistik/jahrbuch/am-selbstaendige.pdf (21.07.2023).

Wirtschaftskammer Österreich. 2023. Statistisches Jahrbuch 2023. In: WKO, wko.at, online unter: https://www.wko.at/statistik/jahrbuch/jahrbuch-2023.pdf (21.07.2023).

Wirtschaftskammer Österreich. 2023. Wirtschaftsmotor EPU. Zahlen – Daten – Fakten 2023. In: WKO, wko.at, online unter: https://www.wko.at/service/netzwerke/epu-factsheet-2023.pdf (21.07.2023).

Wohnberatung Wien. 2023. Gemeindewohnungen. In: Wohnberatung Wien, wohnberatung-wien.at, online unter: https://wohnberatung-wien.at/wohnberatung/gemeindewohnungen/ (21.07.2023).

wohnfonds_wien. fonds für wohnbau und stadterneuerung. 2023. SMART-Wohnbauprogramm. In: wohnfonds_wien, wohnfonds.wien.at, online unter: https://www.wohnfonds.wien.at/smart (21.07.2023).

Zechmeister, Andreas et al. 2022. Klimaschutzbericht 2022. In: Umweltbundesamt, umweltbundesamt.at, online unter: https://www.umweltbundesamt.at/fileadmin/site/publikationen/rep0816.pdf (14.07.2023).

Zechmeister, Andreas et al. 2023. Nahzeitprognose der österreichischen Treibhausgas-Emissionen für das Jahr 2022. In: Umweltbundesamt, umweltbundesamt.at, online unter: https://www.umweltbundesamt.at/fileadmin/site/publikationen/rep0869.pdf (14.07.2023).

Abbildungen

Abb. 1 –2
Aufnahmen der Autor*innen

Abb. 3
Titel: „Spallerhof-Siedlung, 14.11.1940, Glimpflingerstraße"
Zeitpunkt der Aufnahme: 1940
Fotograf*in: Grete Eckert, München
Quelle, Signatur: WAG-Archiv

Abb. 4
Titel: „Bindermichl-Siedlung, 25.6.1941, Baublock 10 kurz vor der Fertigstellung"
Zeitpunkt der Aufnahme: 1941
Fotograf*in: Grete Eckert, München
Quelle, Signatur: WAG-Archiv

Abb. 5
Titel: „Lager Schlantenfeld / St. Magdalena"
Zeitpunkt der Aufnahme: unbekannt [1938–1945]
Fotograf*in: unbekannt
Quelle, Signatur: Nordico Stadtmuseum Linz

Abb. 6
Titel: „Wiener Graben unmittelbar nach einer Sprengung"
Zeitpunkt der Aufnahme: unbekannt [1938–1945]
Fotograf*in: unbekannt
Quelle, Signatur: Mauthausen Memorial | KZ-Gedenkstätte Mauthausen (4.1.0544)

Abb. 7–8
Aufnahmen der Autor*innen

Abb. 9
Ausschnitt von Seiten 2–3 aus: Payer, Oskar / Payer, Peter. 1969. Wohnungen für morgen. Wien: Eigenverlag.

Abb. 10
Ausschnitt von Seiten 8–9 aus: Payer, Oskar / Payer, Peter. 1969. Wohnungen für morgen. Wien: Eigenverlag.

Abb. 11–14
Ausschnitte von Seiten (keine Seitenzahlen) aus: Payer, Oskar / Payer, Peter. 1963. Überlegungen zur Gestaltung der ersten Montagebau-Wohnungen für die Gemeinde Wien. Wien: Eigenverlag.

Alle weiteren Darstellungen sind Werke der Autor*innen.

Impressum

Autor*innen und Herausgeber*innen:
Barbara Weber, Laurenz Berger
Konzept, Inhalt und Grafik:
Barbara Weber, Laurenz Berger
Editorische Beratung, Projektleitung: Ilka Ruby
Korrektur: Andrea Mayer

Druck und Bindung: AS Printon, Tallinn
Papier: Munken Print White 100 g
Schrift: Source Sans Variable, Sabon

ISBN 978-3-944074-53-5

Erschienen 2024

Die Deutsche Nationalbibliothek verzeichnet diese Publikation in der Deutschen Nationalbibliografie; detaillierte bibliografische Daten sind im Internet über http://dnb.dnb.de abrufbar.

PROJEKT
projektstudio zt gmbh
Müllnergasse 13/2, 1090 Wien, Österreich
www.projekt.studio

Ruby Press GmbH
Schönholzer Straße 11, 10115 Berlin, Deutschland
www.ruby-press.com

Veröffentlicht mit Unterstützung des Austrian Science Fund (FWF): 10.55776/PUB1108

Bundesministerium
Kunst, Kultur,
öffentlicher Dienst und Sport

Veröffentlicht mit Unterstützung des Bundesministeriums für Kunst, Kultur, öffentlichen Dienst und Sport; Sektion IV – Kunst und Kultur

Veröffentlicht mit Unterstützung der PPM Planungs- & Projektmanagement GmbH